Inhalt

Vorwort

Liebe Leserin, lieber Leser!

Der Pocket Teacher Abi Chemie ist der ideale Wegbegleiter durch die gesamte Oberstufe bis zum Abitur. Er hilft nicht nur beim Endspurt vor der Abschlussprüfung, sondern ebenso gut bei der Vorbereitung auf Klausuren und Tests. In kompakter Form werden die Zusammenhänge hier übersichtlich und anschaulich erklärt. Dazu tragen auch die zahlreichen Grafiken und Beispiele bei.

Eine spezielle Erweiterung in dieser Auflage sind die heraustrennbaren Karteikarten im Anhang. Diese 20 Karten stellen eine Vorauswahl an Themen dar, mit denen man zur Abiturprüfung rechnen muss. Die Rückseiten wurden freigelassen, damit Sie dort Ihre eigenen Notizen machen können.

Entsprechende Vorlagen für weitere Karteikarten gibt es auf **www.duden.de/pocket-teacher-abi** zum Herunterladen und Ausdrucken.

Gewünschte Infos können am schnellsten über das Stichwortverzeichnis am Ende des Bandes gefunden werden. Am besten ins Inhaltsverzeichnis schauen und im entsprechenden Kapitel nach dem Begriff suchen! Stichwörter sind hier durch Fettdruck hervorgehoben. Farbige Pfeile ▶ verweisen auf andere Stellen im Buch zum gleichen Thema.

> Diese Rubrik kennzeichnet Definitionen/Merkwissen (▶ S. 19).

- Mehrere Beispielaufgaben oder Aufzählungen zu einem Thema sind meist durch kleine farbige Quadrate übersichtlich gegliedert (▶ S. 20).

1 Atombau

Nach Ansicht der beiden griechischen Gelehrten LEUKIPP und DEMOKRIT lässt sich Materie nicht beliebig weit zerteilen. Es müsse vielmehr ein kleinstes Teilchen geben, das nicht weiter teilbar sei: das Atom (griech. *atomos:* unteilbar). Diese Ansicht wird bis zum heutigen Tage geteilt, die Vorstellung vom *Bau* des Atoms hat sich seitdem jedoch mehrfach verändert.

1.1 DALTON-Modell

Im Jahre 1803 wurde die antike Vorstellung von John DALTON wieder aufgenommen. In seiner Atomhypothese formulierte er folgende Sätze:

- Die kleinsten Teilchen der Materie sind die Atome, sie sind unteilbar.
- Es gibt ebenso viele Atomarten wie Elemente.
- Atome verschiedener Elemente unterscheiden sich in ihrer Masse.
- Verbinden sich Elemente miteinander, so verbinden sich deren Atome in bestimmten kleinen Zahlenverhältnissen.

Da die Masse von Atomen so unvorstellbar klein ist, dass sie sich nicht durch einfaches Auswiegen ermitteln lässt, wählte DALTON die Masse eines Wasserstoffatoms als *Atommasseneinheit*, d. h., er setzte sie willkürlich auf **1**.

> Die derzeit gültige Festlegung der ***Atommasseneinheit*** (1 u) bezieht sich auf $\frac{1}{12}$ der Masse des Kohlenstoffisotops C-12.

Die Atommasseneinheit ist sehr klein:
1 u = 0,000 000 000 000 000 000 000 001 660 565 5 g

BEACHTE Die Atommassen aller Elemente sind im Periodensystem (▶ vordere Klappe) aufgeführt.

Da nach DALTON die Atome und damit ihre Massen bei chemischen Reaktionen erhalten bleiben, ermöglichte seine Atomhypothese die *Erklärung* zweier bereits vorher formulierter chemischer Grundgesetze:

- ***Gesetz von der Erhaltung der Masse:*** Bei einer chemischen Reaktion geht weder Masse verloren noch kommt Masse hinzu.
- ***Gesetz der konstanten Proportionen:*** In einer chemischen Verbindung sind die beteiligten Elemente in konstanten Proportionen (in bestimmten Massenverhältnissen) enthalten.

Darüber hinaus formulierte DALTON auf der Grundlage seiner Atomhypothese ein weiteres chemisches Grundgesetz:

- ***Gesetz der multiplen Proportionen:*** Bilden zwei Elemente miteinander mehrere Verbindungen, so stehen die Massenverhältnisse, mit denen die Elemente in diesen Verbindungen auftreten, zueinander im Verhältnis kleiner ganzer Zahlen.

BEISPIEL Kohlenstoff bildet zwei verschiedene Oxide. Das eine besteht zu 42,88 % aus Kohlenstoff und zu 57,12 % aus Sauerstoff, das andere besteht zu 27,29 % aus Kohlenstoff und zu 72,71 % aus Sauerstoff.
Nimmt man für das erste Oxid ein Atom*zahl*verhältnis von 1 : 1 an, so ergibt sich ein Massenverhältnis von

$$\frac{m(\mathrm{O})}{m(\mathrm{C})} = \frac{57{,}12}{42{,}88} = \frac{1{,}33}{1}.$$

Beim zweiten Oxid beträgt das betreffende Massenverhältnis
$\frac{m(O)}{m(C)} = \frac{72{,}71}{27{,}29} = \frac{2{,}66}{1}$.

Im zweiten Oxid ist genau *doppelt* so viel Sauerstoff gebunden wie im ersten Oxid. Das *Massenverhältnis* der gebundenen Sauerstoffanteile beträgt daher *2 : 1*.
Damit beträgt nach DALTON das Atom*zahl*verhältnis im zweiten Oxid des Kohlenstoffs ebenfalls 2 : 1.

1.2 THOMSON-Modell

Michael FARADAYS Elektrolyseversuche von 1833 und G. J. STONEYS Entdeckung des Elektrons 1881 ließen sich mit dem einfachen DALTON-Modell nicht mehr erklären. Die Ladung wurde von J. J. THOMSON in sein Atommodell von 1904 einbezogen:

- Das Atom besteht aus einer elektrisch positiv geladenen Kugel, in die elektrisch negativ geladene Elektronen eingelagert sind.
- Die Atome sind nach außen elektrisch neutral, können jedoch Elektronen abgeben oder zusätzlich aufnehmen.
- Bei Elektronen*abgabe* entstehen *positiv* geladene Ionen, bei Elektronen*aufnahme* entstehen *negativ* geladene Ionen.

Mit dem THOMSON-Modell lassen sich alle Vorgänge der Elektrolyse und in Batterien erklären.

1.3 Kern-Hülle-Modell (RUTHERFORD-Modell)

Beim Beschießen einer hauchdünnen Goldfolie mit α-Strahlung durchdringen die meisten Teilchen dieser Strahlung die Folie geradlinig, einige werden mehr oder weniger abgelenkt, etwa jedes 100 000. Teilchen prallt jedoch zurück!

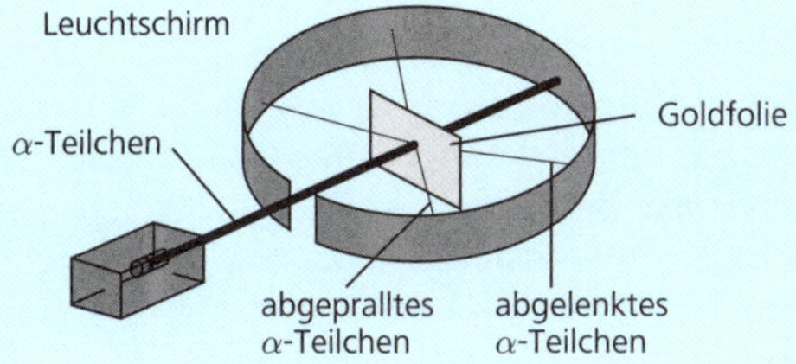

Die Ergebnisse dieses Streuversuches von 1911 lassen sich mit dem THOMSON-Modell nicht erklären. Das Kern-Hülle-Modell von Ernest RUTHERFORD geht daher nicht mehr von der Vorstellung einer kompakten Kugel aus:

- Das Atom besteht aus einem Atomkern und einer Atomhülle.
- Der Atomkern ist elektrisch positiv geladen und befindet sich im Zentrum des Atoms.
- Der Atomkern ist winzig klein: Sein Durchmesser beträgt nur ein Zehntausendstel des gesamten Atomdurchmessers.
- In der Atomhülle befinden sich negativ geladene Elektronen, die um den Atomkern kreisen.
- Durch diese Kreisbewegung wird verhindert, dass die Elektronen in den entgegengesetzt geladenen Atomkern stürzen.
- Da die Elektronen noch viel kleiner sind als der Atomkern, ist die Atomhülle praktisch ein leerer Raum.

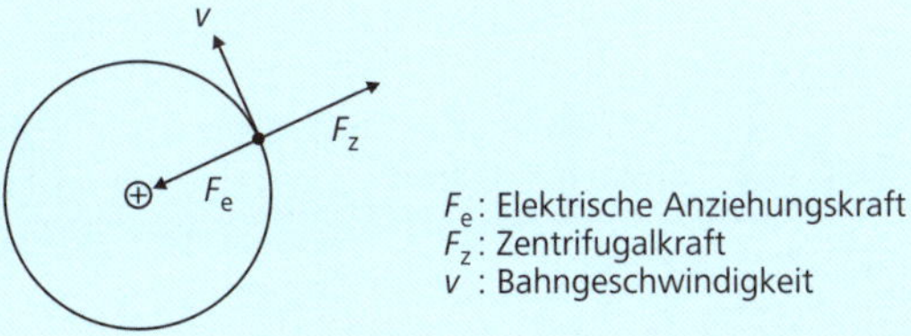

Dieses Modell steht jedoch im Widerspruch zur herkömmlichen Physik:
Bewegte Elektronen erzeugen ein *magnetisches Feld*, das nach außen abgestrahlt wird. Diese Feldenergie kann nur aus dem Energievorrat des Elektrons entnommen werden. Deshalb müsste sich die Bewegungsenergie des Elektrons ständig verringern, die Zentrifugalkraft würde sich dadurch ebenfalls verkleinern und das Elektron würde in Sekundenbruchteilen spiralförmig in den Kern stürzen.

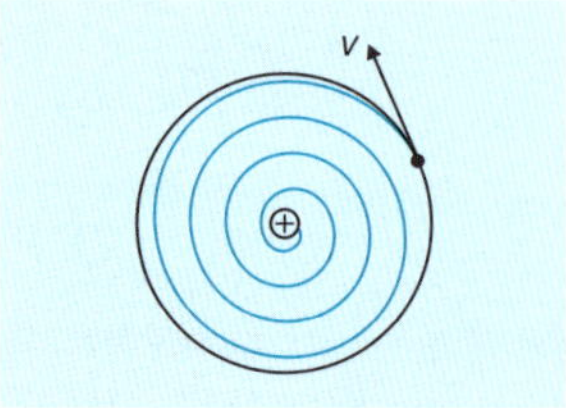

1.4 Bohr'sches Atommodell

Anlass für die Weiterentwicklung des Atommodells durch Niels Bohr war die 1885 von J. J. Balmer entdeckte Tatsache, dass sich die Wellenlängen aller Linien des sichtbaren Spektrums von gasförmigem Wasserstoff durch eine einfache mathematische Serienformel beschreiben lassen:

$$\frac{1}{\lambda} = R_{\mathrm{H}}\left(\frac{1}{4} - \frac{1}{n^2}\right).$$

λ: Wellenlänge der Spektrallinie
R_{H}: Rydberg-Konstante (▶ Anhang S. 241)
n: Laufzahl ($n > 2$)

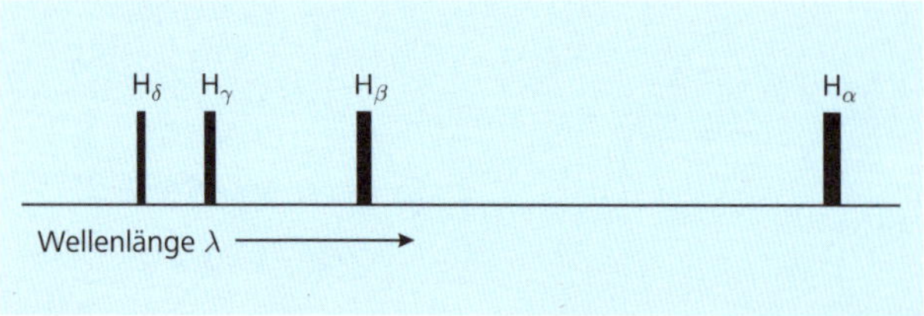

n	λ/nm	Linie	Farbe
3	656	H_α	rot
4	486	H_β	blau
5	434	H_γ	violett
6	410	H_δ	violett

Zur Erklärung dieser Formel nutzte BOHR die Grundlagen der von Max PLANCK und Albert EINSTEIN begründeten ***Quantentheorie:***

- Energie kann nicht in beliebig kleine Portionen zerteilt werden. Ebenso wie bei Materie gibt es eine kleinstmögliche Energieportion, ein Energie*quant*.
- Die Energie von Licht hängt von seiner jeweiligen Wellenlänge ab. Die kleinste Energieportion einer bestimmten Wellenlänge oder Frequenz ist ein Lichtquant oder ***Photon.***

$E = h \cdot f$

E: Energie eines Photons

h: PLANCK'sche Konstante (▶ Anhang S. 241)

f: Frequenz des Photons

Weiterhin übernahm BOHR für sein Atommodell die im Kern-Hülle-Modell (▶ S. 12 f.) enthaltene Vorstellung der um einen Atomkern kreisenden Elektronen.

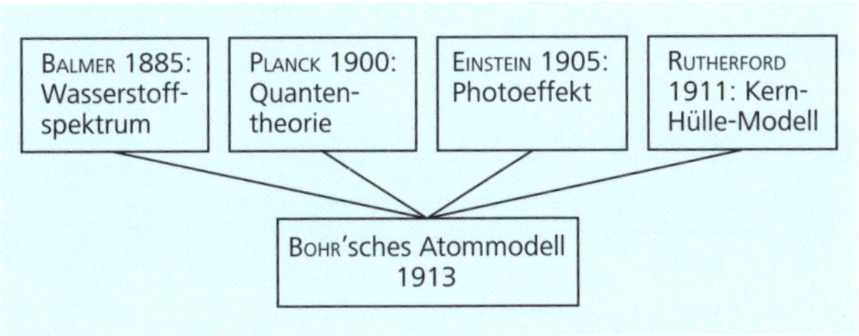

Ungeachtet des Widerspruchs beim Kern-Hülle-Modell hat Bohr auf der Basis der Quantentheorie zwei Arbeitsgrundlagen, sogenannte ***Postulate***, aufgestellt:

Ein *Postulat* ist ein Ansatz, der zu einem sinnvollen Ergebnis führt, auch wenn er theoretisch nicht begründet werden kann bzw. der Theorie widerspricht. Im Gegensatz dazu muss eine *Hypothese* mit der gängigen Theorie vereinbar sein.

1. Bohr'sches Postulat (Bahnen des Elektrons)
Die Elektronen umkreisen den Atomkern in bestimmten Bahnen ohne Abgabe von Energie, also strahlungsfrei. Dabei nimmt die Energie der Elektronen nur *ganz bestimmte*, durch die jeweilige Bahn charakterisierte Werte an.

2. Bohr'sches Postulat (Bahnwechsel der Elektronen)
Der Übergang von einer kernferneren Bahn zu einer kernnäheren erfolgt sprunghaft unter Abgabe einer Strahlung (eines Photons) mit der Frequenz f:

$hf = E_{ni} - E_{n1} = \Delta E$

E_{ni}: Energie des Elektrons auf der kernferneren Bahn

E_{n1}: Energie des Elektrons auf der kernnäheren Bahn

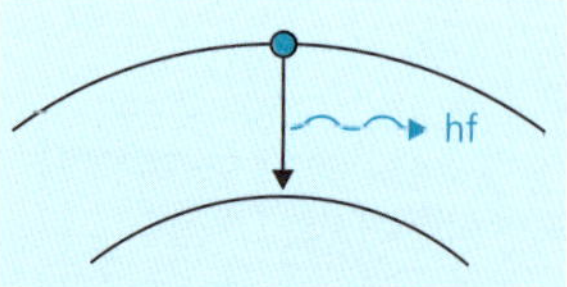

Die Zahl $n_1 \ldots n_i$ ist immer eine *ganze* Zahl und beschreibt die möglichen Bahnen, auf denen sich das Elektron bewegen kann. Die Bahn mit $n_1 = 1$ hat die *geringste* Energie, sie liegt dem Kern am nächsten, $n_1 = 2$ beschreibt die Bahn mit der nächsthöheren Energie, sie liegt weiter vom Kern entfernt.

MERKE

n macht eine Angabe über mögliche Energiequanten. Man bezeichnet sie daher als ***Quantenzahl***.

Leistungsfähigkeit des Bohr'schen Atommodells

- Die bereits bekannten Serien des Linienspektrums von Wasserstoff konnten damit erklärt werden.
- Weitere Serien des Wasserstoffs im nicht sichtbaren Bereich wurden zutreffend vorhergesagt und später experimentell bestätigt.
- Für das Wasserstoffspektrum konnte eine allgemeine Formel aufgestellt werden, die für *alle* Serien gültig war:

  $$\frac{1}{\lambda} = R_H\left(\frac{1}{n_1^2} - \frac{1}{n_i^2}\right)$$

  n_1: Quantenzahl für den energieärmsten Zustand der jeweiligen Serie

  n_i: Quantenzahlen für jeweils energiereichere Zustände $n_i > n_1$

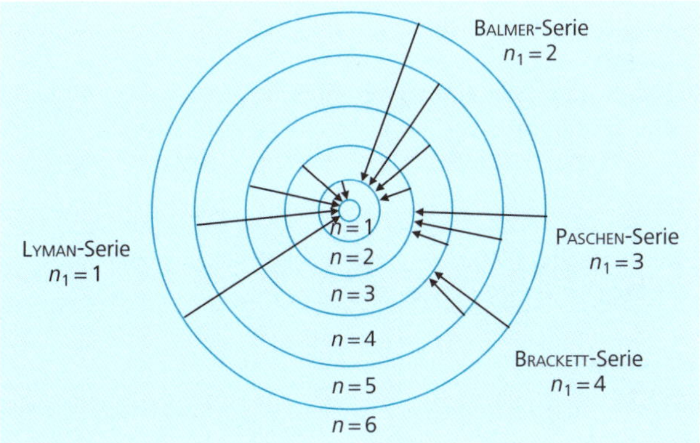

- Der Atomradius von Wasserstoff konnte in der richtigen Größenordnung berechnet werden.

Grenzen des Bohr'schen Atommodells

- Die Bohr'schen Postulate sind theoretisch nicht begründbar.
- Auf Mehrelektronensysteme, d. h. auf andere Elemente außer Wasserstoff, lässt sich das Bohr'sche Atommodell nur bedingt übertragen, genaue Berechnungen und Erklärungen von Eigenschaften sind nicht möglich.

1.5 Schalenmodell – Bau der Atomhülle

Auf einfache Mehrelektronensysteme, wie z. B. die Alkalimetallatome, lassen sich Grundannahmen der Bohr'schen Theorie qualitativ übertragen:

- Die Elektronen befinden sich auf konzentrischen *Schalen* um den Atomkern.
- Insgesamt unterscheidet man bei diesem Modell bis zu *sieben* Schalen.
- Jede Schale stellt eine bestimmte *Energiestufe* dar und kann eine bestimmte Zahl von Elektronen aufnehmen.

MERKE

Die allgemeine Formel für die Maximalbesetzung lautet $2n^2$, wobei die Quantenzahl n – von innen nach außen gezählt – die Nummer der Schale darstellt.

Maximale Besetzung der Elektronenschalen

Nummer der Schale = Quantenzahl	Bezeichnung der Schale	maximale Anzahl der Elektronen
1	K-Schale	2
2	L-Schale	8
3	M-Schale	18
4	N-Schale	32

Nummer der Schale = Quantenzahl	Bezeichnung der Schale	maximale Anzahl der Elektronen
5	O-Schale	50
6	P-Schale	72
7	Q-Schale	98

Jedes Elementatom hat eine bestimmte Anzahl von Schalen:
- Die jeweils äußerste Schale heißt ***Valenzschale.***
- Die auf der Valenzschale befindlichen Elektronen heißen ***Valenzelektronen.***

BEISPIEL Modell des Aluminiumatoms

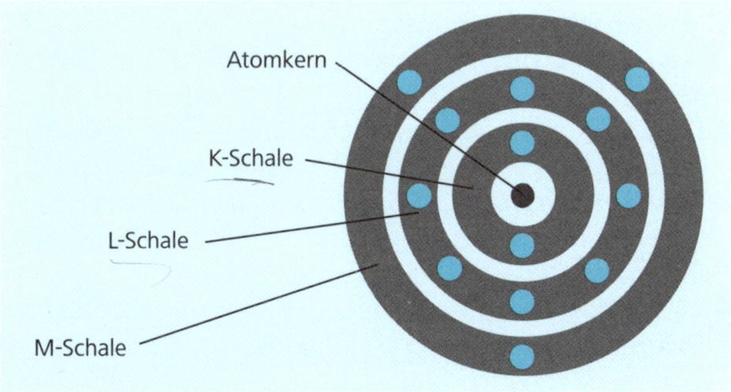

> Die Valenzelektronen sind verantwortlich für die chemischen Eigenschaften der Elemente sowie für die chemische Bindung zwischen den Atomen (▶ S. 28 ff.).

Leistungsfähigkeit des Schalenmodells
- Die *Größenverhältnisse* von Atomen verschiedener Elemente können abgeschätzt werden.
- Die unterschiedlich große ▶ *Ionisierungsenergie* (S. 29) der Elektronen in der Atomhülle kann erklärt werden.

- Die unterschiedlich große *Reaktionsfähigkeit* von Elementen kann begründet bzw. vorausgesagt werden.
- Das *Bindungsbestreben* der Elementatome (▶ Ionenbindung, Elektronenpaarbindung S. 34 und S. 37) kann erklärt werden.

1.6 Orbitalmodell

Der Widerspruch in der BOHR'schen Theorie wurde unter Beibehaltung der quantentheoretischen Grundidee durch einen veränderten Ansatz von E. SCHRÖDINGER und W. HEISENBERG beseitigt:

- Die Annahme von definierten Bahnen und Geschwindigkeiten für das Elektron widerspricht der ***HEISENBERG'schen Unschärferelation.*** Diese besagt, dass Ort und Geschwindigkeit eines Elektrons nicht gleichzeitig *exakt* bestimmt werden können.
- Dem Elektron wird daher keine bestimmte Bahn zugeordnet, sondern ein Raum, in dem es zu finden ist, das ***Orbital.***
- Orbitale sind dreidimensionale Aufenthaltsräume von Elektronen, die sich nach SCHRÖDINGER durch mathematische Funktionen darstellen lassen.
- Diese Funktionen beschreiben die *Wahrscheinlichkeit,* ein Elektron in einem Orbital vorzufinden.

MERKE

Ein Orbital ist ein abgegrenzter Raumbereich, in dem die Wahrscheinlichkeit, das Elektron anzutreffen, sehr hoch ist (ca. 90 %).

Kennzeichen des Orbitalmodells

Zur Beschreibung der Energiezustände eines Elektrons benötigt man in Erweiterung der BOHR'schen Theorie *vier* Quantenzahlen:

- Die ***Hauptquantenzahl n*** bezeichnet das Energieniveau des Elektrons in einem Orbital.

Sie entspricht der *Schale* im Schalenmodell und der *Periode* im Periodensystem.
- Die ***Nebenquantenzahl l*** kennzeichnet Energieunterschiede innerhalb eines Energieniveaus und die räumliche Form des Orbitals.
- Die ***Magnetquantenzahl m*** unterscheidet das Verhalten von Elektronen in einem von außen angelegten Magnetfeld.
- Die ***Spinquantenzahl*** **s** berücksichtigt die unterschiedliche Eigenrotation von Elektronen, den sogenannten ***Spin.***

Die vier Quantenzahlen können nur bestimmte Werte annehmen, die sogenannten ***Auswahlregeln*** folgen:

$n = 1, 2, 3 \ldots$
$l = 0, 1, 2 \ldots n - 1$
$m = -l, -(l-1) \ldots 0 \ldots +(l-1), +l$
$s = \pm\frac{1}{2}$

Die vier Quantenzahlen beschreiben *jedes* Elektron eines Atoms *eindeutig*. Man kann dies mit einer eindeutig zugeordneten Telefonnummer vergleichen, denn diese werden niemals doppelt vergeben.
Bezogen auf die Elektronen in einem Atom formulierte W. PAULI 1925 das nach ihm benannte ***PAULI-Prinzip:***

Die Elektronen eines Atoms müssen sich in mindestens einer Quantenzahl unterscheiden.

MERKE

Jedes Orbital kann zwei Elektronen mit jeweils unterschiedlichem Spin $\left(s = +\frac{1}{2} \text{ und } s = -\frac{1}{2}\right)$ aufnehmen.

Die Kombination aller vier Quantenzahlen führt für $n = 1 - 3$ zu folgender Elektronenbesetzung:

Haupt-quantenzahl n $n = 1, 2, 3$	Neben-quantenzahl l $l = 0, 1, 2$	Magnet-quantenzahl m $m = -2 \ldots 0 \ldots +2$	Spin-quantenzahl s $s = \pm 1/2$
1	0	0	± ½
2	0	0	± ½
	1	−1	± ½
		0	± ½
		+1	± ½
3	0	0	± ½
	1	−1	± ½
		0	± ½
		+1	± ½
	2	−2	± ½
		−1	± ½
		0	± ½
		+1	± ½
		+2	± ½

Orbitale mit der Nebenquantenzahl $l = 0$ haben eine *kugelsymmetrische* Raumstruktur, die Aufenthaltswahrscheinlichkeit der Elektronen innerhalb des Orbitals ist in der Nähe des Atomkerns am größten und nimmt mit steigender Entfernung vom Atomkern ab.

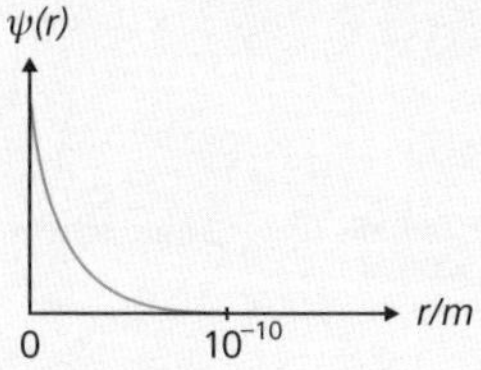

Aufenthaltswahrscheinlichkeit $\psi(r)$ in Abhängigkeit vom Kernabstand r

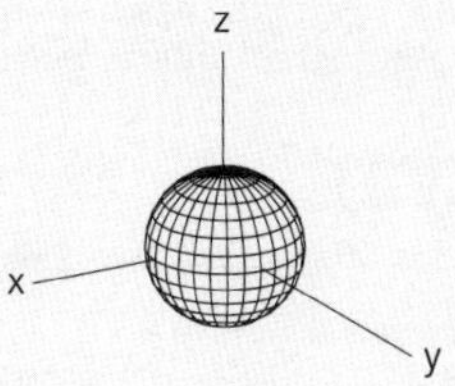

dreidimensionale Darstellung der Aufenthaltswahrscheinlichkeit

MERKE

Orbitale mit $l = 0$ bezeichnet man als **s-*Orbitale***.

Orbitale mit der Nebenquantenzahl $l = 1$ haben eine *„hantelförmige“* Raumstruktur. Nach den Auswahlregeln ergeben sich *drei* mögliche Magnetquantenzahlen mit den Werten – 1, 0, + 1. Dem entsprechen *drei* Orbitale in den drei Raumrichtungen.

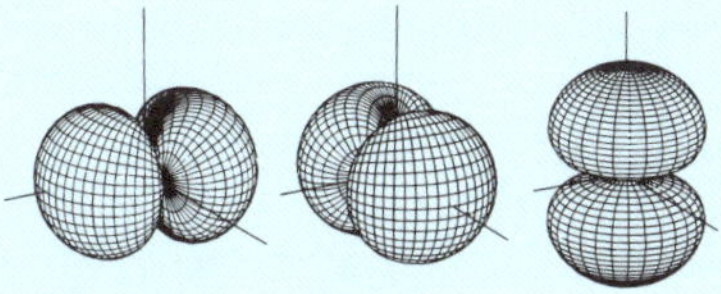

MERKE

Orbitale mit $l = 1$ bezeichnet man als **p-*Orbitale***.

Orbitale mit der Nebenquantenzahl $l = 2$ haben eine *„rosettenförmige“* Raumstruktur. Nach den Auswahlregeln ergeben sich *fünf* mögliche Magnetquantenzahlen mit den Werten – 2, – 1, 0, + 1, + 2. Dem entsprechen *fünf* Orbitale.

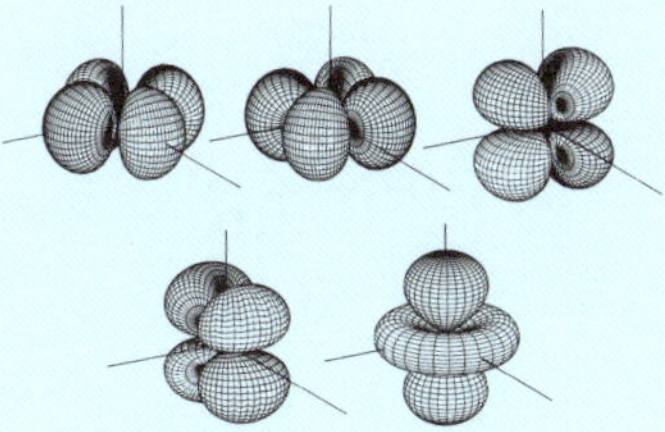

MERKE

Orbitale mit $l = 2$ bezeichnet man als **d-*Orbitale***.

Darstellung von Orbitalen

Zur übersichtlichen Darstellung der Elektronenkonfiguration eines Atoms werden dessen Orbitale nach L. Pauling oft als Kästchen gezeichnet. Die darin enthaltenen Elektronen werden als *senkrechte Pfeile* dargestellt. Zur Unterscheidung des Spins weisen diese in einander *entgegengesetzte* Richtungen.

MERKE

Zwei Elektronen mit entgegengesetztem Spin, die sich im gleichen Orbital aufhalten, werden als *gepaarte Elektronen* bezeichnet.

Zur Kennzeichnung der Orbitalbesetzung schreibt man die Ziffer der Hauptquantenzahl, gefolgt von der Art des Orbitals und der (hochgestellten) Anzahl der Elektronen.

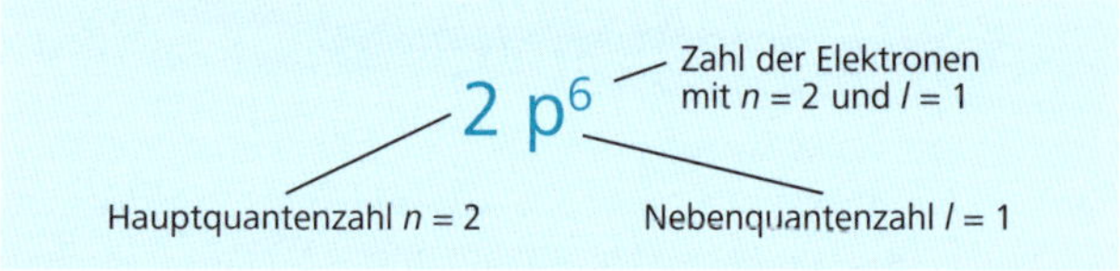

BEISPIEL Elektronenkonfiguration für ein Chloratom

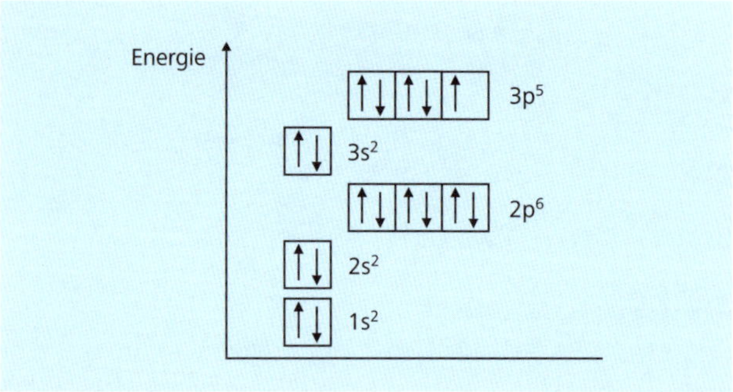

Aufbau des Periodensystems nach dem Orbitalmodell

Die Ordnung der Elemente im Periodensystem lässt sich durch das *Aufbauprinzip* der Orbitale erklären. Die Elektronenkonfiguration eines Elements lässt sich unter Beachtung dreier Prinzipien herleiten, die in engem Zusammenhang mit den Quantenzahlen stehen:

- Energieprinzip: *Energieärmere* Zustände werden zuerst besetzt.
- PAULI-Prinzip: Jedes Orbital kann mit maximal *zwei* Elektronen unterschiedlicher Spinquantenzahl besetzt werden.
- HUND'sche Regel: Energiegleiche Orbitale mit gleicher Nebenquantenzahl werden zuerst *einfach* besetzt.

Element	Elektronen-konfiguration	Orbital-darstellung
H	$1s^1$	[↑]
He	$1s^2$	[↑↓]
Li	$1s^2\,2s^1$	[↑↓] [↑]
Be	$1s^2\,2s^2$	[↑↓] [↑↓]
B	$1s^2\,2s^2\,2p^1$	[↑↓] [↑↓] [↑][ ][ ]
C	$1s^2\,2s^2\,2p^2$	[↑↓] [↑↓] [↑][↑][ ]
N	$1s^2\,2s^2\,2p^3$	[↑↓] [↑↓] [↑][↑][↑]
O	$1s^2\,2s^2\,2p^4$	[↑↓] [↑↓] [↑↓][↑][↑]
F	$1s^2\,2s^2\,2p^5$	[↑↓] [↑↓] [↑↓][↑↓][↑]
Ne	$1s^2\,2s^2\,2p^6$	[↑↓] [↑↓] [↑↓][↑↓][↑↓]

Zur vollständigen Darstellung der Elektronenkonfiguration eines Atoms können vollbesetzte Perioden durch das Symbol des entsprechenden Edelgases ersetzt werden.

BEISPIELE Das auf das Edelgas Neon folgende Element Natrium hat die Elektronenkonfiguration $1s^2\,2s^2\,2p^6\,3s^1$ bzw. [Ne] $3s^1$.
Magnesium: $1s^2\,2s^2\,2p^6\,3s^2$ bzw. [Ne] $3s^2$
Schwefel: $1s^2\,2s^2\,2p^6\,3s^2\,3p^4$ bzw. [Ne] $3s^2\,3p^4$
Kalium: $1s^2\,2s^2\,2p^6\,3s^2\,3p^6\,4s^1$ bzw. [Ar] $4s^1$

Die periodische Wiederholung analoger Elektronenkonfigurationen erklärt das periodische Auftreten von Elementen mit ähnlichen Eigenschaften und die Bildung von *Gruppen* (auch ***Elementfamilien*** genannt), wie zum Beispiel die der Alkalimetalle und der Halogene.

BEISPIELE Alle Alkalimetalle haben bezüglich ihrer energiereichsten Hauptquantenzahl ein Valenzelektron. Alle Halogenatome haben entsprechend insgesamt sieben Valenzelektronen.

Haupt- und Nebengruppenelemente

Die Aufteilung der Elemente im Periodensystem erfolgt in Haupt- und Nebengruppen. Die Nebengruppen enthalten zusätzliche Untergruppen: die Lanthanoide und die Aktinoide.

- Bei den ***Hauptgruppen*** wird die äußere Schale nach und nach besetzt, und zwar von s^1 auf s^2p^6. Die d- und f-Orbitale sind entweder *leer* oder *vollständig besetzt*.
- In den ***Nebengruppen*** erfolgt die Auffüllung der d-Orbitale, diese Elemente werden auch als *Übergangselemente* bezeichnet.
- Bei den ***Lanthanoiden*** und ***Actinoiden*** werden zusätzliche Orbitale, sogenannte f-Orbitale, aufgefüllt.

MERKE

Die Gruppennummer der *Hauptgruppenelemente* gibt die Anzahl ihrer Valenzelektronen an. *Nebengruppenelemente* haben verschiedene Anzahlen von Valenzelektronen, da sich auch die Elektronen der nächsten energieärmeren d-Orbitale an Bindungen beteiligen können.

BEACHTE Die Anzahl der Elemente in einer Periode ist nicht immer identisch mit der maximalen Elektronenaufnahmefähigkeit der Schalen, die ja $2n^2$ beträgt.

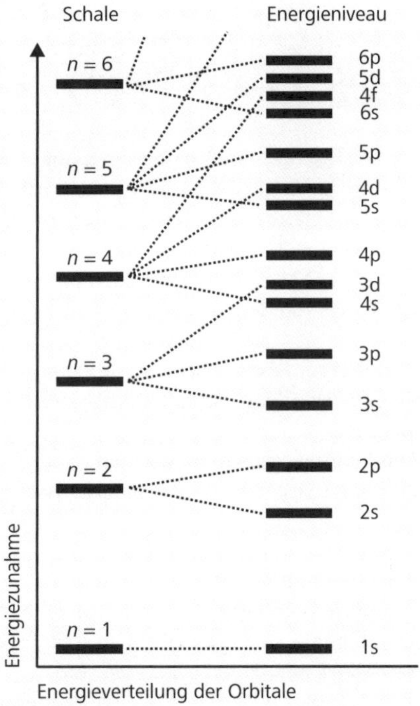
Schale
Energieniveau
n = 6
n = 5
n = 4
n = 3
n = 2
n = 1
6p
5d
4f
6s
5p
4d
5s
4p
3d
4s
3p
3s
2p
2s
1s
Energiezunahme
Energieverteilung der Orbitale

2 Die chemische Bindung

Alle Arten der chemischen Bindung beruhen auf elektrischen Anziehungskräften, sie unterscheiden sich lediglich in deren Stärke. Und diese wiederum resultiert aus der Art der vorliegenden Teilchen (Atome, Moleküle, Ionen).
Man unterscheidet **fünf** Arten der chemischen Bindung. Welche jeweils vorliegt, hängt von der Art der aneinander gebundenen Teilchen ab.
Es gibt zunächst drei *starke* chemische Bindungsarten:

- die ***Elektronenpaarbindung*** (Atombindung) zwischen Nichtmetallatomen,
- die ***Metallbindung*** zwischen Metallatomen,
- die ***Ionenbindung*** zwischen Ionen, d. h. elektrisch geladenen Teilchen.

Daneben gibt es zwei Bindungsarten, die sehr viel *schwächer* sind:

- die ***Wasserstoffbrückenbindung*** zwischen Molekülen, in denen Wasserstoffatome an stark elektronegative Atome, z. B. von Sauerstoff, Stickstoff, Fluor, gebunden sind,
- die *VAN-DER-WAALS*-***Bindung***. Sie tritt zwischen allen Teilchenarten auf, ist aber so schwach, dass sie nur bei Abwesenheit der anderen Bindungsarten eine Rolle spielt.

BEACHTE Elektrostatische Kräfte sind um ein Vielfaches stärker als Gravitationskräfte, diese spielen in der Chemie keine Rolle.

2.1 Bindungsbestreben von Atomen

Die Ausbildung einer chemischen Bindung wird dadurch bestimmt, in welchem Maße die beteiligten Atome bestrebt sind, Elektronen abzugeben bzw. aufzunehmen.

Ionisierungsenergie und Elektronenaffinität

Die *Ionisierungsenergie* eines Atoms ist die Energie, die benötigt wird, um ein Elektron vollständig aus dem Atom zu entfernen.

MERKE

Die Ionisierungsenergie ist ein Maß für die Festigkeit, mit der ein Elektron an das Atom gebunden ist.

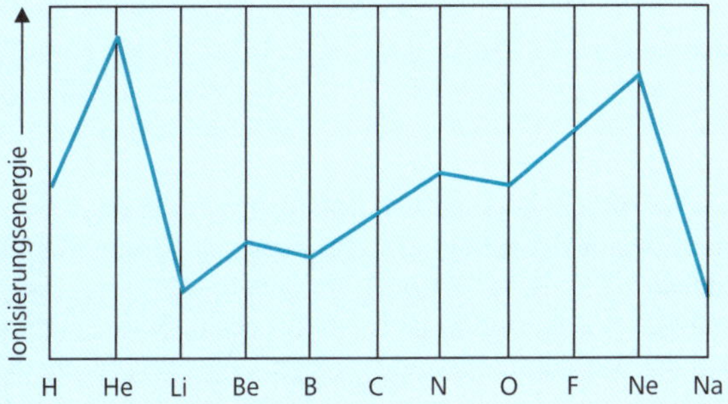

Die Ionisierungsenergie macht deutlich, dass Atome mit *voll* besetzten Orbitalen sehr stabil sind und somit eine geringe Neigung haben, Bindungen einzugehen. Es ist jedoch erkennbar, dass auch *halb* besetzte Orbitale eine erhöhte Stabilität besitzen.

BEISPIEL Ein Stickstoffatom hat eine größere Ionisierungsenergie als das im Periodensystem benachbarte Sauerstoffatom.

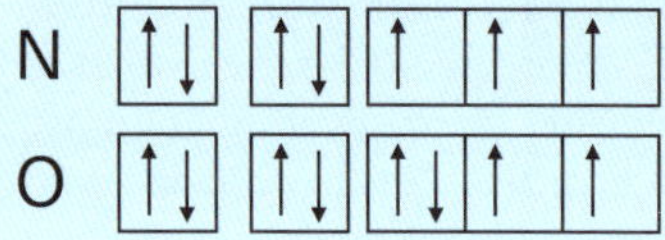

Die ***Elektronenaffinität*** ist die Energie, die frei oder benötigt wird, wenn an ein Atom ein Elektron unter Bildung eines negativ geladenen Ions angelagert wird.

H −0,8						**He** +0,2
	B −0,2	**C** −1,3	**N** +0,3	**O** −1,5	**F** −3,4	**Ne** +0,3
		Si −1,4	**P** −0,6	**S** −2,1	**Cl** −3,6	**Ar** +0,4
					Br −3,4	**Kr** +0,4
					I −3,1	**X** +0,5

Energieangaben in Elektronenvolt (1 eV ≙ 96 kJ/mol)
$\Delta H_{EA} < 0$: Energie wird freigesetzt
$\Delta H_{EA} > 0$: Energie wird benötigt

Es wird deutlich, dass die Elektronenanlagerung dann begünstigt ist, wenn dabei halb besetzte oder voll besetzte Orbitale entstehen.

BEISPIEL Kohlenstoff hat eine relativ hohe Elektronenaffinität, da bei der Aufnahme von einem Elektron das zuvor leere dritte p-Orbital einfach besetzt wird. Fluor hat eine sehr hohe Elektronenaffinität, da bei der Aufnahme von einem Elektron die äußerst stabile ▸ Edelgaskonfiguration (S. 31) entsteht.

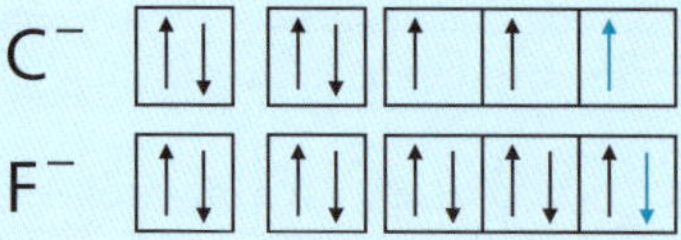

Entsprechend ihren Ionisierungsenergien und Elektronenaffinitäten zeigen Atome ein unterschiedliches Bindungsbestreben:

Ionisierungs-energie	Elektronen-affinität	Bildung von	Beispiel
gering	gering	Kationen	Alkalimetalle
mittel	mittel	Elektronen-paaren	Kohlenstoff
groß	groß	Anionen	Halogene

Wertigkeit von Atomen

Geht ein Atom Bindungen zu anderen Atomen ein, bilden sich je nach Art der Atome Ionen oder Moleküle.

- Im Fall der Ionenbindung werden Valenzelektronen aufgenommen bzw. abgegeben.
- Im Fall der Molekülbildung werden Valenzelektronen für gemeinsame Elektronenpaare zur Verfügung gestellt.

> Die *Anzahl* der jeweils aufgenommenen bzw. abgegebenen oder zur Verfügung gestellten Elektronen bezeichnet man als ***Wertigkeit*** des betreffenden Atoms.

Edelgase sind besonders stabil. Die Elektronenanordnung ihrer Atome – 2 Valenzelektronen bei Helium und 8 Valenzelektronen bei den anderen Edelgasen (Elektronenoktett) – stellt einen energetisch stabilen Zustand dar.

MERKE

Atome, die diese ***Edelgaskonfiguration*** nicht haben, sind bestrebt, sie zu erreichen ***(Oktettregel).***

BEACHTE Wasserstoff ist immer einwertig, Sauerstoff (außer in Peroxiden) immer zweiwertig, unabhängig davon, ob Ionen oder Moleküle gebildet werden.

Elektronegativität

Die Ionisierungsenergie sagt aus, wie leicht ein Atom ein Elektron verliert. Die Elektronenaffinität beschreibt, wie stark ein neutrales Atom in der Lage ist, ein Elektron aufzunehmen.

Die ***Elektronegativität*** (EN) hingegen beschreibt die Elektronenverteilung in einer *bestehenden* chemischen Bindung. Sie ist ein Maß für die Fähigkeit eines Atoms, die Bindungselektronen einer gemeinsamen Bindung anzuziehen.
Für die Elektronegativität wurde eine *relative* Skala zwischen 1,0 für Lithium und 4,0 für Fluor festgelegt.

Element	EN	Element	EN
Wasserstoff	2,1	Kohlenstoff	2,5
Natrium	0,9	Stickstoff	3,0
Kalium	0,8	Sauerstoff	3,5
Caesium	0,7	Schwefel	2,5
Magnesium	1,2	Fluor	4,0
Calcium	1,0	Chlor	3,0
Aluminium	1,5	Brom	2,8

In einer Bindung zwischen zwei Atomen werden die bindenden Elektronen stärker zu dem Atom mit *größerer* Elektronegativität hingezogen.
Die Elektronegativitäts*differenz* (ΔEN) der beteiligten Atome erlaubt nun eine Identifizierung der im Stoff vorliegenden Bindungsart.

Für Δ EN > 1,9 liegt eine Ionenbindung vor.
Für Δ EN < 1,9 liegt eine Elektronenpaarbindung vor.

BEISPIELE

Atompaar	Δ EN	Bindungsart
H – C	0,4	Elektronenpaarbindung
H – F	1,9	polare Elektronenpaarbindung
Li – F	3,0	Ionenbindung

BEACHTE Die Übergänge zwischen den Bindungsarten sind fließend. Es gibt daher keine „reine" Ionenbindung und – außer bei ΔEN = 0 – keine reine Elektronenpaarbindung.

2.2 Arten der chemischen Bindung

Beim Eingehen einer chemischen Bindung sind die beteiligten Atome bestrebt, die Edelgaskonfiguration zu erreichen. Da dies nur die Elektronen der *Valenzschale* betrifft, wird zur Darstellung des Atoms die sogenannte *Lewis-Schreibweise* verwendet, in der lediglich die Valenzelektronen festgehalten werden.

BEISPIEL Natrium- und Chloratom in Schalendarstellung und Lewis-Schreibweise

Entsprechend werden in der Orbitaldarstellung nur diejenigen Orbitale berücksichtigt, deren Elektronen beim Zustandekommen einer chemischen Bindung beteiligt sind.

BEACHTE Zur Beschreibung einer chemischen Bindung werden sowohl die Lewis-Schreibweise wie auch die Orbitaldarstellung verwendet.

Ionenbindung

Um die Edelgaskonfiguration zu erreichen, kann die Valenzschale eines Atoms Elektronen abgeben bzw. aufnehmen. Auf diese Weise entstehen positiv bzw. negativ geladene *Ionen*.

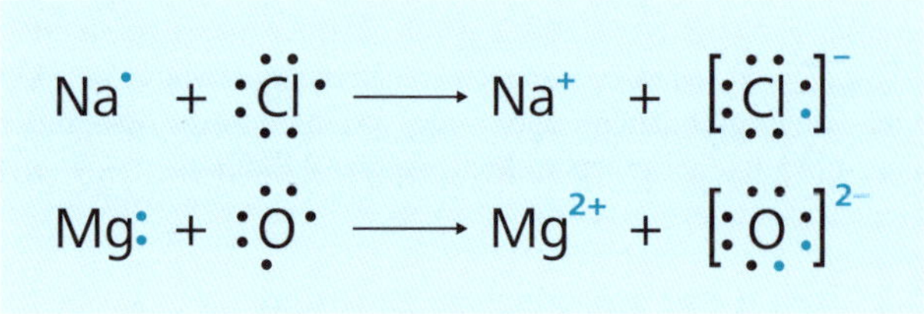

Zwischen den unterschiedlich geladenen Ionen herrschen starke elektrostatische Anziehungskräfte. Daher fügen sie sich zu einem stabilen ***Ionengitter*** zusammen.

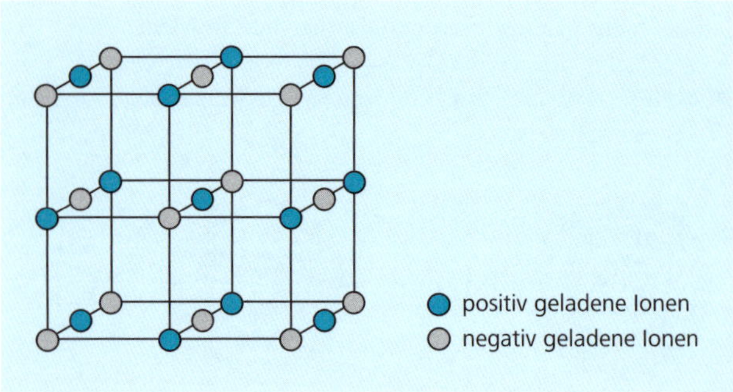

MERKE

Alle Salze, die meisten Metalloxide und die Hydroxide bilden Ionengitter. Infolge der starken elektrostatischen Wechselwirkungen sind diese Stoffe bei Normalbedingungen fest und haben *hohe Schmelztemperaturen*.

BEISPIELE

- Natriumchlorid hat eine Schmelztemperatur von 801 °C.
- Magnesiumoxid hat eine Schmelztemperatur von 2 832 °C.

Metallische Bindung

Schwach elektronegative Metallatome haben eine starke Neigung, Elektronen abzugeben und zu positiven Ionen zu werden. Sie lagern sich daher zu ***Metallgittern*** zusammen, ohne dass negative Ionen beteiligt sind.
Die von den Metallatomen abgegebenen Valenzelektronen umschließen die positiv geladenen Metall-Ionen und halten durch elektrostatische Kräfte das Gitter zusammen.

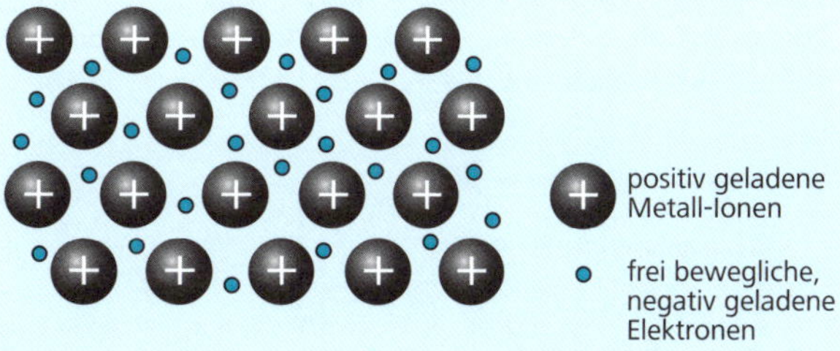

MERKE

Im Gegensatz zu anderen Bindungsarten sind die Valenzelektronen nicht an ein bestimmtes Atom gebunden, sondern innerhalb des Zwischengitters *frei beweglich*.

Diese Bewegung der Elektronen ist vollkommen ungeordnet. Man bezeichnet diesen Zustand daher als ***Elektronengas.***

Die typischen Metalleigenschaften können mit diesem einfachen Modell eng gepackter, positiver Ionen, die durch nicht ortsfeste Elektronen zusammengehalten werden, erklärt werden:

- Metalle zeigen eine gute *elektrische Leitfähigkeit*. Beim Anlegen einer elektrischen Spannung bewegen sich die Elektronen vom Minus- zum Pluspol der Energiequelle.

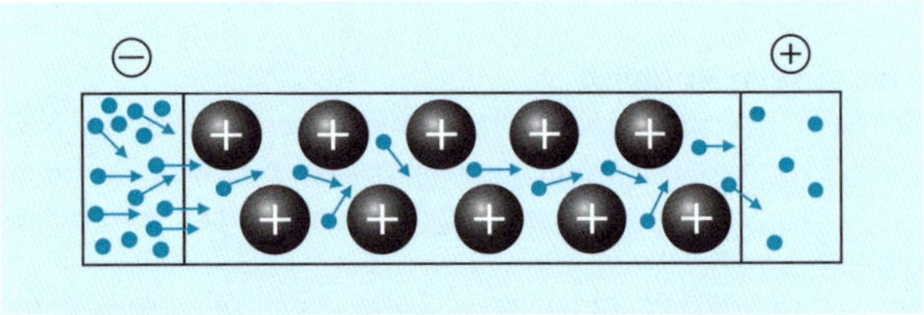

- Metalle sind in festem Zustand *verformbar.* Wird das Metall einem Druck ausgesetzt, gleiten die positiven Ionen ohne großen Widerstand aneinander vorbei. Das Elektronengas „schmiert" diese Bewegung, indem es die positiven Ladungen voneinander abschirmt.

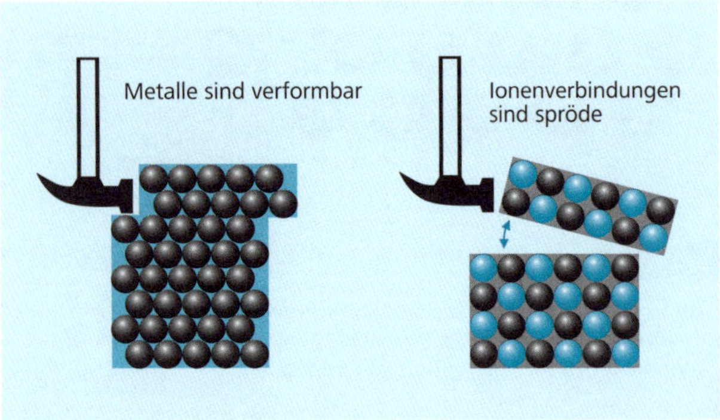

Elektronenpaarbindung

Die Ausbildung von Elektronenpaarbindungen erfolgt ebenfalls unter Berücksichtigung der *Oktettregel*: Die Atome verbinden sich zu ***Molekülen*** und versuchen dabei durch die Bildung gemeinsamer Elektronenpaare die stabile Edelgaskonfiguration zu erreichen.

Dabei unterscheidet man zwei Fälle:

- *Jedes Atom* liefert *ein* Elektron für das gemeinsame Elektronenpaar.
- *Ein Atom* stellt *beide* Bindungselektronen zur Verfügung, das zweite Atom lagert sich an das bestehende Elektronenpaar an. Die dabei entstehende Elektronenpaarbindung bezeichnet man als ***Donorbindung*** (lat. *dono:* geben).

BEISPIEL

- Zwei Chloratome stellen für die Bildung eines gemeinsamen Elektronenpaars je ein Valenzelektron zur Verfügung.

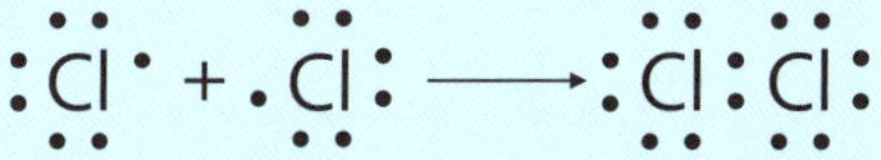

- Ein Proton lagert sich an ein freies Elektronenpaar des Sauerstoffatoms in einem Wassermolekül an. Es entsteht ein positiv geladenes ***Oxonium-Ion.***

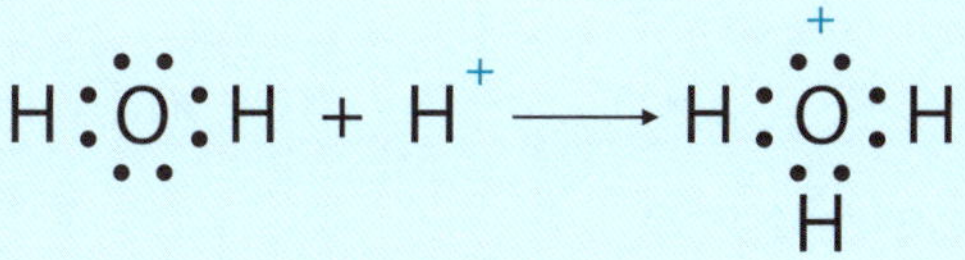

BEACHTE In einem Molekül unterscheidet man die *bindenden* Elektronenpaare zwischen den Elementsymbolen von den restlichen *freien* Elektronenpaaren.
Die Darstellung der Elektronenpaarbindung im Schalenmodell führt direkt zur ***Strukturformel.*** Dabei werden jeweils *zwei* Valenzelektronen zusammengefasst und durch einen „Strich" dargestellt.
BEISPIEL Strukturformeln der Moleküle von Wasserstoff, Chlor und Chlorwasserstoff

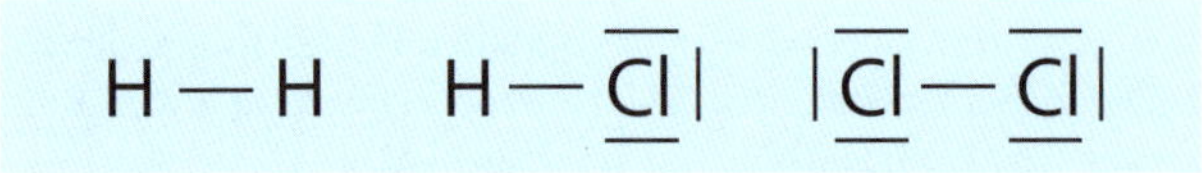

Im Orbitalmodell wird eine Elektronenpaarbindung durch die Überlagerung zweier einfach besetzter Atomorbitale zu einem Molekülorbital (MO) beschrieben.
BEISPIEL Molekülorbitale von Wasserstoff, Chlor und Chlorwasserstoff

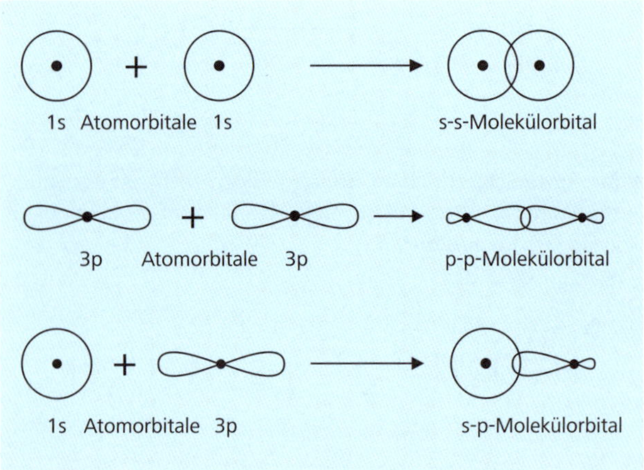

Die Bindung, die aus der Überlappung von zwei *auf einer Geraden* angeordneten Orbitalen entsteht, bezeichnet man als *σ-Bindung*. Die resultierenden Molekülorbitale liegen auf der Verbindungsachse der beteiligten Atome, sie sind *rotationssymmetrisch*.

Mehrfachbindungen

Bei vielen Molekülen ist das Erreichen der stabilen Edelgaskonfiguration nur durch die Ausbildung von *Mehrfachbindungen* möglich. Doppelbindungen bestehen aus zwei, Dreifachbindungen aus drei gemeinsamen Elektronenpaaren.

BEISPIEL In einem Sauerstoffmolekül sind die beiden Atome durch eine Doppelbindung verbunden. In einem Stickstoffmolekül liegt eine Dreifachbindung vor.

Neben der auf der Verbindungsachse der Atome liegenden σ-Bindung gibt es weitere Bindungen, die durch Überlappung von darauf senkrecht stehenden p-Orbitalen entstehen.

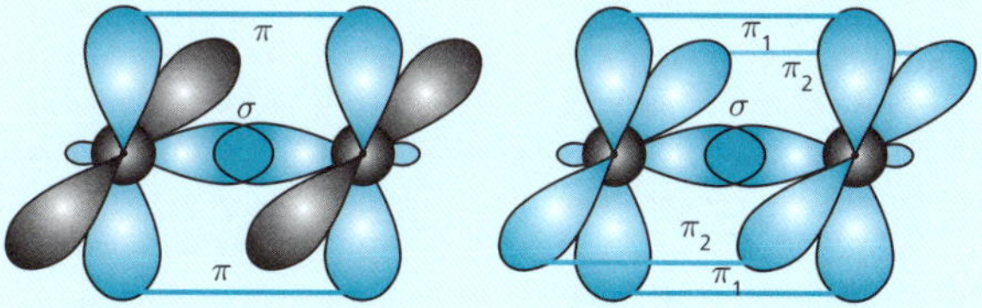

Orbitaldarstellung eines Sauerstoffmoleküls

Orbitaldarstellung eines Stickstoffmoleküls

bindende Orbitale: türkis

Die aus der Überlappung von zwei *parallel* angeordneten *p*-Orbitalen entstehende Bindung bezeichnet man als *π-Bindung*. Die gebildeten Molekülorbitale bestehen aus je zwei Raumladungswolken.

MERKE

Eine Doppelbindung besteht aus einer σ- und einer π-Bindung, eine Dreifachbindung aus einer σ- und zwei π-Bindungen.

Hybridisierung

Nach seiner Elektronenkonfiguration sollte das Kohlenstoffatom durch Überlappung der beiden halb besetzten 2*p*-Orbitale mit anderen Atomorbitalen *zweiwertig* auftreten.

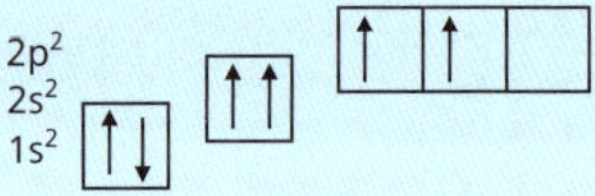

Diese Schlussfolgerung trifft jedoch nicht zu:

- Kohlenstoff ist in seinen Verbindungen *vier*wertig.
- Im Methanmolekül liegen vier *identische* Bindungen vor, die in die Ecken eines regelmäßigen Tetraeders ausgerichtet sind.

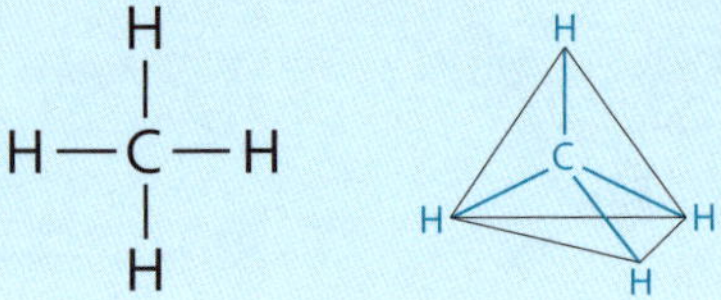

Die Vierwertigkeit des Kohlenstoffatoms lässt sich durch eine *Spintrennung*, den Übergang eines 2*s*-Elektrons in den energetisch höheren 2*p*-Zustand erklären. Für diesen Wechsel des Energieniveaus ist eine *Anregungsenergie* notwendig.

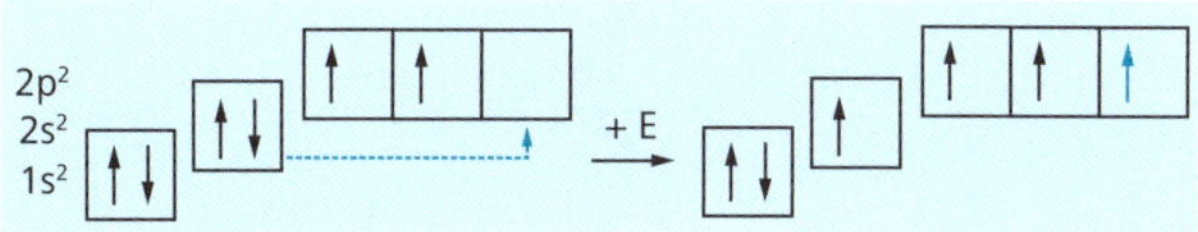

Diese Annahme reicht zur Erklärung der Molekülgeometrie noch nicht aus, denn die vier Bindungen müssen identisch sein. Die für die Bindung zur Verfügung stehenden Orbitale müssen also „gleichgemacht" werden.
Auch für diesen Vorgang muss Energie aufgebracht werden. Die Vereinheitlichung von unterschiedlichen Orbitalen bezeichnet man als ***Hybridisierung***. Die gebildeten *Hybridorbitale* sind als „Kreuzungen" der Ursprungsorbitale anzusehen.

Eine Hybridisierung von einem *s*-Orbital mit drei *p*-Orbitalen bezeichnet man als *sp³-Hybridisierung.* Die dabei gebildeten vier Orbitale sind *sp³-Hybridorbitale.* Sie bilden die räumliche Struktur eines *Tetraeders* und haben einen Bindungswinkel von 109,5°.

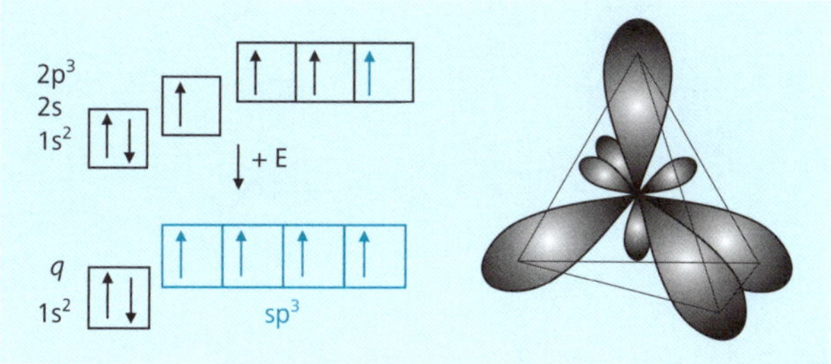

BEISPIEL Im Methanmolekül sind ein 2*s*- und drei 2*p*-Orbitale des Kohlenstoffatoms zu vier identischen Orbitalen hybridisiert.

Diese bilden mit dem *s*-Orbital des Wasserstoffatoms jeweils eine σ-Bindung.

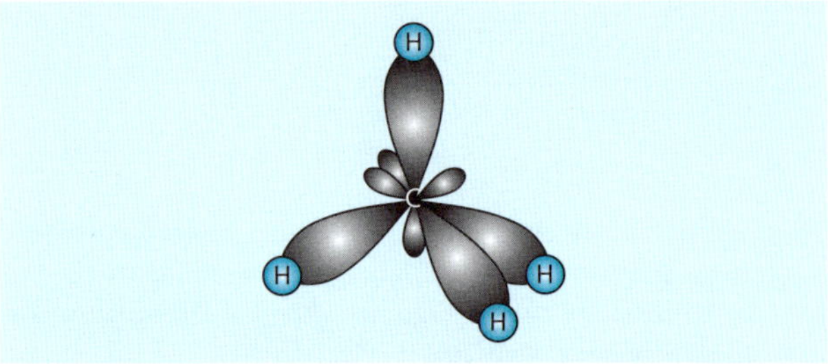

BEACHTE Weitere Beispiele für die Ausbildung von sp^3-Hybridorbitalen sind das Diamantgitter des Kohlenstoffs sowie die Molekülstrukturen von Wasser und Ammoniak. Dabei steht das sp^3-hybridisierte Kohlenstoff-, Sauerstoff- bzw. Stickstoffatom ebenfalls im Zentrum eines Tetraeders:

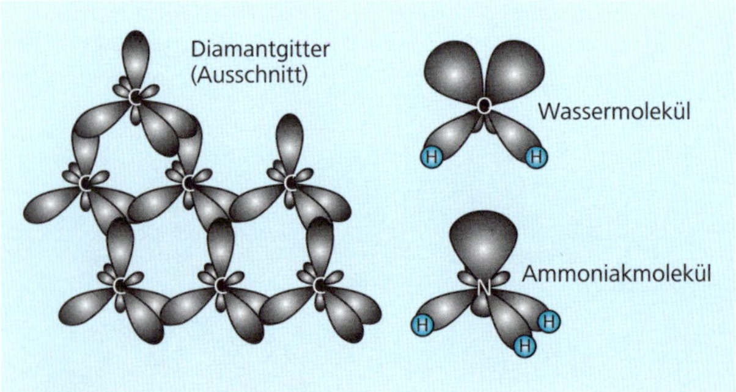

Die Strukturen dieser drei Moleküle lassen sich mit dem Orbitalmodell erklären:

- Beim Diamant gehen von jedem Kohlenstoffatom vier gleichartige sp^3-Orbitale aus, die zu vier benachbarten Kohlenstoffatomen vier starke Elektronenpaarbindungen eingehen. Das dadurch entstehende dreidimensionale „Riesenmolekül“ besitzt eine große *Härte* und hat einen hohen *Schmelzpunkt*.

- Beim Wassermolekül gehen nur *zwei* der vier sp^3-Orbitale des Sauerstoffatoms eine Bindung zu jeweils einem Wasserstoffatom ein. Das Molekül ist daher *gewinkelt*.
- Beim Ammoniakmolekül gehen drei der vier sp^3-Orbitale des Stickstoffatoms eine Bindung zu jeweils einem Wasserstoffatom ein. Das Molekül bildet daher eine dreiseitige *Pyramide*.

Die Struktur von Verbindungen, deren Moleküle *Doppelbindungen* zwischen den Kohlenstoffatomen aufweisen, kann mit der sp^3-Hybridisierung des Kohlenstoffatoms *nicht* erklärt werden.
In diesen Molekülen bildet jedes der betreffenden Kohlenstoffatome *drei* gleichartige Hybridorbitale, wobei ein *p*-Orbital des Kohlenstoffatoms aus der Hybridisierung ausgenommen wird, da es zur Bildung der π-Bindung erforderlich ist.
Damit verbleiben für die Hybridisierung ein *s*- und zwei *p*-Orbitale.

Die Hybridisierung von einem *s*- und zwei *p*-Orbitalen bezeichnet man als *sp^2-Hybridisierung*. Die dabei gebildeten drei Orbitale sind *sp^2-Hybridorbitale*. Sie liegen in einer *Ebene* und bilden einen Bindungswinkel von 120°. Senkrecht dazu steht das nicht hybridisierte *p*-Orbital.

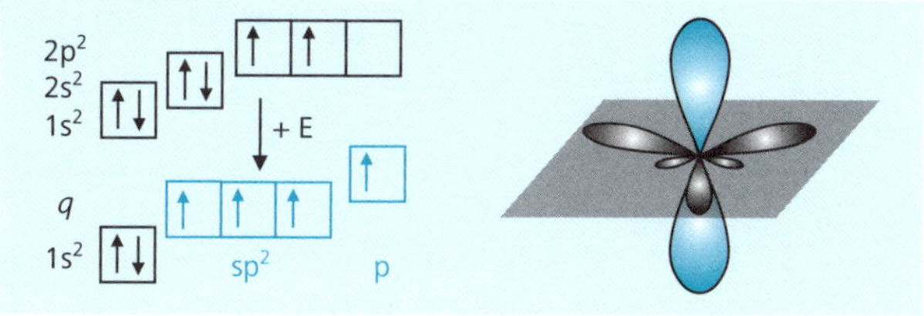

BEISPIEL Im Ethenmolekül bildet jedes Kohlenstoffatom drei σ-Bindungen und eine zusätzliche π-Bindung zwischen den Kohlenstoffatomen.

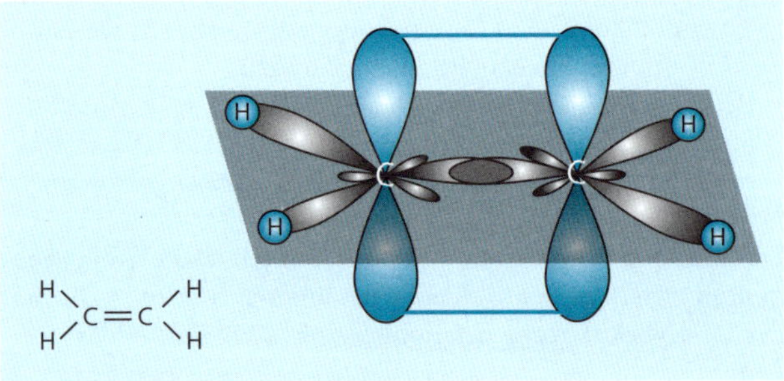

Eine sp^2-Hybridisierung des Kohlenstoffatoms liegt auch im Grafitgitter und im ▶ Benzolmolekül (S. 152) vor. In beiden Fällen bilden die Kohlenstoffatome *ebene* Sechsringe:

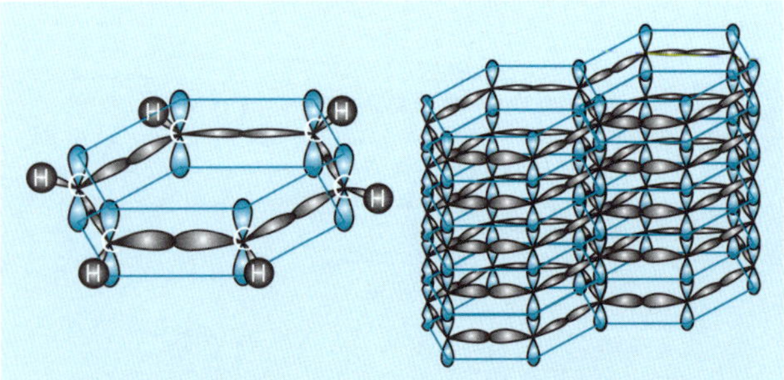

Benzolmolekül

Grafitgitter (Ausschnitt)

Die auf der Ebene senkrecht stehenden p-Orbitale überlagern sich zu einem ausgedehnten π-Orbital, in dem die Elektronen an kein bestimmtes Kohlenstoffatom gebunden sind.

Im Molekül von Ethin liegt zwischen den Kohlenstoffatomen eine *Dreifachbindung* vor. Bei der Hybridisierung des Kohlenstoffatoms werden *zwei* p-Orbitale ausgenommen.

Die Hybridisierung von einem *s*- und einem *p*-Orbital bezeichnet man als *sp-Hybridisierung*. Die dabei gebildeten zwei Orbitale sind *sp-Hybridorbitale*. Sie liegen auf einer *Geraden* und bilden einen Bindungswinkel von 180°. Die beiden nicht hybridisierten *p*-Orbitale stehen senkrecht auf dieser Geraden und bilden auch untereinander einen rechten Winkel.

2

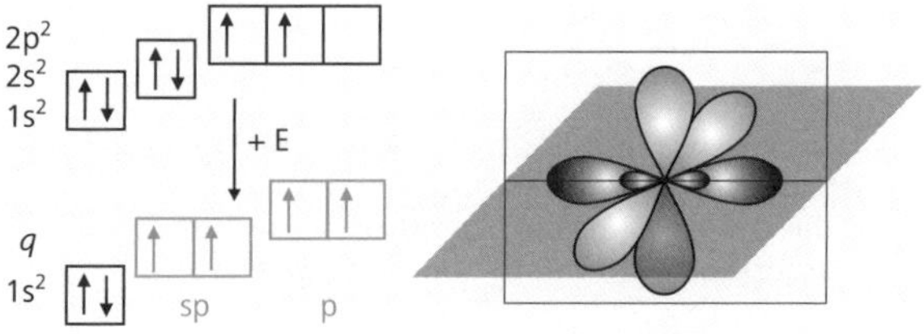

BEISPIEL Im Ethinmolekül bildet jedes Kohlenstoffatom zwei σ-Bindungen und zwei zusätzliche π-Bindungen zwischen den Kohlenstoffatomen.

$$H-C\equiv C-H$$

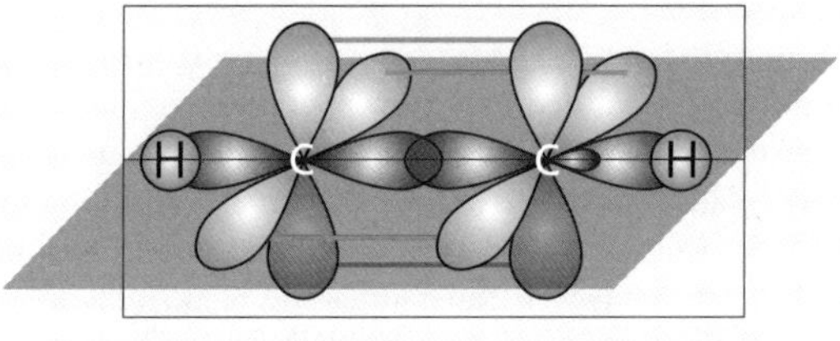

Gitteraufbau molekularer Stoffe

Molekulare Stoffe bilden im festen Aggregatzustand ***Molekülgitter.*** Zwischen den Molekülen bestehen im Unterschied zum ▶ Ionengitter (S. 34) nur schwache ▶ VAN-DER-WAALS-Bindungen (S. 49).

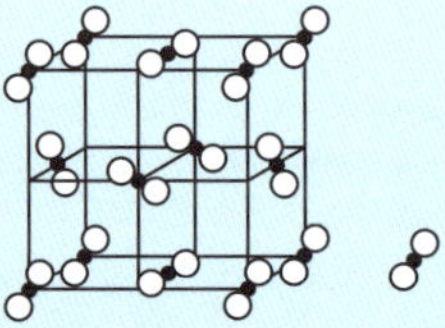

MERKE

Alle Nichtmetalle, Nichtmetalloxide, wasserfreie Säuren und organische Stoffe bilden im festen Zustand Molekülgitter. Infolge der schwachen Wechselwirkungen zwischen den Molekülen haben diese Stoffe allgemein *niedrige Schmelztemperaturen*.

BEACHTE Dies trifft nicht zu, wenn die Stoffe Riesenmoleküle bilden, wie z. B. der Kohlenstoff in Form von Diamant und Grafit.

Wasserstoffbrückenbindung

In Molekülen gebundene Wasserstoffatome besitzen neben dem bindenden Elektronenpaar keine weiteren Elektronen. Der Kern der Wasserstoffatome, das Proton, ist sehr *klein*, die positive Ladungsdichte ist daher sehr *groß*.

Sind nun Wasserstoffatome an stark elektronegative Atome gebunden, so wird den Protonen das bindende Elektronenpaar weitgehend entzogen. Sie wirken daher nach außen als stark positiv geladene „Spitzen“. Diese *aktiven Stellen* können sich an *passive Stellen* – das sind freie Elektronenpaare stark elektronegativer Atome (meist Sauerstoff- und Stickstoffatome) – anlagern. Es entsteht eine ***Wasserstoffbrückenbindung.***

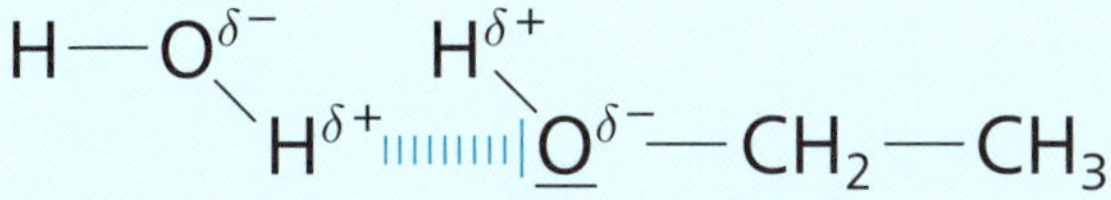

Moleküle, die Wasserstoffbrückenbindungen eingehen können, sind permanente ***Dipole***, da in ihnen eine *Ladungstrennung* vorliegt.

> **Wasserstoffbrückenbindungen beruhen auf Dipol-Dipol-Wechselwirkungen. Sie sind deutlich *stärker* als die VAN-DER-WAALS-Bindungen (▶ S. 49).**

Moleküle, zwischen denen Wasserstoffbrücken bestehen, lagern sich in der flüssigen Phase zu größeren Verbänden zusammen. Die betreffenden Stoffe haben daher deutlich höhere *Siedetemperaturen* als Stoffe vergleichbarer Molekülmasse ohne Wasserstoffbrückenbindungen.

BEISPIEL Fluormethan und Methanol haben fast dieselbe Molekülmasse. Methanol siedet jedoch bei bedeutend höherer Temperatur.

	CH_3-F	CH_3-OH
Molekülmasse	34 u	32 u
Siedetemperatur	−78 °C	+65 °C

Besonders deutlich ist der Einfluss der Wasserstoffbrückenbindung auf die Eigenschaften von *Wasser*. Er kommt dadurch zustande, dass in jedem Wassermolekül *zwei* Protonen gebunden sind und somit *zwei* aktive Stellen vorliegen. Im *festen* Wasser (Eis) lagern sich die Wassermoleküle zu einer Struktur zusammen, bei der jedes Sauerstoffatom über Wasserstoffbrücken tetraedrisch von vier weiteren Sauerstoffatomen umgeben ist.

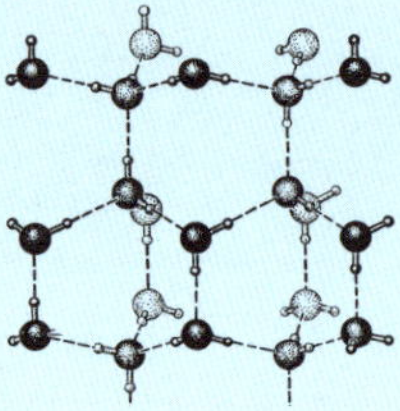

Eisstruktur (Ausschnitt)

Daraus ergibt sich ein relativ stabiles Festkörpergitter und eine ungewöhnlich hohe Schmelztemperatur von Wasser.
Auch im *flüssigen* Wasser sind die Moleküle noch durch Wasserstoffbrücken miteinander verbunden. Um diese voneinander zu lösen, ist eine vergleichsweise hohe Energie erforderlich. Dies erklärt die ungewöhnlich hohe Siedetemperatur von Wasser.

Molekülstruktur von flüssigem Wasser (Ausschnitt)

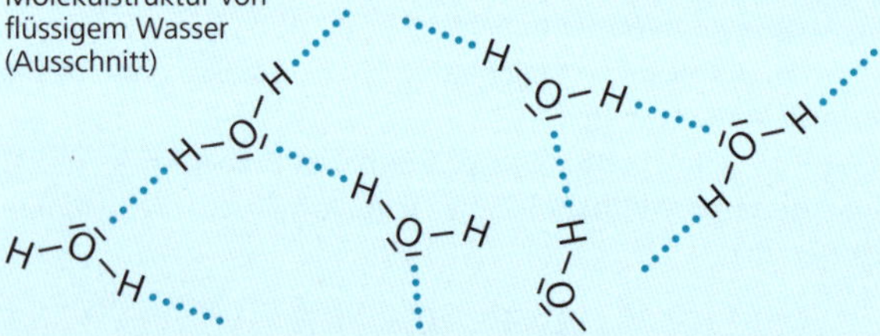

Durch ihre Fähigkeit, Wasserstoffbrücken auszubilden, wird auch die *Wasserlöslichkeit* bestimmter molekularer Stoffe erklärt.

> **Dabei gilt die Regel: „Gleiches löst Gleiches", d. h. Polares löst Polares, Unpolares löst Unpolares.**

Stoffe, deren Moleküle nur passive, aber keine aktive Stellen besitzen, sind nicht in der Lage, Wasserstoffbrücken zu bilden.

Ohne aktive Stellen sind echte Dipol-Dipol-Wechselwirkungen nicht möglich.

BEISPIEL Dimethylether besitzt nur *passive* Stellen. Der Ether hat eine niedrige Siedetemperatur und löst sich nicht in Wasser.

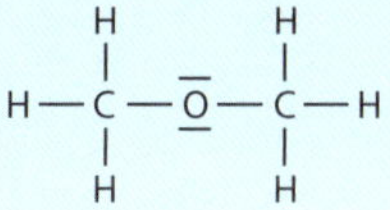

VAN-DER-WAALS-Bindung

Wasserstoffbrückenbindungen basieren auf *permanent* vorhandenen Dipolen, VAN-DER-WAALS-Bindungen entstehen aus *kurzzeitig* gebildeten Dipolen. Sie sind die schwächsten der Bindungen.

Eine kurzzeitig unsymmetrische Ladungsverteilung stellt einen temporären Dipol dar. Dieser kann benachbarte Moleküle polarisieren und dadurch weitere Dipole induzieren (lat. *inducere:* hineinführen).

Die Polarisierbarkeit hängt von der Gesamtmenge an Elektronen in einem Molekül ab. Je größer die Molekülmasse, desto größer die Anzahl von Elektronen, desto mehr innermolekulare Ladungsverschiebungen werden ermöglicht. Dadurch bilden sich viele kurzlebige Partialladungen aus.

> Je *größer* die Molekülmasse eines Stoffes, desto *größer* die VAN-DER-WAALS-Bindungen zwischen den Molekülen, desto höher demnach die Siedetemperatur des Stoffes.

BEACHTE Die VAN-DER-WAALS-Bindungen liegen praktisch in allen Stoffen vor. Sie spielen aber lediglich bei *unpolaren Molekülen* eine Rolle, weil dort stärkere Wechselwirkungen fehlen.

3 Energetik chemischer Reaktionen

3.1 Energieumsatz chemischer Reaktionen

Praktisch alle chemischen Reaktionen sind mit einem Energieumsatz verbunden, meist in Form von Wärmeabgabe oder Wärmeaufnahme. Wird dabei Energie *freigesetzt*, handelt es sich um eine ***exotherme Reaktion,*** wird Energie *aufgenommen,* handelt es sich um eine ***endotherme Reaktion.***

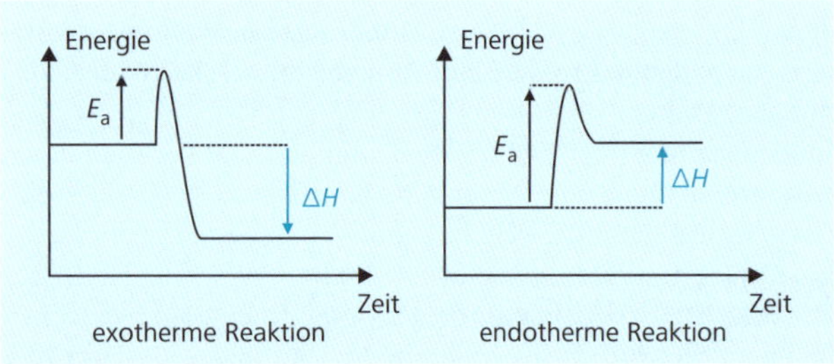

BEISPIEL Magnesium reagiert mit Sauerstoff zu Magnesiumoxid. Dabei wird Energie in Form von Wärme und Licht *freigesetzt*:
$2\,Mg + O_2 \rightarrow 2\,MgO$ + Energie.
Stickstoff reagiert mit Sauerstoff nur dann zu Stickstoffmonooxid, wenn ständig Energie *zugeführt* wird:
$N_2 + O_2$ + Energie $\rightarrow 2\,NO$

Die meisten Reaktionen erfolgen erst nach einer Aktivierung der Reaktionspartner. Die dazu erforderliche ***Aktivierungsenergie*** E_a wird normalerweise durch Erwärmen aufgebracht.

Bildungsenthalpie von Verbindungen

Die Energie, die bei der Bildung von Verbindungen aus ihren Elementen umgesetzt wird, bezeichnet man als ***Bildungsenthalpie*** ΔH_B. Die Bildungsenthalpie ist *temperatur-* und *druckabhängig*.

> Wird bei der Reaktion Energie freigesetzt, gilt $\Delta H_B < 0$,
> wird bei der Reaktion Energie aufgenommen, gilt $\Delta H_B > 0$.

BEISPIEL Bei einer Temperatur $T = 298{,}16\,K$ (= 25 °C) und einem Druck $p = 1013\,hPa$ beträgt die Bildungsenthalpie von Magnesiumoxid $\Delta H_B = -601\,kJ/mol$, d. h., bei der Bildung von 1 Mol Magnesiumoxid aus den Elementen werden bei diesen Bedingungen 601 kJ freigesetzt.
Die Bildungsenthalpie von Stickstoffmonooxid beträgt bei den genannten Bedingungen $\Delta H_B = +90\,kJ/mol$, d. h., für die Bildung von 1 Mol Stickstoffmonooxid aus den Elementen werden 90 kJ aufgenommen.

> Die Temperatur $T = 298{,}16\,K$ und den Druck $p = 1013\,hPa$ bezeichnet man als *Standardbedingungen*, die entsprechende Bildungsenthalpie als *Standardbildungsenthalpie* ΔH_B°.

BEACHTE Standardbedingungen sind nicht zu verwechseln mit den sogenannten ***Normalbedingungen:*** $T_n = 273{,}16\,K$ (= 0 °C) und $p_n = 1013\,hPa$.

Bildungsenthalpie von Elementen

Elemente bestehen aus Atomen gleicher Sorte, die je nach Aggregatzustand und Elementart unterschiedlich miteinander verbunden sind.
Die Bildung von Molekülen bzw. Ionen aus Einzelatomen (▶ Bindungsenergie, S. 29, 30), von Festkörpergittern aus Ionen bzw. Molekülen (▶ Gitterenergie, S. 55) ist ebenfalls mit einem Energieumsatz verbunden. Schon die Bildung eines Atoms aus Pro-

tonen, Neutronen und Elektronen lässt sich nicht ohne einen Energieumsatz vorstellen.
Die Einbeziehung aller dieser Energien in die Bildungsenthalpie eines Elements ist sehr kompliziert und praktisch nicht durchführbar. Daher wurde folgende Festlegung getroffen:

Die Bildungsenthalpie von Elementen wird bei Standardbedingungen, d. h. bei $T = 298{,}16\,K$ und $p = 1013\,hPa$ auf einen Betrag von $\Delta H_B^\circ = 0\,kJ/mol$ festgelegt. Diese Festlegung bezieht sich auf den jeweils *energieärmsten* Zustand des Elements bei Standardbedingungen.

BEISPIEL Die Standardbildungsenthalpie von Brom beträgt für den *flüssigen* Zustand definitionsgemäß $\Delta H_B^\circ = 0\,kJ/mol$, für den *gasförmigen* Zustand jedoch $\Delta H_B^\circ = +31\,kJ/mol$, da für das Verdampfen (Übergang vom flüssigen zum gasförmigen Zustand) Energie *zugeführt* werden muss.

Reaktionsenthalpie

Die bei einer chemischen Reaktion umgesetzte Energie bezeichnet man als ***Reaktionsenthalpie*** ΔH_R.
Der Betrag für diese Energie lässt sich leicht ermitteln, wenn man die Bildungsenthalpien ΔH_B der jeweils beteiligten Stoffe kennt. Er entspricht der Differenz aus der Bildungsenergie der Reaktions*produkte* und der Bildungsenergie der Reaktions*edukte:*

$$\Delta H_R = \sum \Delta H_{B,\ \text{Produkte}} - \sum \Delta H_{B,\ \text{Edukte}}$$

Man addiert also die Bildungsenthalpien der Produkte und subtrahiert davon die Summe der Bildungsenthalpien der Edukte. Die Bildungsenthalpien verschiedener Stoffe sind einschlägigen Tabellen (▶ Anhang, S. 243 ff.) zu entnehmen.

BEISPIEL Gasförmiger Chlorwasserstoff und gasförmiges Ammoniak reagieren bei Standardbedingungen zu festem Ammoniumchlorid:

Reaktion	$HCl(g) + NH_3(g) \rightarrow NH_4Cl(s)$
ΔH_B/kJ · mol^{-1}	−92,3 −46,2 −315,4

$\Delta H_R = -315{,}4\,kJ/mol - (-92{,}3\,kJ/mol - 46{,}2\,kJ/mol)$

$\mathbf{\Delta H_R = -176{,}9\,kJ/mol}$

Das negative Vorzeichen bedeutet, dass die Reaktion exotherm verläuft.

BEACHTE Zur eindeutigen Kennzeichnung der an einer Reaktion beteiligten Stoffe ergänzt man ihre Formeln durch Klammern mit dem jeweils vorliegenden Aggregatzustand: (*s*) für fest, (*l*) für flüssig und (*g*) für gasförmig.

3

Viele Reaktionen sind unter bestimmten Bedingungen umkehrbar. Dabei erfolgt derselbe Energieumsatz, jedoch mit *umgekehrtem* Vorzeichen: Die Umkehrung einer exothermen Reaktion ist *endotherm,* die einer endothermen Reaktion *exotherm.*

BEISPIEL Ammoniumchlorid zersetzt sich beim Erhitzen zu Chlorwasserstoff und Ammoniak.

$NH_4Cl(s) \rightarrow HCl(g) + NH_3(g)$

Dieser Vorgang ist endotherm, die Reaktionsenthalpie beträgt demzufolge + 176,9 kJ/mol.

Reaktionsenthalpie von Folgereaktionen

Häufig gibt es Reaktionen, deren Energieumsatz sich experimentell nur sehr schwer oder gar nicht ermitteln lässt. Über einen Umweg kann das Problem jedoch gelöst werden:

- Die gesuchte Reaktion wird in eine Reihe von Folgereaktionen *aufgeteilt,* deren Reaktionsenthalpien bekannt sind.
- Die gesuchte Reaktion ist ein Teil von Folgereaktionen, deren *Summe* eine experimentell bestimmbare Reaktionsenthalpie besitzt.

BEISPIEL Kohlenstoff und Kohlenstoffmonooxid verbrennen in Gegenwart von Sauerstoff zu Kohlenstoff**di**oxid, die vollständige Oxidation von Kohlenstoff zu Kohlenstoff**mono**oxid ist dagegen auf direktem Wege nicht möglich. Sie lässt sich jedoch als Teil von zwei Folgereaktionen darstellen.

$C + \frac{1}{2} O_2 \rightarrow CO \qquad \Delta H_1 = ?$

$CO + \frac{1}{2} O_2 \rightarrow CO_2 \qquad \Delta H_2 = -283\,kJ/mol$

Experimentell zugänglich ist:
$C + O_2 \rightarrow CO_2$
$\Delta H_3 = -393{,}5\,kJ/mol$
Die entsprechende Reaktionsenthalpie ergibt sich als Summe der Reaktionsenthalpien für die Teilreaktionen:
$\Delta H_3 = \Delta H_1 + \Delta H_2$
$\Delta H_1 = \Delta H_3 - \Delta H_2$

$\Delta H_1 = -393{,}5\,kJ/mol - (-283{,}0\,kJ/mol) = -110{,}5\,kJ/mol$

> Lässt sich eine chemische Reaktion als Summe von Teilreaktionen darstellen, so ergibt sich die betreffende Reaktionsenthalpie als *Summe* der Reaktionsenthalpien für die Teilreaktionen. Diesen Sachverhalt bezeichnet man als *Satz von* HESS (bzw. als HESS'schen Satz).

3.2 Energieumsatz beim Kristallisieren und Lösen

Im festen Aggregatzustand bilden Stoffe im Allgemeinen ein Festkörpergitter, in dem die miteinander verbundenen Teilchen regelmäßig angeordnet sind. Der Zusammenhalt zwischen den Teilchen wird bei *Ionen* durch *COULOMB-Kräfte*, bei *Molekülen* durch *VAN-DER-WAALS-Kräfte* bewirkt (▶ S. 49).

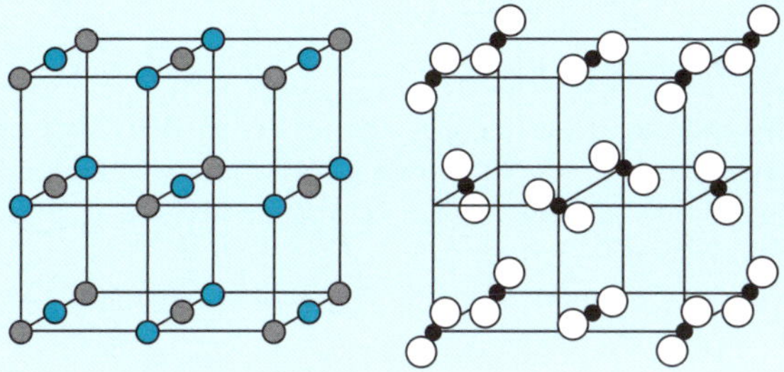

3

Energieinhalt kristalliner Stoffe

Die Bildung eines Festkörpergitters aus seinen Bestandteilen ist ein *exothermer* Vorgang.

> **Die Energie, die bei der Bildung eines Festkörpergitters aus seinen Bestandteilen freigesetzt wird, bezeichnet man als *Gitterenergie*.**

Die Gitterenergie eines Stoffs kann *nicht* direkt bestimmt werden. Der sogenannte ***Born-Haber-Kreisprozess*** ermöglicht jedoch eine Lösung des Problems über einen Umweg, der eine besondere Anwendung des Hess'schen Satzes (▶ S. 54) darstellt.

BEISPIEL Die Gitterenergie von Natriumchlorid (Kochsalz) beträgt –788 kJ/mol. Um also 1 mol Kochsalz in Natrium-Ionen und Chlorid-Ionen aufzuspalten, benötigt man daher eine Energie von 788 kJ.

Dieser Energiebetrag lässt sich aus mehreren Teilreaktionen ermitteln, die experimentell zugänglich sind:

$Na(s) \rightarrow Na(g)$	$\Delta H_S = +108\,kJ/mol$	*Sublimationsenthalpie*
$Na(g) \rightarrow Na^+ + e^-$	$\Delta H_I = +496\,kJ/mol$	*Ionisierungsenthalpie*
$\frac{1}{2}Cl_2(g) \rightarrow Cl(g)$	$\Delta H_D = +121\,kJ/mol$	*Dissoziationsenthalpie*
$Cl(g) + e^- \rightarrow Cl^-$	$\Delta H_E = -348\,kJ/mol$	*Elektronenaffinität*

Der gesamte Energieumsatz für die Reaktionen von 1 mol festem Natrium zu Natrium-Ionen und $\frac{1}{2}$ mol gasförmigem Chlor zu Chlorid-Ionen ergibt sich aus der Summe dieser Einzelenergien: ΔH_1 = + 108 KJ/mol + 496 kJ/mol + 121 kJ/mol – 348 kJ/mol = **377 kJ/mol.** Diese Reaktionen sind also insgesamt *endotherm.*
Die Bildung von 1 mol festem Kochsalz aus 1 mol festem Natrium und $\frac{1}{2}$ mol gasförmigem Chlor ist jedoch *exotherm* mit einer Reaktionsenthalpie von ΔH_R = **– 411 kJ/mol.**
Der Grund liegt darin, dass die Bildung von festem Kochsalz aus den Ionen mit einer Abgabe von Energie verbunden ist. Diese Energie ist die ***Gitterenergie.***

Diese Gitterenergie ergibt sich daher als *Differenz* aus der Reaktionsenthalpie und der Summe der Ionisationsenthalpien:
$\Delta H_G = \Delta H_R - \Delta H_1$ = – 411 kJ/mol – 377 kJ/mol = **–788 kJ/mol.**

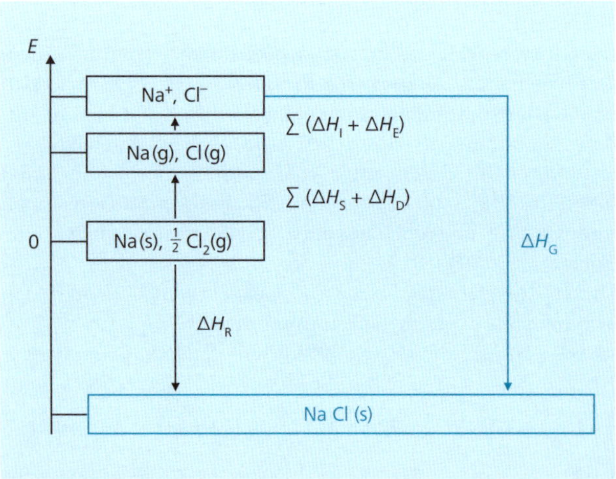

Lösungswärmen

Das Auflösen von Feststoffen in einem Lösemittel oder das Lösen von miteinander mischbaren Flüssigkeiten ist stets mit einem Energieumsatz verbunden.
Der Lösungsvorgang kann je nach Stoffwahl mit einer Erwärmung (Energieabgabe) oder mit einer Abkühlung (Energieaufnahme) verbunden sein.

Die bei einem Lösevorgang umgesetzte Energie bezeichnet man als *Lösungsenthalpie*.

Beim Auflösen eines kristallinen Festkörpers in einem Lösemittel muss zunächst die Anziehung zwischen den Ionen bzw. Molekülen – die *Gitterenergie* – überwunden werden.

MERKE

Das Auflösen eines Festkörpergitters ist immer ein *endothermer* Vorgang.

Die Ionen eines Kristallgitters umgeben sich beim Lösen in Wasser mit einer Hülle von Wassermolekülen. Diesen Vorgang bezeichnet man als ***Hydratation.*** Auch dieser Vorgang ist mit einem Energieumsatz verbunden.

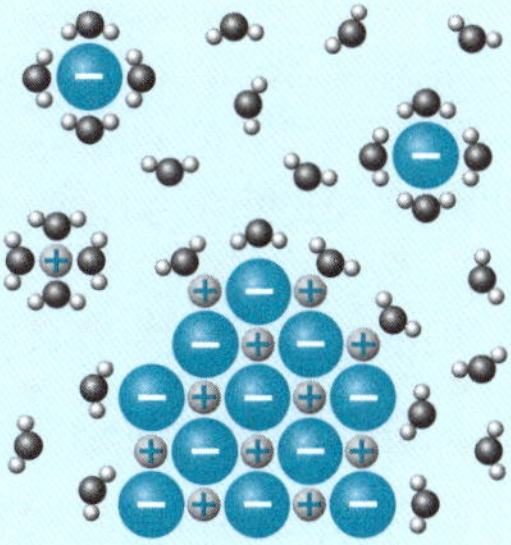

Die Energie, die bei der Hydratation von Ionen umgesetzt wird, bezeichnet man als ***Hydratationsenthalpie.***

MERKE

Die Hydratation von Ionen ist immer ein *exothermer* Vorgang.

Die Lösungsenthalpie eines Stoffes ergibt sich als Summe aus der Gitterenergie des ionischen Stoffes und der Hydratationsenthalpien der in Lösung gegangenen Ionen:

$$\Delta H_L = -\Delta H_G + \sum \Delta H_{Hydr.}$$

Je nachdem, ob die Gitterenergie des Stoffs oder die Hydratationsenthalpien der Ionen überwiegen, kühlt sich das Gemisch beim Lösevorgang ab oder es erwärmt sich.

BEISPIEL Kaliumchlorid und Calciumchlorid haben folgende Gitterenergien:

KCl	$\Delta H_G = -711\,\text{kJ/mol}$,
$CaCl_2$	$\Delta H_G = -2\,198\,\text{kJ/mol}$.

Die beteiligten Ionen haben folgende Hydratationsenthalpien:

K^+	$\Delta H_{Hydr.} = -338{,}9\,\text{kJ/mol}$,
Ca^{2+}	$\Delta H_{Hydr.} = -1615\,\text{kJ/mol}$,
Cl^-	$\Delta H_{Hydr.} = -351{,}5\,\text{kJ/mol}$.

Die Lösungsenthalpie für Kaliumchlorid beträgt daher

$$\Delta H_L = +711\,\text{kJ/mol} + (-338{,}9\,\text{kJ/mol} - 351{,}5\,\text{kJ/mol})$$
$$= +711\,\text{kJ/mol} - 690{,}4\,\text{kJ/mol} = \mathbf{+20{,}6\,kJ/mol}$$

Die Lösungsenthalpie für Calciumchlorid beträgt hingegen

$$\Delta H_L = +2\,198\,\text{kJ/mol} + (-1615\,\text{kJ/mol} - 2 \cdot 351{,}5\,\text{kJ/mol})$$
$$= +2\,198\,\text{kJ/mol} - 2\,318\,\text{kJ/mol} = \mathbf{-120\,kJ/mol}$$

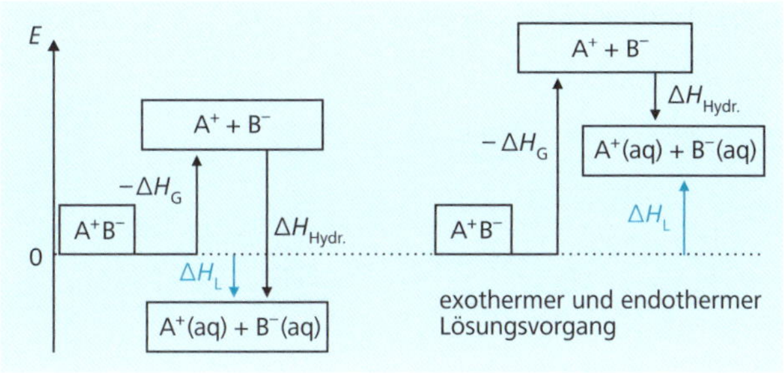

3.3 Triebkraft chemischer Reaktionen

Die Erfahrung zeigt, dass jedes System von Körpern bzw. Stoffen stets einen Zustand möglichst geringer Energie anstrebt. Man bezeichnet diese Tendenz als ***Energieminimierung.***

BEISPIEL Bringt man flüssiges Wasser bei winterlichem Frost ins Freie, wird es unter Energieabgabe zu festem Eis, weil es bei Temperaturen unterhalb von 0 °C einen geringeren Energieinhalt hat als flüssiges Wasser.

Eine weitere Erfahrung zeigt weiterhin, dass die Energie das Bestreben hat, sich zu verteilen. Man bezeichnet diese Tendenz als ***Energiedissipation.***

BEISPIEL Bringt man eine Schüssel mit heißem Wasser in einen Raum von 20 °C, gibt das Wasser so lange Wärme an den Raum ab, bis beide dieselbe Temperatur erreicht haben. Die Wärme hat sich also gleichmäßig im Raum verteilt.

Entropiebegriff

Die Tendenz zur Verteilung ist nicht nur eine Eigenschaft von Energie; auch Stoffe neigen dazu.

BEISPIEL Gibt man einige Tropfen Brom auf den Boden eines mit Luft gefüllten Standzylinders, so vermischt sich der entstehende Bromdampf von selbst mit der Luft, bis er gleichmäßig im Zylinder verteilt ist.

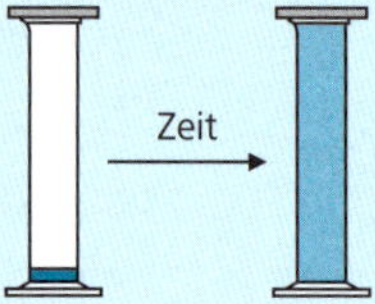

Beim Gemisch Brom/Luft erfolgt ein Übergang von einem System, in dem die Teilchen der beiden Stoffe *geordnet* voneinander getrennt sind, zu einem System, in dem die Teilchen beider Stoffe *ungeordnet* miteinander vermischt sind.

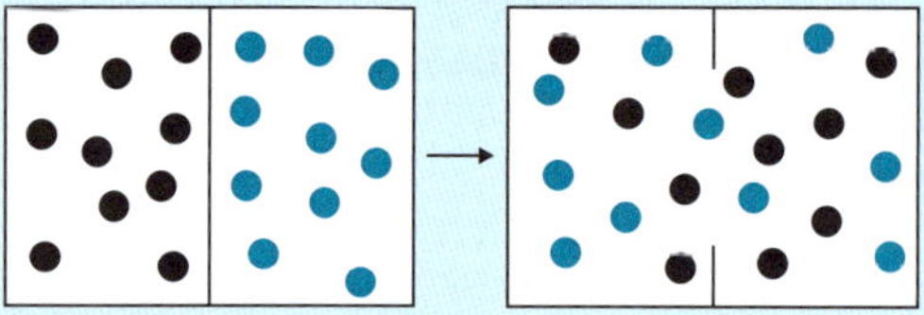

Ein Maß für die Ordnung eines Systems ist die *Entropie S*. Je geringer die Ordnung, desto größer die Entropie.

BEISPIEL In einem Festkörper sind die Teilchen in einem Gitter regelmäßig angeordnet. Beim Schmelzen geht dieser geordnete Zustand in den ungeordneten Zustand der Flüssigkeit über: Die Entropie des Stoffes *nimmt zu*.

Entropie von Elementen und Verbindungen

Man geht davon aus, dass die Atome der Elemente und Verbindungen am absoluten Nullpunkt (d. h. bei 0 K bzw. – 273,16 °C) in einem absolut geordneten Zustand sind.

Die molare Entropie von Stoffen am absoluten Nullpunkt beträgt $S = 0$ J/mol · K.

Mit steigender Temperatur nimmt die Ordnung in der Teilchenstruktur der Elemente laufend ab, d. h., die Entropie nimmt zu. Bei ▶ Standardbedingungen (S. 51) haben daher alle Stoffe eine ***Standardentropie*** von $S^0 > 0$ (▶ Anhang, S. 243 ff.).

BEACHTE Die Entropie von Stoffen hat im Unterschied zur **▶ Bildungsenthalpie ΔH_B (S. 51) einen „echten" Nullpunkt.**

3

Reaktionsentropie

Bei jeder Reaktion von Stoffen ändert sich der Ordnungszustand des Stoffsystems und somit die Entropie.
Diese Entropieänderung, die ***Reaktionsentropie*** ΔS_R, lässt sich wie die ▶ Reaktionsenthalpie (S. 52) als Differenz aus den Entropien der Reaktionsprodukte und den Entropien der Reaktionsedukte ermitteln:

$$\Delta S_R = \sum S_{\text{Produkte}} - \sum S_{\text{Edukte}}$$

BEISPIEL Bei der Reaktion von gasförmigem Chlorwasserstoff mit gasförmigem Ammoniak zu festem Ammoniumchlorid entsteht aus zwei „ungeordneten" Ausgangsstoffen ein „geordnetes" Reaktionsprodukt. Die Entropie nimmt daher ab:

Reaktion	$HCl(g)$ +	$NH_3(g)$ →	$NH_4Cl(s)$
S/J · mol^{-1} · K^{-1}	186,7	192,5	94,6

$\Delta S_R = 94{,}6\ \text{J/mol} \cdot \text{K}^{-1} - 186{,}7\ \text{J/mol} \cdot \text{K}^{-1} - 192{,}5\ \text{J/mol} \cdot \text{K}^{-1}$
$\mathbf{\Delta S_R = -284{,}6\ J/mol \cdot K^{-1}}$

Freie Reaktionsenthalpie

Jede Reaktion ist durch zwei Tendenzen gekennzeichnet:
Das Stoffsystem strebt einen Zustand *möglichst geringer Energie* und *möglichst großer Entropie* an.

Aus diesem Grunde erfolgt eine Reaktion vom Typ

$$A + B \rightleftharpoons C + D$$

von selbst nach der Seite, bei der die angestrebten Zustände möglichst optimal vorliegen. Beide Einflüsse werden in der sogenannten ***Gibbs-Helmholtz-Gleichung*** zusammengefasst:

$$\Delta G_R = \Delta H_R - T\Delta S_R$$

ΔG_R: **freie** Reaktionsenthalpie
ΔH_R: Reaktionsenthalpie
ΔS_R: Reaktionsentropie
T: absolute Temperatur

> Reaktionen mit einer freien Reaktionsenthalpie $\Delta G_R < 0$ bezeichnet man als ***exergonische Reaktionen***.
> Diese Reaktionen verlaufen nach einer eventuellen Aktivierung von selbst ab: Sie sind *spontane* Reaktionen.
> Reaktionen mit einer freien Reaktionsenthalpie $\Delta G_R > 0$ bezeichnet man als ***endergonische Reaktionen***.
> Diese Reaktionen verlaufen trotz einer eventuellen Aktivierung nur bei weiterer und ständiger Energiezufuhr ab: Sie sind *nicht spontane* Reaktionen.

BEISPIEL Bei der genannten Reaktion von Chlorwasserstoff und Ammoniak erhält man bei Standardbedingungen (25 °C) folgende freie Reaktionsenthalpie ΔG_R^0:

$\Delta G_R^0 = -176{,}9\,\text{kJ/mol} - [298\,\text{K} \cdot (-0{,}2846\,\text{kJ/mol} \cdot \text{K})]$

$\Delta G_R^0 = -176{,}9\,\text{kJ/mol} + 84{,}8\,\text{kJ/mol} = \mathbf{-92{,}1\,kJ/mol}$

Die Reaktion erfolgt demnach spontan, d.h. *von selbst* unter Bildung von Ammoniumchlorid. Die *Umkehrreaktion,* d.h. die Zersetzung von Ammoniumchlorid zu Chlorwasserstoff und Ammoniak, erfolgt bei den gleichen Bedingungen nicht von selbst, sondern nur bei ständiger Energiezufuhr.

Reaktionsumkehr

Nach der Gibbs-Helmholtz-Gleichung ist die freie Reaktionsenthalpie ΔG_R *temperaturabhängig*. Vernachlässigt man die Temperaturabhängigkeit von ΔH_R und ΔS_R, so entspricht die Gibbs-Helmholtz-Gleichung einer *Geradengleichung*.

Je nach dem Vorzeichen von ΔH_R und ΔS_R gibt es vier verschiedene Typen:

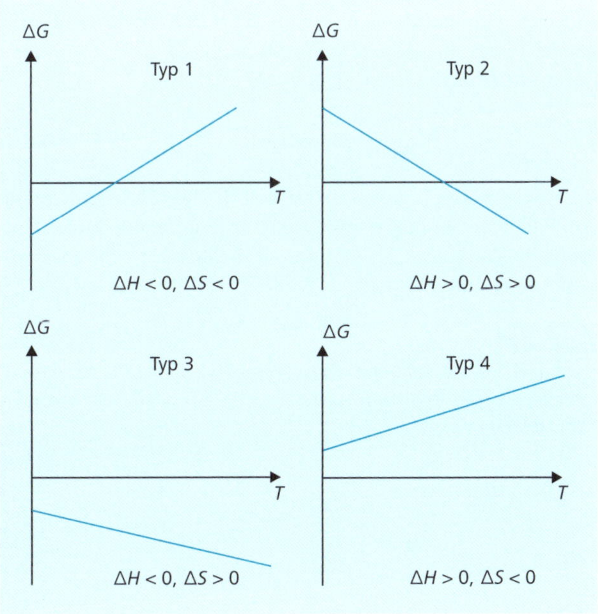

Typ 1: Bei Temperaturen $T < T_0$ verläuft die Reaktion spontan, sie ist exergonisch. Bei $T > T_0$ verläuft die Reaktion nicht spontan, sie ist endergonisch.

Typ 2: Bei Temperaturen $T < T_0$ verläuft die Reaktion nicht spontan, sie ist endergonisch. Bei $T > T_0$ verläuft die Reaktion spontan, sie ist exergonisch.
Typ 3: Die Reaktion verläuft bei allen Temperaturen exergonisch.
Typ 4: Die Reaktion verläuft bei allen Temperaturen endergonisch.
Die Temperatur T_0 bezeichnet man als ***Inversionstemperatur.***
Bei dieser Temperatur „kippt" die Spontaneität der Reaktion um.
BEISPIEL Die Reaktion von Chlorwasserstoff und Ammoniak zu Ammoniumchlorid gehört zum Typ 1.
Bei der Inversionstemperatur T_0 gilt $\Delta G_R = 0$.
Daraus folgt: $\Delta H_R - T_0 \Delta S_R = 0$

$$T_0 = \frac{\Delta H_R}{\Delta S_R} = \frac{-176{,}9\,\text{kJ/mol}}{-0{,}2846\,\text{kJ/mol}\cdot\text{K}} = 621{,}6\,\text{K} = 348{,}4\,°\text{C}$$

Unterhalb dieser Temperatur verläuft die Bildung von Ammoniumchlorid spontan, oberhalb dieser Temperatur findet eine spontane Zersetzung von Ammoniumchlorid in Chlorwasserstoff und Ammoniak statt.

MERKE

Bei einer Temperatur von $T = T_0$ reagieren die an einer möglichen Reaktion beteiligten Stoffe nach *keiner* der beiden Richtungen: Eine Reaktion findet *nicht* statt.

Geschwindigkeit chemischer Reaktionen

Die meisten chemischen Reaktionen verlaufen nicht „blitzartig“: Die Reaktion zwischen den Edukten bzw. die Bildung der Produkte benötigt immer eine gewisse Zeit, die allerdings mitunter sehr kurz sein kann.

MERKE

Reaktionen zwischen Ionen verlaufen im Allgemeinen sehr viel schneller als Reaktionen zwischen Molekülen.

4.1 Heterogene und homogene Reaktionen

Reaktionen können sowohl zwischen Stoffen in einem *heterogenen* Stoffgemisch (z. B. Festkörpergemenge, Suspensionen und Emulsionen) als auch zwischen Stoffen in einem *homogenen* Stoffgemisch (z. B. in Lösungen oder Gasgemischen) stattfinden.

> Eine Reaktion zwischen Stoffen in einem heterogenen Stoffgemisch bezeichnet man als *heterogene Reaktion*.
> Eine Reaktion zwischen Stoffen in einem homogenen Stoffgemisch bezeichnet man als *homogene Reaktion*.

BEISPIEL Die Reaktion von Salzsäure mit Magnesium ist eine heterogene Reaktion. Die Neutralisation von Salzsäure mit Natronlauge ist eine homogene Reaktion.
Bei heterogenen Reaktionen wird die Reaktionszeit im Unterschied zu homogenen Reaktionen wesentlich vom ▸ *Verteilungsgrad* (S. 70) der Reaktionspartner bestimmt.

4.2 Reaktionsgeschwindigkeit

Im Verlauf einer chemischen Reaktion nimmt die Menge der Ausgangsstoffe (Edukte) ständig ab, während die Menge der Produkte entsprechend zunimmt.

> Die zeitliche Änderung der Menge von Edukten bzw. Produkten bezeichnet man als ***Reaktionsgeschwindigkeit***.

Definitionen

Allgemein wird die Reaktionsgeschwindigkeit v als zeitliche Änderung der Stoffmenge n eines Stoffes definiert:

$$v = \frac{\Delta n}{\Delta t} \qquad [v] = 1\,\mathrm{mol/s}$$

Δn: Änderung der Stoffmenge während der Reaktion
Δt: während der Stoffmengenänderung verstrichene Zeit

Bei Reaktionen, die in Lösung ablaufen, bleibt das Volumen konstant. Bei der Definition der Reaktionsgeschwindigkeit kann daher die Stoffmenge auch durch die Stoffmengenkonzentration ($c = n/V$) ersetzt werden:

$$v = \frac{\Delta c}{\Delta t} \qquad [v] = 1\,\mathrm{mol/l \cdot s}$$

Δc: Änderung der Stoffmengenkonzentration während der Reaktion
Δt: während der Konzentrationsänderung verstrichene Zeit

Bei einer Reaktion, an der Gase beteiligt sind, wird zur Bestimmung der Reaktionsgeschwindigkeit die zeitliche Änderung des betreffenden Gasvolumens ermittelt:

$$v = \frac{\Delta V}{\Delta t} \qquad [v] = 1\,\mathrm{l/s}$$

ΔV: Änderung des Gasvolumens während der Reaktion
Δt: während der Volumenänderung verstrichene Zeit

Bei einer Reaktion, an der Feststoffe beteiligt sind, wird für den betreffenden Stoff die zeitliche Änderung der Masse ermittelt:

$$v = \frac{\Delta m}{\Delta t} \qquad [v] = 1\,\text{g/s}$$

Δm: Massenänderung während der Reaktion
Δt: während der Massenänderung verstrichene Zeit

Durchschnitts- und Momentangeschwindigkeit

Während einer Reaktion wird diese normalerweise immer langsamer. Die Reaktionsgeschwindigkeit ist also nicht konstant. Die obigen Definitionen stellen daher nur Durchschnittswerte dar.

Grafisch wird die Durchschnittsgeschwindigkeit für ein Zeitintervall zwischen t_1 und t_2 als Steigung einer *Sekante* z. B. in einem Konzentrations-Zeit-Diagramm dargestellt.

4

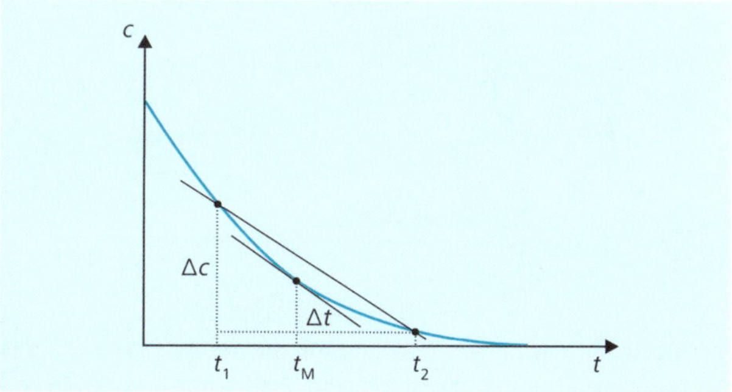

BEACHTE Bei der experimentellen Bestimmung der Durchschnittsgeschwindigkeit einer Reaktion legt man üblicherweise die Zeitspanne zwischen Reaktions*beginn* und Reaktions*ende* zugrunde.

Die Reaktionsgeschwindigkeit zu einem bestimmten *Zeitpunkt* t_M ist die jeweilige *Momentangeschwindigkeit*. Sie ergibt sich im

Konzentrations-Zeit-Diagramm als Tangentensteigung an den Graphen für $t = t_M$.
Der Übergang von der Durchschnittsgeschwindigkeit zur Momentangeschwindigkeit ergibt sich durch eine Grenzwertbildung für beliebig kleine Zeitintervalle Δt:

$$v = \lim_{\Delta t \to 0} \frac{\Delta c}{\Delta t} = \frac{\mathrm{d}\,c}{\mathrm{d}\,t}$$

Darstellung der Reaktionsgeschwindigkeit
Die Geschwindigkeit einer Reaktion lässt sich sowohl als zeitliche Konzentrationsänderung eines *Eduktes* wie auch eines *Produktes* beschreiben. Beide Ansätze stellen für eine bestimmte Zeitspanne die Steigung einer Sekante im jeweiligen $c(t)$-Graphen dar.

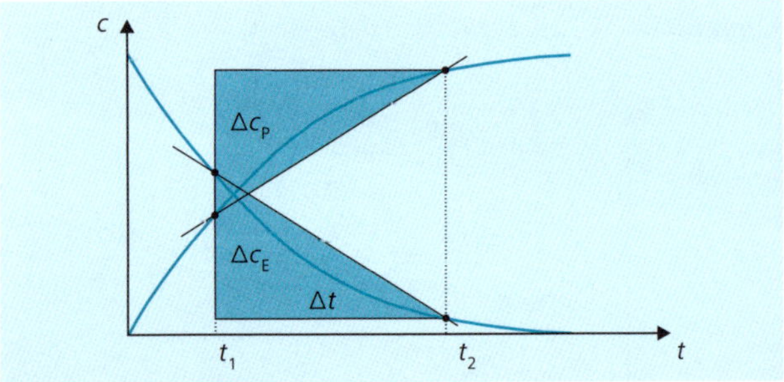

Bei derselben Zeitspanne Δt sind die Steigungen der Sekanten gleich, jedoch mit unterschiedlichem Vorzeichen. Zwischen beiden Ansätzen für die Reaktionsgeschwindigkeit besteht daher folgender Zusammenhang:

$$\frac{\Delta c\,(\text{Produkt})}{\Delta t} = -\frac{\Delta c\,(\text{Edukt})}{\Delta t} \quad \text{bzw. } v_{\text{Produkt}} = -v_{\text{Edukt}}$$

Dieser Ansatz gilt jedoch nur für eine Reaktion, bei der die Stoffmenge von Edukt bzw. Produkt in derselben Zeitspanne um *denselben Betrag* abnimmt bzw. zunimmt:

$A + B \rightarrow C + D$

Bei Reaktionen, die diesem Muster nicht entsprechen, müssen bei der Gleichsetzung der Reaktionsgeschwindigkeiten die stöchiometrischen Faktoren (*a* bis *d*) berücksichtigt werden:

$a\text{A} + b\text{B} \rightarrow c\text{C} + d\text{D}$

$$-\frac{1}{a}\frac{\Delta c(\text{A})}{\Delta t} = -\frac{1}{b}\frac{\Delta c(\text{B})}{\Delta t} = +\frac{1}{c}\frac{\Delta c(\text{C})}{\Delta t} = +\frac{1}{d}\frac{\Delta c(\text{D})}{\Delta t}$$

BEISPIEL Wasserstoff und Iod reagieren zu Iodwasserstoff.

$H_2 + I_2 \rightarrow 2\,HI$

Die Reaktion von *einem* Mol Wasserstoff mit *einem* Mol Iod führt zur Bildung von *zwei* Mol Iodwasserstoff. Für den Ansatz der Reaktionsgeschwindigkeit folgt daraus

$$v = -\frac{\Delta c(H_2)}{\Delta t} = -\frac{\Delta c(I_2)}{\Delta t} = +\frac{1}{2}\frac{\Delta c(\text{HI})}{\Delta t}.$$

4

Bestimmungsgrößen der Reaktionsgeschwindigkeit

Nach der ***Kollisionstheorie*** findet eine Reaktion nur unter bestimmten Bedingungen statt:

- Die miteinander reagierenden Teilchen müssen *aufeinanderstoßen.*
- Die Teilchen müssen in einer für sie *günstigen Position* kollidieren.
- Die Teilchen müssen genügend *kinetische Energie* besitzen, damit die Kollision zu einer Reaktion führt. Dazu müssen die Teilchen gegebenenfalls durch Energiezufuhr *aktiviert* werden. Dies erfolgt häufig durch Erwärmen der beteiligten Stoffe (▶ Aktivierungsenergie, S. 50).

MERKE

Es führt nicht jeder Zusammenstoß zu einer Reaktion, sondern nur derjenige, bei dem die genannten Bedingungen erfüllt sind.

Wie *schnell* eine Reaktion abläuft, hängt dabei von mehreren Faktoren ab:

- Je größer die Anzahl der Teilchen innerhalb des Reaktionsvolumens, desto häufiger stoßen sie aufeinander. Je größer also diese Anzahl, desto mehr Teilchen können in einer bestimmten Zeitspanne miteinander reagieren.

> **Je höher die *Konzentration* der reagierenden Stoffe, desto größer ist die Reaktionsgeschwindigkeit.**

Auf diese Weise wird verständlich, warum die Reaktionsgeschwindigkeit mit abnehmender Konzentration der Edukte, d. h. während des Reaktionsvorgangs abnimmt.

- Durch Erhöhung der Temperatur wird die kinetische Energie der Teilchen erhöht und somit auch die Wahrscheinlichkeit, dass die Stoffe miteinander reagieren.

> **Je höher die *Temperatur*, desto größer ist die Reaktionsgeschwindigkeit.**

Für die Zunahme der Reaktionsgeschwindigkeit mit der Temperatur gilt häufig die ***RGT-Regel*** (Reaktionsgeschwindigkeits-Temperatur-Regel):

> **Bei jeder Temperaturerhöhung um 10 K (10 °C) *verdoppelt* sich die Reaktionsgeschwindigkeit.**

- Bei heterogenen Reaktionen, z. B. bei solchen, in denen Festkörper beteiligt sind, spielt auch die gemeinsame Oberfläche der Reaktionspartner eine Rolle.

> **Je größer die gemeinsame Oberfläche der Reaktionspartner, d. h. je größer ihr *Verteilungsgrad*, desto größer ist die Reaktionsgeschwindigkeit.**

BEISPIEL Magnesium*pulver* reagiert mit Salzsäure viel schneller als ein kompaktes Magnesium*stück*.

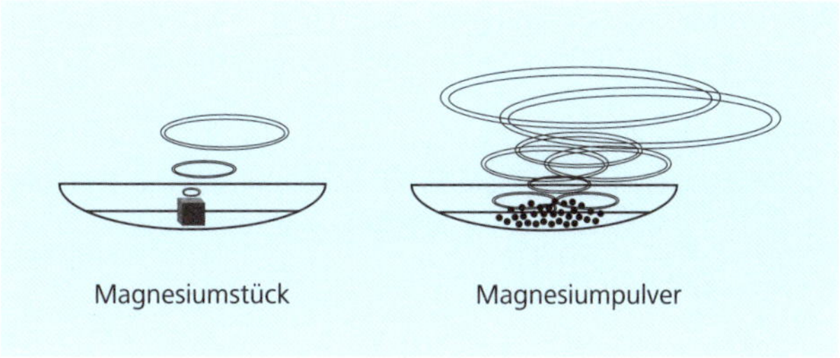

4.3 Geschwindigkeitsgesetz

Nach der Kollisionstheorie führt in einem festgelegten Volumen die *Verdopplung* der Teilchenzahl eines Reaktionspartners zu einer Verdopplung der Stöße und somit zu einer *Verdopplung* der Reaktionsgeschwindigkeit. Eine Verdreifachung der Teilchenkonzentration führt entsprechend zu einer Verdreifachung der Reaktionsgeschwindigkeit usw.

Reaktionsart

Reaktionen, an denen auf der Eduktseite nur *eine* Teilchensorte beteiligt ist, nennt man ***monomolekulare Reaktion:***

$A \rightarrow B + C$

Eine große Anzahl von Reaktionen kommt jedoch dadurch zustande, dass jeweils *zwei* Teilchen von unterschiedlichen Stoffen durch Stöße miteinander reagieren.

$A + B \rightarrow AB$

Eine Reaktion, die durch eine Kollision von zwei Teilchensorten erfolgt, bezeichnet man als ***bimolekulare Reaktion.***

BEACHTE Die Bezeichnung „molekular" soll nicht bedeuten, dass die betreffenden Teilchen ausschließlich *Moleküle* sind. Es können auch Atome oder Ionen sein.

Die Reaktionsgeschwindigkeit bei einer monomolekularen Reaktion ist der Teilchenkonzentration *proportional*:

$v \sim c(\mathrm{A})$

Die Reaktionsgeschwindigkeit bei einer bimolekularen Reaktion ist der Konzentration beider Teilchenarten proportional:

$v \sim c(\mathrm{A})$ und $v \sim c(\mathrm{B})$

Daraus folgt: $v \sim c(\mathrm{A}) \cdot c(\mathrm{B})$
Ist für eine Reaktion die *gleichzeitige* Kollision von *mehr* als zwei Teilchen erforderlich, enthält die Reaktionsgeschwindigkeit das Produkt aller Teilchenkonzentrationen:
$v \sim c(\mathrm{A}) \cdot c(\mathrm{B}) \cdot c(\mathrm{C}) \cdot c(\mathrm{D}) \cdot \ldots$

BEACHTE Die Gültigkeit dieser Gleichungen setzt voraus, dass *alle* Stöße zwischen den Teilchen zu einer Reaktion führen. Dies ist jedoch nicht immer der Fall.

Reaktionsordnung

Aus dem Ansatz der Kollisionstheorie folgt für die Reaktionsarten das jeweilige ***Geschwindigkeitsgesetz***:

$v = k \cdot c(\mathrm{A})$	Reaktion 1. Ordnung
$v = k \cdot c(\mathrm{A}) \cdot c(\mathrm{B})$	Reaktion 2. Ordnung
$v = k \cdot c(\mathrm{A}) \cdot c(\mathrm{B}) \cdot c(\mathrm{C}) \cdot \ldots$	Reaktion *n*. Ordnung

Die Konstante k ist die sogenannte ***Geschwindigkeitskonstante***. Verschiedene Faktoren, z. B. ein komplexer Reaktionsverlauf, führen dazu, dass *experimentelle* Ergebnisse häufig *nicht* den theoretischen Ansätzen entsprechen. Daher wird eine bestimmte Reaktion durch ein experimentell ermitteltes Geschwindigkeitsgesetz beschrieben:

$$v = k \cdot c^x(\mathrm{A}) \cdot c^y(\mathrm{B}) \cdot c^z(\mathrm{C}) \cdot \ldots$$

$x + y + z + \ldots = n$: Reaktionsordnung

BEISPIEL

Ordnung = Summe der Exponenten	Geschwindigkeitsgesetz	Beispiel
1	$v = k \cdot c(\text{A})$	radioaktiver Zerfall
2 2	$v = k \cdot c(\text{A}) \cdot c(\text{B})$ $v = k \cdot c^2(\text{A})$	$H_2 + I_2 \rightarrow 2\,HI$ $2\,NO_2 \rightarrow N_2O_4$

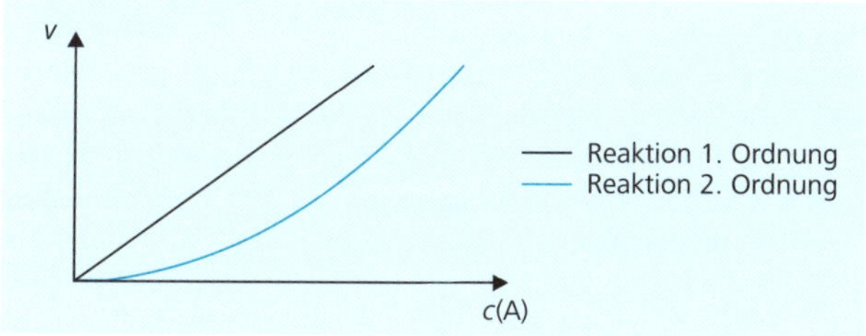

Reaktionen 1. Ordnung sind relativ selten. Man findet sie nur bei Stoffen, die *ohne* Mitwirkung anderer Stoffe in ihre Bestandteile zerfallen.
Dennoch können bestimmte bimolekulare Reaktionen durch einen Ansatz 1. Ordnung beschrieben werden, wenn die Konzentration des einen Stoffes gegenüber der des Reaktionspartners sehr groß ist und sich während der Reaktion praktisch nicht ändert.
Solche Reaktionen bezeichnet man als Reaktionen *pseudoerster* Ordnung.
BEISPIEL Eine wässrige Lösung von Kristallviolett (▸ Triphenylmethanfarbstoffe, S. 201) wird durch Hydroxid-Ionen entfärbt.

$KV^+ + OH^- \rightarrow KV\text{–}OH$
violett farblos

Dieser Vorgang entspricht einer Reaktion 1. Ordnung, wenn die Konzentration der Hydroxid-Ionen gegenüber der von Kristall-

violett sehr groß ist und damit als konstant betrachtet werden kann.
$v = k \cdot c(OH^-) \cdot c(KV^+) = k' \cdot c(KV^+)$, wobei $k' = k \cdot c(OH^-)$

4.4 Katalyse

Viele Reaktionen, die aufgrund der energetischen Voraussetzungen (▶ S. 62) spontan, d. h. von selbst ablaufen müssten, tun dies nicht oder nur sehr langsam.
BEISPIEL Die Bildung von gasförmigem Wasser aus Wasserstoff und Sauerstoff hat bei 25 °C eine freie molare Reaktionsenthalpie von $\Delta G_R = -229$ kJ/mol. Dennoch kann man ein Gemisch von Wasserstoff und Sauerstoff aufbewahren, ohne dass eine Reaktion erfolgt.

Die Ursache liegt an der für diese Reaktionen sehr hohen *Aktivierungsenergie* (▶ S. 50), die aufgebracht werden muss, um die beteiligten Stoffe reaktionsfähig zu machen.
Es gibt Stoffe, die die Geschwindigkeit einer Reaktion beeinflussen können.

> Ein Stoff, der die Geschwindigkeit einer Reaktion erhöht, ohne dabei selbst verbraucht zu werden, ist ein ***Katalysator.***

BEISPIEL Lässt man gasförmigen Wasserstoff durch fein verteiltes Platin strömen, so glüht dieses auf und der Wasserstoff entzündet sich in Gegenwart von Luftsauerstoff von selbst.

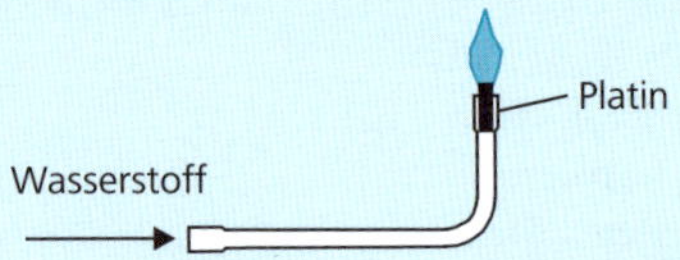

Ein Katalysator bewirkt cine Herabsetzung der Aktivierungsenergie und somit eine Zunahme der Reaktionsgeschwindigkeit. Die Wirkung eines Katalysators beruht darauf, dass er mit einem

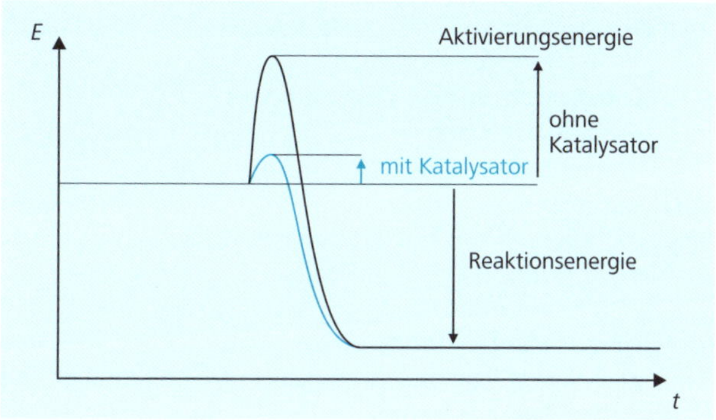

der Reaktionspartner ein reaktionsfähiges Zwischenprodukt bildet. Dieses reagiert mit dem anderen Reaktionspartner weiter und setzt dabei den Katalysator wieder frei.

5 Chemisches Gleichgewicht

5.1 Kennzeichen des chemischen Gleichgewichts

Viele chemische Reaktionen sind *umkehrbar.* Nach welcher Richtung sie erfolgen, hängt von den äußeren Bedingungen ab, z. B. von der *Temperatur*.

Gleichgewichtsreaktionen

Bei umkehrbaren Reaktionen können unter bestimmten und gleichen Bedingungen sowohl die Hin- als auch die Rückreaktion beobachtet werden.

BEISPIEL Ein Gemisch von gasförmigem Iod und Wasserstoff reagiert bei erhöhter Temperatur zu Iodwasserstoff.

$H_2(g) + I_2(g) \rightarrow 2\,HI(g)$

Die Reaktionsgeschwindigkeit wird dabei immer geringer, bis sie schließlich auf „Null" zurückgeht (Kurve 1).

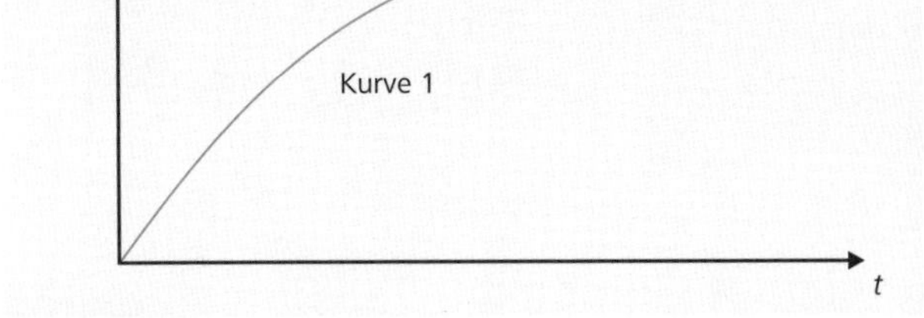

Dabei kommt es jedoch zu keinem *vollständigen* Stoffumsatz, denn bei *derselben* Temperatur zerfällt auch Iodwasserstoff zu Iod und Wasserstoff (Kurve 2).

$2\,HI\,(g) \rightarrow H_2\,(g) + I_2\,(g)$

Beide Reaktionen führen also nach einer gewissen Zeit zu demselben Endzustand, bei dem *alle* an der Reaktion beteiligten Stoffe in einem bestimmten Verhältnis vorliegen.

MERKE

Diesen Zustand bezeichnet man als ***chemisches Gleichgewicht***.

Eine Reaktion, bei der nach einer gewissen Zeit sowohl Edukte als auch Produkte in bestimmten Mengenverhältnissen vorliegen, bezeichnet man als ***Gleichgewichtsreaktion.***

5

Gleichgewichtsreaktionen werden durch einen „Doppelpfeil" gekennzeichnet:

$$A + B \rightleftharpoons C + D$$

Gleichgewichtskonstante

Im Verlauf einer Gleichgewichtsreaktion nimmt die Konzentration der Edukte ständig ab. Dadurch *verringert* sich auch die Geschwindigkeit der *Hin*reaktion.

Gleichzeitig nimmt die Konzentration der Produkte ständig zu. Dadurch *vergrößert* sich die Geschwindigkeit der Rückreaktion. Für eine bimolekulare Reaktion des Typs $A + B \rightleftharpoons C + D$ ergeben sich folgende Ansätze:

$$v_{\text{hin}} = k_{\text{hin}} \cdot c(\text{A}) \cdot c(\text{B}) \qquad v_{\text{rück}} = k_{\text{rück}} \cdot c(\text{C}) \cdot c(\text{D})$$

Sind schließlich beide Reaktionsgeschwindigkeiten *gleich*, wird in gleichen Zeitspannen ebenso viel Produkt wie Edukt gebildet: Das Gleichgewicht ist erreicht.

$v_{hin} = v_{rück}$
$k_{hin} \cdot c(A) \cdot c(B) = k_{rück} \cdot c(C) \cdot c(D)$

$\frac{k_{hin}}{k_{rück}} = \frac{c(C) \cdot c(D)}{c(A) \cdot c(B)}$

Für $\frac{k_{hin}}{k_{rück}}$ wird eine neue Konstante eingeführt. Daraus folgt:

$K_c = \frac{c(C) \cdot c(D)}{c(A) \cdot c(B)}$.

Diese Konstante K_c ist die ***Gleichgewichtskonstante.***

Für eine Reaktion des Typs
$a\text{A} + b\text{B} \rightleftharpoons c\text{C} + d\text{D}$ $\quad$ *a, b, c, d*: stöchiometrische Faktoren
gilt allgemein das sogenannte ***Massenwirkungsgesetz:***

$$K_c = \frac{c^c(\text{C}) \cdot c^d(\text{D})}{c^a(\text{A}) \cdot c^b(\text{B})}$$

Gasreaktionen

Bei Gasgleichgewichten verwendet man statt der Gleichgewichtskonstanten K_c üblicherweise die Gleichgewichtskonstante K_p.
Für das Gleichgewicht $a\text{A} + b\text{B} \rightleftharpoons c\text{C} + d\text{D}$ gilt somit:

$K_p = \frac{p^c(\text{C}) \cdot p^d(\text{D})}{p^a(\text{A}) \cdot p^b(\text{B})}$.

$p(\text{A}), p(\text{B}), p(\text{C}), p(\text{D})$ sind die ***Partialdrücke*** der Gase im Gleichgewicht. Die Summe aller Partialdrücke $p(\text{i})$ ergibt den im Gasvolumen *V* herrschenden Gesamtdruck *p*:

$\Sigma p(\text{i}) = p$ $\quad$ (DALTON'sches Gesetz)

Zwischen den Gleichgewichtskonstanten K_c und K_p besteht folgender Zusammenhang:

$K_p = K_c \cdot (R \cdot T)^{\Delta n}$

R: universelle Gaskonstante (▶ S. 241)
T: absolute Temperatur
$\Delta n = (c + d) - (a + b)$

Lage des Gleichgewichts

Die Lage eines Gleichgewichts ist durch die Größe der Gleichgewichtskonstanten bestimmt:

- Ist die Gleichgewichtskonstante sehr *groß*, liegt das Gleichgewicht praktisch vollständig auf der Seite der *Produkte*.
- Ist die Gleichgewichtskonstante sehr *klein*, liegt das Gleichgewicht praktisch vollständig auf der Seite der *Edukte*.

MERKE

Im Prinzip sind *alle* chemischen Reaktionen Gleichgewichtsreaktionen.

BEISPIEL Bei der Verbrennung von Wasserstoff entsteht praktisch zu 100 % Wasserdampf. Dies beruht darauf, dass die Gleichgewichtskonstante für die Reaktion $2\,H_2 + O_2 \rightleftharpoons 2\,H_2O$ bei 25 °C einen Wert von $K \approx 6 \cdot 10^{67}\,(\text{mol/l})^{-1}$ hat.

Bestimmung der Gleichgewichtskonstanten

Bei Kenntnis der in einem Gleichgewicht vorliegenden Konzentrationen der beteiligten Stoffe ist es möglich, die entsprechende Gleichgewichtskonstante zu berechnen.

BEISPIEL Bei der Zersetzung von Iodwasserstoff zu Wasserstoff und Iod ist bei T = 446 °C der Druck $p(\text{HI})$ von ursprünglich $p(\text{HI})_0 = 5\,979$ Pa um 1316 Pa zurückgegangen.
Dabei müssen sich entsprechend der Reaktionsgleichung $2\,HI \rightleftharpoons H_2 + I_2$ Wasserstoff und Iod gebildet haben, deren Partialdruck jeweils $p(H_2) = p(I_2) = 658$ Pa beträgt.
Diese Partialdrücke stehen mit dem verbleibenden Partialdruck von Iodwasserstoff $p(\text{HI}) = p(\text{HI})_0 - p(H_2) - p(I_2) = 4\,663$ Pa im Gleichgewicht.
Für die Gleichgewichtskonstante ergibt sich damit:

$$K_p = \frac{p(H_2) \cdot p(I_2)}{p^2(\text{HI})} = \frac{658\,\text{Pa} \cdot 658\,\text{Pa}}{(4\,663\,\text{Pa})^2} = 1{,}99 \cdot 10^{-2}.$$

Umrechnung in K_c:

$$K_c = \frac{K_p}{(R \cdot T)^{\Delta n}} \qquad \Delta n = 1 + 1 - 2 = 0 \quad (R \cdot T)^0 = 1 \qquad K_c = K_p$$

5.2 Beeinflussung des chemischen Gleichgewichts

Eine Änderung der Reaktionsbedingungen *Temperatur* und *Druck* führt zu einer *Verschiebung* des Gleichgewichts und somit zu einer Änderung der Gleichgewichtskonzentrationen.

MERKE

Eine Zunahme von K_c bedeutet eine Verschiebung des Gleichgewichts auf die Seite der Produkte, eine Abnahme von K_c bedeutet eine Verschiebung des Gleichgewichts auf die Seite der Edukte.

Änderung der Temperatur

Eine Temperaturänderung führt *immer* zu einer Änderung der Gleichgewichtskonzentrationen. Welche Konzentrationen dabei zunehmen bzw. abnehmen, hängt davon ab, ob die betreffende Gleichgewichtsreaktion *exotherm* oder *endotherm* ist:

	Art der Reaktion	Zunahme der
Temperaturzunahme	exotherm	Edukte
	endotherm	Produkte
Temperaturabnahme	exotherm	Produkte
	endotherm	Edukte

BEISPIEL Die Bildung von Iodwasserstoff aus den Elementen ist eine *exotherme* Reaktion. Eine Erhöhung der Temperatur bewirkt daher eine Verschiebung des Gleichgewichts auf die Seite der *Ausgangsstoffe*.

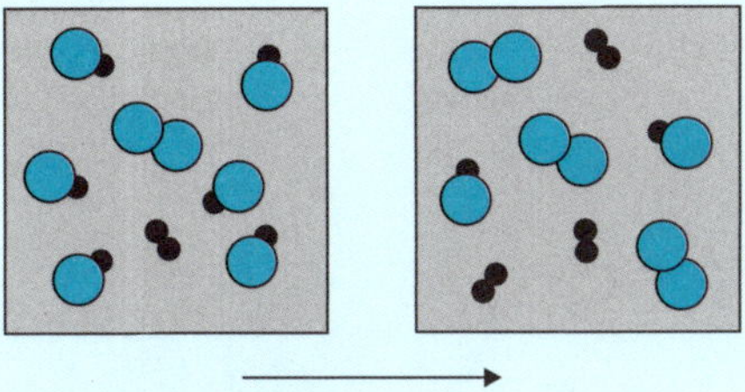

Änderung des Drucks

Gleichgewichtsreaktionen, an denen Gase beteiligt sind, sind häufig mit einer Änderung der Teilchenzahl verbunden.

BEISPIEL Bei der Synthese von Ammoniak aus den Elementen reagieren je 3 mol Wasserstoff und 1 mol Stickstoff zu 2 mol Ammoniak: $3\,H_2 + N_2 \rightleftharpoons 2\,NH_3$.

Die Teilchenzahl geht demnach auf die *Hälfte* zurück.

In einem *geschlossenen System* kann man daher je nach Reaktionsbedingung eine *Druckänderung* oder eine *Volumenänderung* feststellen.

BEISPIEL Wird bei der Ammoniaksynthese das Volumen konstant gehalten, ergibt sich eine Abnahme des Drucks. Ist das Volumen veränderlich, nimmt es so lange ab, bis der Anfangsdruck wieder erreicht ist.

Die Lage des Gleichgewichts kann durch eine *Druckerhöhung* von außen beeinflusst werden:

- bei konstantem Reaktionsvolumen durch weitere Zufuhr von Edukten,
- bei veränderlichem Reaktionsvolumen durch Komprimieren.

Wird in einem geschlossenen Stoffsystem der Druck erhöht, verlagert sich das Gleichgewicht nach der Seite geringerer Teilchenzahlen.

5

BEISPIEL Bei der Ammoniaksynthese führt eine Druckerhöhung zu einer Verschiebung des Gleichgewichts auf die Produktseite.

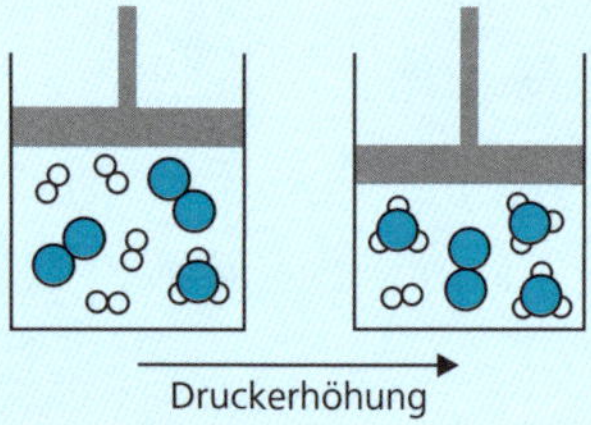

BEACHTE Bei Reaktionen, die mit *keiner* Änderung der Teilchenzahl verbunden sind, führt eine Druckänderung zu *keiner* Verschiebung des Gleichgewichts.

Änderung der Konzentration

Verändert man die Konzentration von *einem* der am Gleichgewicht beteiligten Stoffe, ändern sich auch die Konzentrationen *aller* anderen Partner.
Da die Gleichgewichtskonstante nur von der Temperatur abhängt, erfolgt die Änderung mit dem Ziel, das ursprüngliche Gleichgewicht *wieder herzustellen*. Für eine Gleichgewichtsreaktion $A + B \rightleftharpoons C + D$ mit $K_c = \frac{c(C) \cdot c(D)}{c(A) \cdot c(B)}$
lassen sich dabei folgende Fälle unterscheiden:

Änderung	bewirkt
Zugabe von A bzw. B	Zunahme der Produkte
Zugabe von C bzw. D	Zunahme der Edukte
Entzug von A bzw. B	Zunahme der Edukte
Entzug von C bzw. D	Zunahme der Produkte

BEISPIEL Führt man dem System $H_2 + I_2 \rightleftharpoons 2\,HI$ zusätzlich Wasserstoff zu, so reagiert dieser mit dem im Gleichgewicht vorhandenen Iod zu *weiterem* Iodwasserstoff, um die erfolgte Störung des Gleichgewichts wieder zu beseitigen.

Einen besonderen Fall stellen Gleichgewichtsreaktionen dar, bei denen *gasförmige Produkte* vorliegen.
Findet die Reaktion in einem *offenen System* statt, kann das bei der Reaktion entstehende Gas ständig entweichen. Dadurch wird ständig neues Gas produziert, das wiederum entweicht.
Diese Störung des Gleichgewichts führt dazu, dass es sich nicht mehr einstellen kann: Die Reaktion verläuft *vollständig* zur Produktseite.
BEISPIEL Calciumcarbonat zersetzt sich beim Erhitzen zu festem Calciumoxid und gasförmigem Kohlenstoffdioxid.
$CaCO_3\,(s) \rightleftharpoons CaO\,(s) + CO_2\,(g)$
Findet die Reaktion in einem *geschlossenem* System statt, stellt sich für die jeweils vorliegende Temperatur ein bestimmtes Gleichgewicht ein.
Findet die Reaktion jedoch in einem *offenen* System statt, kann das entstehende Kohlenstoffdioxid ständig entweichen und die Reaktion verläuft quantitativ nach der Produktseite.

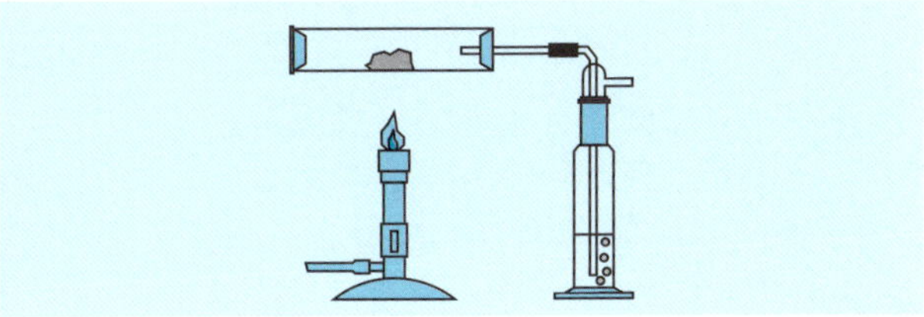

Prinzip des kleinsten Zwangs

Das Verhalten eines im chemischen Gleichgewicht befindlichen Systems gegenüber den äußeren Einflüssen Druck und Temperatur folgt einem allgemeinen Prinzip:

Wird auf ein Gleichgewicht ein Zwang ausgeübt, erfolgt eine Verschiebung dieses Gleichgewichts mit dem Bestreben, dieser von außen aufgezwungenen Änderung auszuweichen.

Dieses von LE CHATELIER und BRAUN aufgestellte Prinzip bezeichnet man als das ***Prinzip des kleinsten Zwangs:***[1]

- Eine *Wärmezufuhr* begünstigt *endotherme* Vorgänge, um der drohenden Temperaturerhöhung auszuweichen.
- Auf eine *Komprimierung* reagiert ein Gleichgewichtssystem gegebenenfalls mit einer *Verringerung* des Volumens, um der Druckerhöhung auszuweichen.

BEISPIEL Die Ammoniaksynthese ist eine exotherme Reaktion. Eine Temperaturerhöhung begünstigt daher die endotherme Umkehrreaktion zu Wasserstoff und Stickstoff.
Auf eine Druckerhöhung reagiert das System mit einer vermehrten Bildung von Ammoniak.

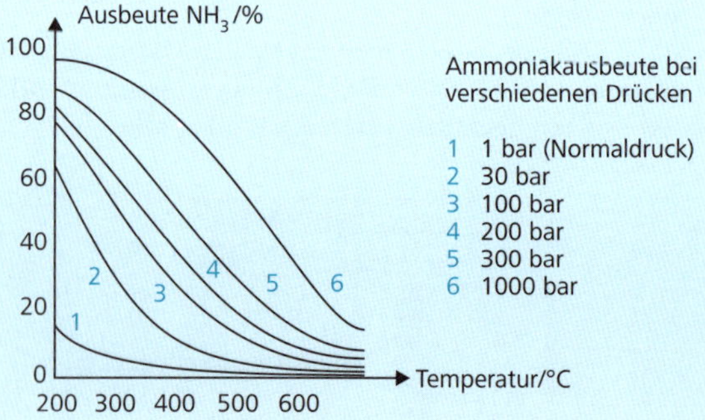

1 In manchen Büchern und ggf. auch im Unterricht wird die Auswirkung einer *Konzentrationsänderung* auf das Gleichgewicht in das Prinzip einbezogen. Dies ist zwar möglich, war jedoch ursprünglich nicht so formuliert.

Alle Maßnahmen, die das chemische Gleichgewicht beeinflussen, lassen sich folgendermaßen zusammenfassen:

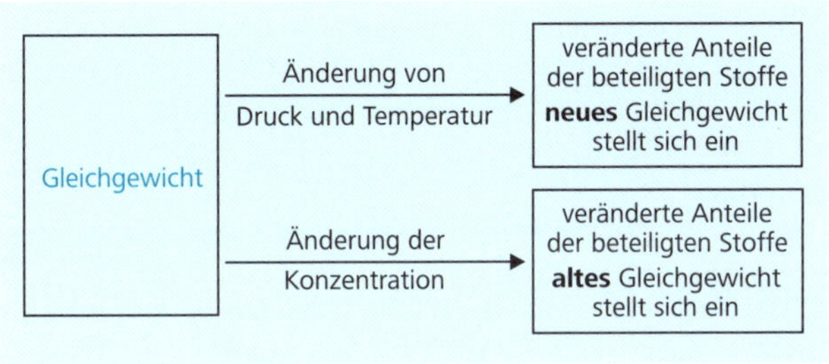

BEACHTE Eine Druckänderung wirkt sich nur in einem geschlossenen System auf das Gleichgewicht aus.

5.3 Lösungsgleichgewichte

Viele ionische Stoffe – z. B. Kochsalz – lösen sich in Wasser. Die ▶ Löslichkeit dieser Stoffe (S. 249) ist jedoch begrenzt: Ab einer bestimmten Menge löst sich nichts mehr auf, sondern bleibt als ungelöster Anteil in der nun *gesättigten* Lösung.

BEACHTE Der Anteil des Stoffes in der gesättigten Lösung, d. h. seine Konzentration, ist unabhängig von der Menge des ungelöst gebliebenen Bodenkörpers.

Temperaturabhängigkeit der Löslichkeit

Die Löslichkeit von Feststoffen nimmt im Allgemeinen mit steigender Temperatur zu. Daher löst sich beim Erwärmen einer Mischung aus gesättigter Lösung und Bodenkörper ein Teil des Bodenkörpers auf, d. h., die Konzentration der gesättigten Lösung wird *erhöht*.

Beim Abkühlen erfolgt eine Konzentrationsänderung in *umgekehrter* Richtung.

> Zwischen der gesättigten Lösung eines Stoffes und dem ungelösten Anteil besteht ein ***Lösungsgleichgewicht***. Dieses ist von der Temperatur abhängig.

BEISPIELE

	Löslichkeit in g/100 g Wasser	
	T = 20 °C	T = 100 °C
NaCl	35,9	39,2
$NaNO_3$	88,0	176,0
AgCl	$0{,}15 \cdot 10^{-3}$	$1{,}17 \cdot 10^{-3}$

BEACHTE Bei Gasen nimmt die Löslichkeit mit steigender Temperatur ab.

Löslichkeitsprodukt

Fügt man zu einer gesättigten Lösung eines in Wasser löslichen Salzes weiteres Salz hinzu, bildet dieses einen ungelösten Bodenkörper. Fügt man stattdessen ein Salz hinzu, das *eines* der Ionen vom gelösten Salz enthält, bildet sich ebenfalls derselbe Bodenkörper.

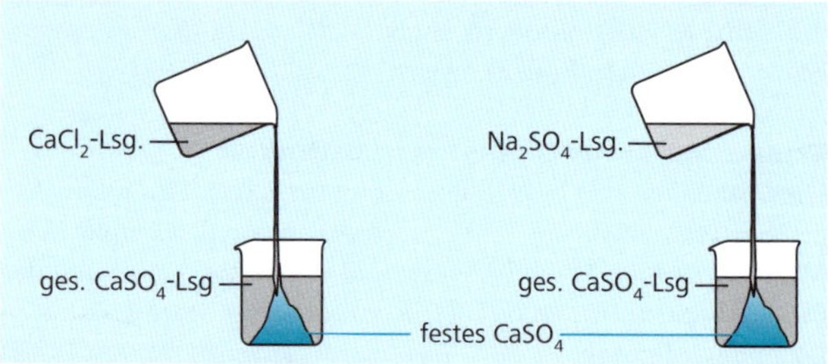

BEISPIEL Fügt man zu einer gesättigten Lösung von Calciumsulfat etwas *Calcium*chlorid bzw. Natrium*sulfat* hinzu, so bildet sich in beiden Fällen ein Bodenkörper von *Calciumsulfat*.

BEACHTE Ein entsprechendes Verhalten zeigen auch andere Ionenverbindungen.

Bei einem Salz vom Typ A^+B^- liegt in der gesättigten Lösung folgendes Gleichgewicht vor:

$$AB \rightleftharpoons A^+ + B^- \text{ und } K = \frac{c(A^+) \cdot c(B^-)}{c(AB)}$$

$c(AB)$ stellt die Konzentration des *gelösten*, aber nicht in einzelne Ionen aufgeteilten Salzes dar. Da Salze jedoch, wenn sie in Lösung gehen, praktisch vollständig in Ionen gespalten sind, ist diese Konzentration verschwindend klein und praktisch *konstant*. Man kann daher die Konzentration $c(AB)$ mit der Gleichgewichtskonstanten K zu einer neuen Konstanten K_L zusammenfassen:

$$K_L = K \cdot c(AB) = c(A^+) \cdot c(B^-)$$

5

Die Konstante K_L bezeichnet das *Löslichkeitsprodukt* einer Ionenverbindung vom Typ $A_mB_n \rightleftharpoons mA^{n+} + nB^{m-}$:
$K_L = c^m(A^{n+}) \cdot c^n(B^{m-})$

BEISPIELE

Verbindung	Beispiel	Löslichkeitsprodukt
AB	AgCl	$K_L = c(Ag^+) \cdot c(Cl^-)$
	$CaSO_4$	$K_L = c(Ca^{2+}) \cdot c(SO_4^{2-})$
AB_2	$Ca(OH)_2$	$K_L = c(Ca^{2+}) \cdot c^2(OH^-)$

Das Löslichkeitsprodukt (▶ Anhang S. 249) ist *temperaturabhängig* und gibt Information über die Löslichkeit eines Salzes.

BEISPIEL Das Löslichkeitsprodukt von Calciumsulfat beträgt bei 25 °C $K_L = c(Ca^{2+}) \cdot c(SO_4^{2-}) = 2 \cdot 10^{-5}\ mol^2/l^2$.
Da in der Lösung beide Ionen in *gleicher* Anzahl vorliegen, gilt $c(Ca^{2+}) = c(SO_4^{2-})$.
Diese Konzentration entspricht aber auch der Menge des im Wasser gelösten Calciumsulfats $c(CaSO_4)$. Demnach ist in einer gesättigten Lösung

$$c(CaSO_4) = \sqrt{K_L} = \sqrt{2 \cdot 10^{-5}}\ mol/l = 4{,}5 \cdot 10^{-3}\ mol/l$$

Calciumsulfat enthalten.

Das Löslichkeitsprodukt ist in einer gesättigten Salzlösung und bei einer bestimmten Temperatur immer *konstant*.
BEISPIEL Die Konzentration von Calcium- *und* Sulfat-Ionen in einer gesättigten Lösung von Calciumsulfat beträgt: $c(Ca^{2+}) = c(SO_4^{2-}) = 4{,}5 \cdot 10^{-3}\ mol/l$. Bei einer Erhöhung von $c(Ca^{2+})$ auf das *Zehnfache* durch Zugabe von Calciumchloridlösung geht die Konzentration von $c(SO_4^{2-})$ in der Lösung wegen der Konstanz des Löslichkeitsprodukts auf ein *Zehntel* zurück; 90 % der ursprünglich gelösten Sulfat-Ionen fallen in Form von festem Calciumsulfat als Bodenkörper aus.

Säuren und Basen 6

6.1 Definitionen von Säuren und Basen

Unter „Säuren" versteht man üblicherweise Stoffe, deren wässrige Lösungen folgende Eigenschaften haben:

- Sie schmecken sauer.
- Sie lösen unedle Metalle unter Entwicklung von Wasserstoff.
- Sie zersetzen Carbonate (z. B. Kalk) unter Entwicklung von Kohlenstoffdioxid.
- Sie bewirken bei bestimmten Pflanzenfarbstoffen einen Farbumschlag.

Zu „Basen" zählt man Stoffe, deren wässrige Lösungen (Laugen) folgende Eigenschaften haben:

- Sie fühlen sich seifig an.
- Sie bewirken bei bestimmten Pflanzenfarbstoffen ebenfalls einen Farbumschlag.
- Sie können bei Zugabe zu Säuren deren Wirkung aufheben.

Auf Grundlage der genannten Eigenschaften wurden verschiedene Definitionen von Säuren und Basen entwickelt.

Entwicklung des Säure- und Basebegriffs

Wässrige Lösung von Nichtmetalloxiden sind sauer. Daraus entstand im Jahre 1775 die erste Definition von Säuren:

> Bei der Verbrennung von Nichtmetallen entstehen Säuren. Säuren enthalten daher Sauerstoff (Antoine de Lavoisier).

Bei der Verbrennung von Nichtmetallen entstehen Oxide. Säuren entstehen erst durch die Reaktion mit Wasser. Deren wässrige Lösungen sind sauer.

BEISPIEL Phosphor verbrennt zu Phosphorpentaoxid. Bei der Reaktion mit Wasser entsteht Phosphorsäure. Ihre wässrige Lösung ist sauer.

$$P_2O_5 + 3\,H_2O \rightarrow 2\,H_3PO_4$$

Andererseits reagieren einige Metalloxide mit Wasser zu Basen, deren wässrige Lösungen alkalisch sind.

BEISPIEL Calciumoxid reagiert mit Wasser zu Calciumhydroxid. Die wässrige Lösung (Kalkwasser) ist alkalisch.

$$CaO + H_2O \rightarrow Ca(OH)_2$$

Eine Definition von Säuren von 1838 besagt, dass nicht Sauerstoff, sondern Wasserstoff ein Bestandteil von Säuren ist:

> **Säuren sind Stoffe, die Wasserstoff enthalten, der durch ein Metall ersetzt werden kann (Justus v. Liebig).**

BEISPIEL Salzsäure löst Magnesium unter Wasserstoffentwicklung auf.

$$2\,HCl + Mg \rightarrow MgCl_2 + H_2\uparrow$$

Eine weiter gehende Definition von 1887 bezieht sich darauf, dass wässrige Lösungen von Säuren und Basen Wasserstoff-Ionen bzw. ***Hydroxid-Ionen*** enthalten.

> **Säuren sind Stoffe, die beim Lösen in Wasser Wasserstoff-Ionen (Protonen) abspalten. Basen sind Stoffe, die beim Lösen in Wasser Hydroxid-Ionen abspalten (Svante Arrhenius).**

BEISPIEL Gasförmiger Chlorwasserstoff spaltet beim Lösen in Wasser Protonen ab, festes Natriumhydroxid spaltet beim Lösen in Wasser Hydroxid-Ionen ab.

MERKE

Den Zerfall einer Verbindung in Kationen und Anionen bezeichnet man als ***elektrolytische Dissoziation.***

Theorie von Brönsted

Viele Stoffe bilden saure bzw. alkalische Lösungen, ohne dass sie Säuren bzw. Basen nach den genannten Definitionen sind.

BEISPIEL Eine Lösung von Ammoniumchlorid reagiert sauer, eine Lösung von Natriumacetat reagiert alkalisch.

Johannes Brönsted und Thomas Lowry entwickelten daher 1923 eine neue Definition für Säuren und Basen:

Eine Säure kann Protonen abgeben, eine Base kann Protonen aufnehmen. Die Säure ist ein *Protonendonator,* die Base ein *Protonenakzeptor.*

6

BEISPIEL Bei der Dissoziation von Chlorwasserstoff in Wasser entsteht eine wässrige Lösung von Salzsäure.

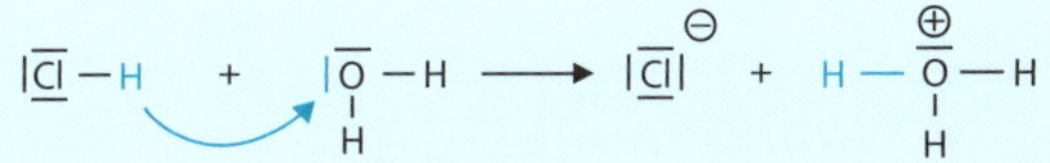

Das Chlorwasserstoffmolekül spaltet ein Proton *ab*, ist also eine *Säure*, das Wassermolekül nimmt ein Proton *auf*, ist also eine *Base*. Durch die Anlagerung des Protons an das Wassermolekül entsteht ein Oxonium-Ion.

BEISPIEL Ammoniak reagiert mit Wasser zu einer alkalischen Lösung.

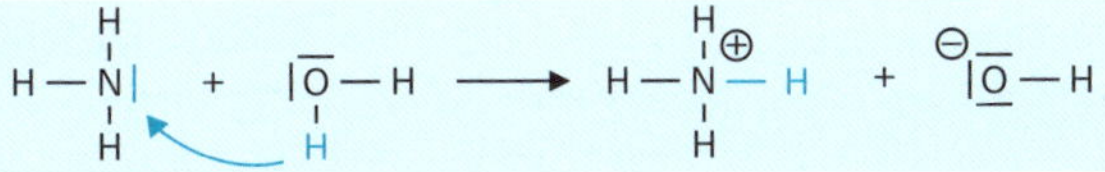

Das Ammoniakmolekül nimmt ein Proton *auf*, ist also eine *Base*, das Wassermolekül gibt ein Proton *ab*, ist also eine *Säure*. Durch die Anlagerung des Protons an das Ammoniakmolekül entsteht ein *Ammonium-Ion*.

Die beiden Beispiele zeigen, dass Wassermoleküle sowohl eine Base als auch eine Säure sein können.
Welches Teilchen bei einer Säure-Base-Reaktion die Säure bzw. die Base ist, hängt davon ab, welcher der beiden Reaktionspartner das größere Bestreben hat, Protonen abzugeben bzw. aufzunehmen (▶ Säure- und Basekonstanten S. 250).

MERKE

Die Begriffe „Säure" und „Base" kennzeichnen eine *Funktion* und nicht einen Stoff.

Im Unterschied zu älteren Definitionen kann nach der Definition von BRÖNSTED eine Säure-Base-Reaktion auch *ohne* Wasser stattfinden:

BEISPIEL Chlorwasserstoff reagiert mit Ammoniak zu Ammoniumchlorid.

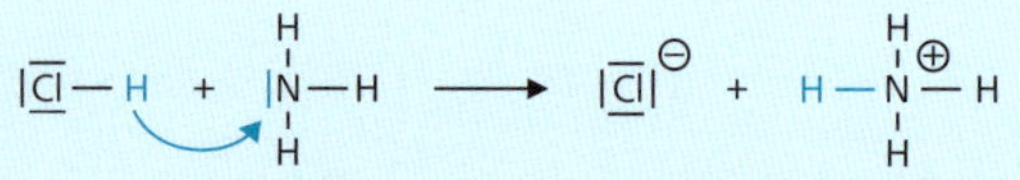

Das Chlorwasserstoffmolekül gibt ein Proton *ab*, ist also eine *Säure*, das Ammoniakmolekül nimmt ein Proton *auf*, ist also eine *Base*.

Bei einer Säure-Base-Reaktion entsteht aus dem jeweiligen Säure-Base-Paar immer ein neues Säure-Base-Paar. Beide Seiten bilden zusammen ein sogenanntes ▶ *chemisches Gleichgewicht* (S. 77).

Zusammenfassung der BRÖNSTED-Theorie:

- Eine Säure-Base-Reaktion ist eine Übertragung von Protonen. Den Übergang eines Protons von einer Säure zu einer Base bezeichnet man als ***Protolyse.***
- Teilchen, die über einen Protonenübergang miteinander verknüpft sind, bezeichnet man als ***konjugierte Säure-Base-Paare*** (bzw. korrespondierende Säure-Base-Paare).

$$\underset{\text{Säure 1}}{HA} + \underset{\text{Base 2}}{B} \rightleftharpoons \underset{\text{Base 1}}{A^-} + \underset{\text{Säure 2}}{BH^+}$$

(HA und A^-: konjugiert; B und BH^+: konjugiert)

- Jede Protolyse, bei der die stärkere Säure ein Proton an die stärkere Base überträgt, führt zu einem *Protolysegleichgewicht.*

stärkere Säure + stärkere Base $\rightleftharpoons$ schwächere Base + schwächere Säure

MERKE

Das Protolysegleichgewicht liegt stets auf der Seite der jeweils *schwächeren* Säure und Base.

BEISPIEL Bei der Bildung von Salzsäure ist das Chlorwasserstoffmolekül gegenüber dem Oxonium-Ion die stärkere Säure und das Wassermolekül gegenüber dem Chlorid-Ion die stärkere Base. Das Gleichgewicht liegt daher auf der rechten Seite.

LEWIS-Säuren und -Basen

Nach einer erweiterten Definition von Gilbert N. LEWIS, die nicht auf das Vorhandensein von Protonen beschränkt ist, sind Säuren Teilchen, deren Valenzschale unvollständig besetzt ist.

> Eine Säure ist ein Teilchen, dessen Valenzschale eine Elektronenlücke aufweist. Eine Base ist ein Teilchen, das zur Bildung einer ▸ Atombindung (S. 28) ein Elektronenpaar zur Verfügung stellt.

BEISPIEL Wasserfreies Aluminiumchlorid ($AlCl_3$) ist kein Salz, sondern eine Molekülverbindung mit einer Elektronenlücke. Als LEWIS-Säure kann es mit einem Chlorid-Ion als LEWIS-Base reagieren.

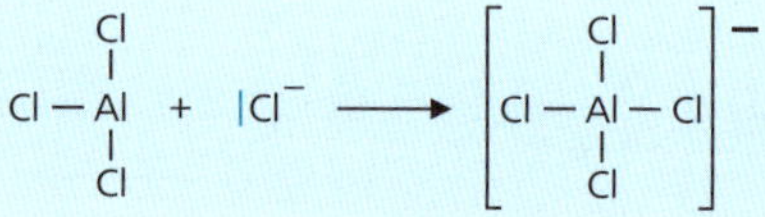

Die LEWIS-Definition findet vor allem in der organischen Chemie Verwendung (▸ elektrophile Substitution, S. 210). Für anorganische Reaktionen genügt meist die BRÖNSTED-Definition.

6.2 Protolysegleichgewichte

Die bei einer Protolyse sich einstellenden Gleichgewichte sind temperaturabhängig und liegen je nach Reaktionspartnern mehr auf der Seite der Produkte oder der Edukte.

Ionenprodukt des Wassers

Ein Wassermolekül kann nach BRÖNSTED sowohl die Funktion einer Säure wie auch die einer Base übernehmen. Auch in *reinem* Wasser findet eine sogenannte ***Autoprotolyse*** (griech. *autos:* selbst) statt:

$H_2O + H_2O \rightleftharpoons H_3O^+ + OH^-$

Das Gleichgewicht liegt jedoch fast vollständig auf der Seite der Edukte:

$$K = \frac{c(H_3O^+) \cdot c(OH^-)}{c^2(H_2O)} = 3{,}3 \cdot 10^{-18} \text{ bei } T = 25\,°C.$$

Die Konzentration $c(H_2O)$ von nicht dissoziiertem Wasser ist daher gegenüber den Konzentrationen $c(H_3O^+)$ und $c(OH^-)$ so groß, dass sie mit der Gleichgewichtskonstanten K zu einer neuen Konstanten K_W zusammengefasst werden kann.

$$K_W = K \cdot c^2(H_2O) = c(H_3O^+) \cdot c(OH^-)$$

$$c(H_2O) = 55{,}35\ \text{mol/l}$$

$$K_W = 3{,}3 \cdot 10^{-18} \cdot (55{,}35\ \text{mol/l})^2 = \mathbf{10^{-14}\ (mol/l)^2}\ \text{bei}\ T = 25\,°\text{C}$$

Die Konstante K_W bezeichnet man als das ***Ionenprodukt*** des Wassers.

In *reinem* Wasser sind gleich viele Oxonium-Ionen und Hydroxid-Ionen enthalten: $c(H_3O^+) = c(OH^-)$.
Daraus folgt bei 25 °C:

$$c(H_3O^+) = c(OH^-) = \sqrt{K_W} = 10^{-7}\ \text{mol/l}.$$

6

Der pH-Wert
Bei wässrigen *Lösungen* ionischer Stoffe bleibt das Ionenprodukt des Wassers ebenfalls nahezu konstant, solange sie nicht zu konzentriert sind.
Ist die Konzentration $c(H_3O^+)$ in einer Lösung *größer* als in reinem Wasser, muss demnach $c(OH^-)$ entsprechend *kleiner* sein und umgekehrt.
BEISPIEL Das Gleichgewicht $HCl + H_2O \rightleftharpoons H_3O^+ + Cl^-$ liegt praktisch völlig auf der Seite der Produkte. Eine 0,1-molare Lösung von Salzsäure hat demnach ebenfalls eine Konzentration von $c(H_3O^+) = 0{,}1\ \text{mol/l} = 10^{-1}\ \text{mol/l}$. Daraus ergibt sich für die Konzentration der Hydroxid-Ionen

$$c(OH^-) = \frac{K_W}{c(H_3O^+)} = \frac{10^{-14}}{10^{-1}}\ \text{mol/l} = 10^{-13}\ \text{mol/l}.$$

MERKE

**In *sauren* Lösungen ist die Konzentration der Oxonium-Ionen größer als die Konzentration der Hydroxid-Ionen.
In *alkalischen* Lösungen ist die Konzentration der Hydroxid-Ionen größer als die Konzentration der Oxonium-Ionen.**

Um zu entscheiden, ob und wie *stark* sauer bzw. alkalisch eine Lösung ist, genügt die Angabe entweder von $c(H_3O^+)$ oder $c(OH^-)$. Der ***pH-Wert*** überträgt die Beträge von $c(H_3O^+)$ in eine Skala positiver Zahlenwerte von 0–14. Dabei gilt:

$$pH = -\log_{10} c(H_3O^+) \text{ bzw. } -\lg c(H_3O^+).$$

BEISPIEL Eine Salzsäure mit $c(H_3O^+) = 10^{-1}$ mol/l hat einen pH-Wert von 1.
Daraus folgt für die Einteilung des pH-Werts:

pH-Wert	$c(H_3O^+)$ in mol/l	$c(OH^-)$ in mol/l	Lösung ist
0–7	10^{0}–10^{-7}	10^{-14}–10^{-7}	sauer
7	10^{-7}	10^{-7}	neutral
7–14	10^{-7}–10^{-14}	10^{-7}–10^{0}	alkalisch

MERKE

Je stärker sauer eine Lösung, desto kleiner der pH-Wert, je alkalischer die Lösung, desto größer der pH-Wert.

Neben dem pH-Wert gibt es für $c(OH^-)$ den entsprechenden pOH-Wert:

$$pOH = -\lg c(OH^-) \qquad pH + pOH = 14$$

Stärke von Säuren und Basen

Die Stärke einer BRÖNSTED-Säure bzw. -Base hängt davon ab, wie *stark* ihr Bestreben ist, Protonen abzugeben bzw. aufzunehmen. Entscheidend dafür ist der jeweilige *Reaktionspartner*, mit dem die Protolyse erfolgt. Der wichtigste ist das *Wasser*, da es die Funktion sowohl einer Säure wie auch einer Base übernehmen kann.

$$HA + H_2O \rightleftharpoons A^- + H_3O^+$$

$$B + H_2O \rightleftharpoons BH^+ + OH^-$$

Starke Säuren und Basen

Bei starken Säuren (HA) bzw. Basen (B) liegt das Gleichgewicht praktisch *vollständig* auf der Seite der Produkte.

BEACHTE Beim Lösen von Hydroxiden in Wasser findet *keine* Protolyse statt, da die Hydroxid-Ionen bereits im festen Hydroxid vorhanden sind.

Der pH-Wert von *starken* Säuren und Basen ist aufgrund der vollständigen Dissoziation *nur* durch die jeweilige Konzentration ihrer wässrigen Lösungen bestimmt.

BEISPIEL 1 Liter einer 0,5-molaren Salzsäure enthält auch 0,5 mol H_3O^+-Ionen. Der pH-Wert der Lösung beträgt demnach: $pH = -\lg c(H_3O^+) = -\lg 0{,}5 = \mathbf{0{,}3}$.
1 Liter einer 0,5-molaren Natronlauge enthält auch 0,5 mol OH^--Ionen. Die Lauge hat einen pH-Wert von $14 - 0{,}3 = \mathbf{13{,}7}$.

Schwache Säuren und Basen

Bei schwachen Säuren und Basen ist die Dissoziation *nicht* vollständig. In der Lösung liegen somit undissoziierte Moleküle *und* Ionen vor.
Der pH-Wert lässt sich daher nicht allein aus der Konzentration der Säure bzw. Base berechnen. Man benötigt zusätzlich eine Information über die Lage des *Protolysegleichgewichts:*

$$K'_S = \frac{c(A^-) \cdot c(H_3O^+)}{c(HA) \cdot c(H_2O)}; \quad K'_B = \frac{c(BH^+) \cdot c(OH^-)}{c(B) \cdot c(H_2O)}.$$

Da auch hier die Konzentration von Wasser sehr viel größer ist als die Konzentration der Ionen, bleibt $c(H_2O)$ praktisch konstant und kann mit der Gleichgewichtskonstanten zu einer neuen Konstanten zusammengefasst werden:

$$K'_S \cdot c(H_2O) = K_S = \frac{c(A^-) \cdot c(H_3O^+)}{c(HA)};$$

$$K'_B \cdot c(H_2O) = K_B = \frac{c(BH^+) \cdot c(OH^-)}{c(B)}.$$

Die Konstante K_S bezeichnet man als ***Säurekonstante,*** die Konstante K_B bezeichnet man als ***Basekonstante.*** Für schwache Säuren bzw. Basen sind diese Konstanten sehr klein.

BEISPIEL Essigsäure ist eine schwache Säure. Bei 25 °C hat das Gleichgewicht $HAc + H_2O \rightleftharpoons H_3O^+ + Ac^-$ eine Säurekonstante von $K_S = 1{,}74 \cdot 10^{-5}$ mol/l.
Für die Reaktion $NH_3 + H_2O \rightleftharpoons NH_4^+ + OH^-$ ergibt sich bei 25 °C eine Basekonstante von $K_B = 1{,}78 \cdot 10^{-5}$ mol/l.

Wie beim pH-Wert werden Säure- und Basekonstante als negativer dekadischer Logarithmus angegeben:

$pK_S = -\lg K_S$ $\qquad$ $pK_B = -\lg K_B$

BEISPIEL Der pK_S-Wert von Essigsäure beträgt 4,76. Der pK_B-Wert von Ammoniak beträgt 4,75.

> **Je *größer* der pK_S-Wert bzw. der pK_B-Wert, desto *schwächer* ist die betreffende Säure bzw. Base (▸ Anhang S. 250).**

Zwischen dem pK_S-Wert einer Säure und dem pK_B-Wert der konjugierten Base besteht folgender einfacher Zusammenhang:
$pK_S + pK_B = 14$.

> **Je stärker eine Säure, desto schwächer die konjugierte Base.**

pH-Wert schwacher Säuren und Basen
Da bei der Protolyse einer Säure bzw. Base ebenso viele positive und negative Ionen entstehen, ist deren Konzentration jeweils gleich:

$c(A^-) = c(H_3O^+)$ $\qquad$ $c(BH^+) = c(OH^-)$

$c^2(H_3O^+) = K_S \cdot c(HA)$ $\qquad$ $c^2(OH^-) = K_B \cdot c(B)$

$c(H_3O^+) = \sqrt{K_S \cdot c(HA)}$ $\qquad$ $c(OH^-) = \sqrt{K_B \cdot c(B)}$

Bildet man bei beiden Gleichungen nun den negativen Logarithmus, erhält man den pH-Wert der Säurelösung bzw. den pOH-Wert der alkalischen Lösung[1]:

$$pH = -\lg c(H_3O^+) = -\frac{1}{2}\lg K_S - \frac{1}{2}\lg c(HA)$$

$$pOH = -\lg c(OH^-) = -\frac{1}{2}\lg K_B - \frac{1}{2}\lg c(B)$$

Mit den Definitionen $pK_S = -\lg K_S$ und $pK_B = -\lg K_B$ folgt:

$$pH = \frac{1}{2}[pK_S - \lg c(HA)]$$

$$pOH = \frac{1}{2}[pK_B - \lg c(B)] \qquad pH = 14 - pOH$$

Da die Konzentrationen der Ionen gegenüber den Konzentrationen der nicht dissoziierten Säure bzw. Base *sehr klein* sind, kann für $c(HA)$ bzw. $c(B)$ näherungsweise jeweils die *Ausgangs*konzentration c(Säure) bzw. c(Base) angesetzt werden.

1 Die Regeln des Logarithmierens sind nicht Gegenstand dieses Buches. Wer damit Probleme hat, sollte in einem Mathematikbuch nachlesen, z. B. im POCKET TEACHER ABI Mathematik.

BEISPIEL Eine 0,1-molare Essigsäure hat einen pH-Wert von

$pH = \frac{1}{2} \cdot 4{,}76 - \frac{1}{2} \lg 0{,}1 = 2{,}38 - \frac{1}{2} \cdot (-1) = \mathbf{2{,}88}.$

Eine 0,5-molare Ammoniaklösung hat den pOH-Wert von

$pOH = \frac{1}{2} \cdot 4{,}75 - \frac{1}{2} \lg 0{,}5 = 2{,}38 - \frac{1}{2} \cdot (-0{,}3) = 2{,}53.$

Der entsprechende pH-Wert ist pH = 14 − 2,53 = **11,47.**

pH-Wert von Salzlösungen

Viele Salzlösungen reagieren neutral, manche reagieren jedoch sauer bzw. alkalisch. Nach BRÖNSTED übernimmt dabei das *Wasser* die Funktion einer *Base* bzw. einer *Säure*.

BEISPIEL Natriumchlorid

Na^+-Ion: keine Reaktion mit Wasser

Cl^--Ion: extrem schwache Base, daher keine Protolyse

Eine Lösung von Natriumchlorid reagiert *neutral*.

BEISPIEL Ammoniumchlorid

NH_4^+-Ion: reagiert als schwache Säure mit Wasser

$$NH_4^+ + H_2O \rightleftharpoons NH_3 + H_3O^+$$

Cl^--Ion: sehr schwache Base, daher keine Protolyse

Eine Lösung von Ammoniumchlorid reagiert *sauer*.

BEISPIEL Natriumcarbonat

Na^+-Ion: keine Reaktion mit Wasser

CO_3^{2-}-Ion: reagiert als schwache Base mit Wasser

$$CO_3^{2-} + H_2O \rightleftharpoons HCO_3^- + OH^-$$

Eine Lösung von Natriumcarbonat reagiert *alkalisch*.

> Die Reaktion von Salzen mit Wasser bezeichnet man als ***Hydrolyse***. Dabei entstehen je nach Ionenart *saure* bzw. *alkalische* Lösungen.

Pufferlösungen

Die *Mischung* aus einer schwachen Säure mit ihrer konjugierten Base bzw. einer schwachen Base mit ihrer konjugierten Säure zeigt die Eigenschaft, dass sich ihr pH-Wert bei Zugabe einer nicht zu großen Menge Oxonium-Ionen oder Hydroxid-Ionen kaum ändert.

> **Lösungen, deren pH-Wert gegenüber Säuren oder Laugen weitgehend stabil ist, bezeichnet man als *Pufferlösungen*.**

BEISPIEL Eine Mischung von Essigsäure und Natriumacetat bezeichnet man als ***Acetatpuffer.*** Das Natriumacetat liegt dabei vollständig in Ionen vor und liefert das Acetat-Ion als konjugierte *Base* zum Essigsäuremolekül.

BEISPIEL Eine Mischung von Ammoniak und Ammoniumchlorid ist ein ***Ammoniakpuffer.*** Das Ammoniumchlorid liegt dabei vollständig in Ionen vor und liefert das Ammonium-Ion als konjugierte *Säure* zum Ammoniakmolekül.

pH-Wert von Puffern

Der pH-Wert einer Pufferlösung beruht auf dem jeweiligen Protolysegleichgewicht:

$$K_S = \frac{c(A^-) \cdot c(H_3O^+)}{c(HA)}; \qquad K_B = \frac{c(BH^+) \cdot c(OH^-)}{c(B)}.$$

In diesem Fall sind jedoch – anders als bei der reinen Säure bzw. Base – die Konzentrationen der jeweils vorliegenden Ionen *nicht* gleich:

$$c(H_3O^+) = K_S \cdot \frac{c(HA)}{c(A^-)}; \qquad c(OH^-) = K_B \cdot \frac{c(B)}{c(BH^+)}.$$

Logarithmieren führt zum pH-Wert bzw. pOH-Wert:

$$pH = pK_S + \lg \frac{c(A^-)}{c(HA)}$$ (▶ S. 131);

$$pOH = pK_B + \lg \frac{c(BH^+)}{c(B)}.$$

Folgende Vereinfachungen können vorgenommen werden:

- Da sowohl die Säure HA als auch die Base B *wenig dissoziiert* sind, entspricht die Konzentration der nicht dissoziierten Säure bzw. Base der jeweiligen Ausgangskonzentration: $c(HA) \approx c(\text{Säure})$ bzw. $c(B) \approx c(\text{Base})$

- Da das jeweils zugesetzte Salz *vollständig in Ionen vorliegt,* entspricht die Konzentration der konjugierten Base bzw. Säure der Konzentration des jeweils zugesetzten Salzes:
  $c(A^-) \approx c(\text{Salz})$ bzw. $c(BH^+) \approx c(\text{Salz})$

Für eine Pufferlösung ergeben sich somit folgende ***Puffergleichungen:***

$$pH = pK_S + \lg \frac{c(\text{Salz})}{c(\text{Säure})}; \qquad pOH = pK_B + \lg \frac{c(\text{Salz})}{c(\text{Base})}.$$

BEISPIEL Der pH-Wert eines Acetatpuffers aus jeweils 1 mol Essigsäure und Natriumacetat ist pH = 4,76 + lg 1 = **4,76**.
Der pOH-Wert eines Ammoniakpuffers aus jeweils 1 mol Ammoniak und Ammoniumchlorid ist pOH = 4,75 + lg 1 = 4,75. Daraus folgt ein pH-Wert von pH = 14 – pOH = **9,25**.

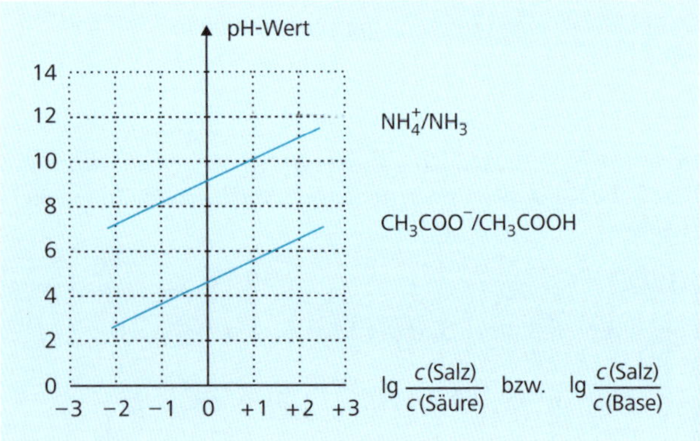

Wirkung von Puffern

Die Wirkung eines Puffers lässt sich am besten mit dem Ansatz der Gleichgewichtskonstanten aufzeigen:

$$K_S = \frac{c(A^-) \cdot c(H_3O^+)}{c(HA)}.$$

- **Zusatz von Säuren, d. h. Erhöhung von $c(H_3O^+)$**
  Damit das Gleichgewicht erhalten und somit der Quotient konstant bleibt, reagieren die zugeführten Protonen mit einem entsprechenden Teil von A^- zu undissoziiertem HA.
- **Zusatz von Laugen, d. h. Erhöhung von $c(OH^-)$**
  Die zugeführten Hydroxid-Ionen reagieren mit einem entsprechenden Teil von H_3O^+ zu Wassermolekülen. Damit das Gleichgewicht erhalten und somit der Quotient konstant bleibt, reagiert ein Teil von HA zu A^- und H_3O^+ nach.

Da die Konzentration sowohl von HA als auch von A^- gegenüber der von H_3O^+ sehr groß ist, machen sich deren Änderungen beim Zusatz von Säuren bzw. Laugen kaum bemerkbar.

BEISPIEL Löst man 0,1 mol Chlorwasserstoff in 1 Liter *Wasser,* ändert sich die Konzentration der Oxonium-Ionen von
$c(H_3O^+) = 10^{-7}$ auf $c(H_3O^+) = 10^{-1}$.
Der pH-Wert sinkt also von 7 auf 1.
Löst man dieselbe Stoffportion Chlorwasserstoff in 1 Liter eines *Acetatpuffers* aus je 1 mol Essigsäure und Natriumacetat, so reagieren die zugeführten Oxonium-Ionen gemäß
$CH_3COO^- + H_3O^+ \rightarrow CH_3COOH + H_2O$ mit 0,1 mol Acetat-Ionen zu 0,1 mol Essigsäure. Dadurch ergeben sich für beide Bestandteile des Puffers folgende neue Konzentrationen:
$c(\text{Salz}) = (1 - 0{,}1)\ \text{mol/l} = 0{,}9\ \text{mol/l}$
$c(\text{Säure}) = (1 + 0{,}1)\ \text{mol/l} = 1{,}1\ \text{mol/l}$

Daraus folgt für den pH-Wert der Lösung:

$$\text{pH} = \text{p}K_S + \lg \frac{0{,}9}{1{,}1} = 4{,}76 - 0{,}087 = \mathbf{4{,}67}$$

Der pH-Wert des Puffers von ursprünglich **4,76** hat sich demnach durch den Zusatz von Chlorwasserstoff kaum geändert.
In welchem Maße ein Puffer fähig ist, Änderungen des pH-Werts abzufangen, hängt von dem Verhältnis Salz/Säure bzw. Salz/Base ab. Am günstigsten ist ein Stoffmengenverhältnis von 1 : 1.

MERKE

Puffereigenschaften sind immer dann erforderlich, wenn der pH-Wert eines Stoffsystems durch äußere Einflüsse möglichst wenig geändert werden darf.

6.3 Neutralisation

Beim Vermischen *gleicher* Stoffmengen Salzsäure und Natronlauge entsteht eine *neutrale* Lösung von Natriumchlorid mit einem pH-Wert von 7. Die saure bzw. alkalische Wirkung der Ausgangsstoffe wird also durch diese ***Neutralisation*** aufgehoben.

Die Neutralisation ist eine Reaktion von Oxonium-Ionen mit Hydroxid-Ionen zu Wassermolekülen:
$H_3O^+ + OH^- \rightleftharpoons 2\,H_2O$

BEACHTE Da das Gleichgewicht praktisch vollständig auf der Produktseite liegt (▶ Autoprotolyse des Wassers, S. 94), verläuft die Wasserbildung quantitativ.

Das Anion der Säure (z. B. das Chlorid-Ion der Salzsäure) und das Kation der Lauge (z. B. das Natrium-Ion der Natronlauge) sind an der Neutralisation *nicht* beteiligt.
Dies gilt nur für den Fall, dass sowohl die Säure als auch die Lauge *vor* der Neutralisation vollständig in Ionen vorliegen, d. h. *vollständig* dissoziiert sind.

Neutralisation schwacher Säuren und Basen

Schwache Säuren und Basen zeigen bei der Neutralisation ein anderes Verhalten:

- Da die Oxonium- bzw. Hydroxid-Ionen während der Neutralisation laufend aus dem Protolysegleichgewicht entfernt werden, müssen diese in gleichem Maße durch weitere Dissoziation nachgeliefert werden.

- Die nach erfolgter Neutralisation vorliegende Salzlösung ist nicht neutral, da eines der Ionen (oder beide) mit Wassermolekülen als BRÖNSTED-Säure bzw. BRÖNSTED-Base (▶ S. 91) reagiert.

BEISPIELE

- In einer wässrigen Lösung von Essigsäure sind nur wenige Oxonium-Ionen enthalten. Während einer Neutralisation mit Natronlauge werden diese aus dem Gleichgewicht entfernt und daher durch Protolyse von Essigsäuremolekülen nachgeliefert. Die nach erfolgter Neutralisation entstandene Lösung von Natriumacetat reagiert *alkalisch*, da das Acetat-Ion mit Wasser reagiert.
  $Ac^- + H_2O \rightleftharpoons HAc + OH^-$
- In einer wässrigen Lösung von Ammoniak sind nur wenige Hydroxid-Ionen enthalten. Während einer Neutralisation mit Salzsäure werden diese aus dem Gleichgewicht entfernt und daher durch Protolyse von Ammoniakmolekülen nachgeliefert. Die nach erfolgter Neutralisation entstandene Lösung von Ammoniumchlorid reagiert *sauer*, da das Ammonium-Ion mit Wasser reagiert.
  $NH_4^+ + H_2O \rightleftharpoons NH_3 + H_3O^+$

Die Änderung des pH-Werts einer Lösung bei Zugabe von Säure bzw. Lauge wird durch eine ***Titrationskurve*** dargestellt:

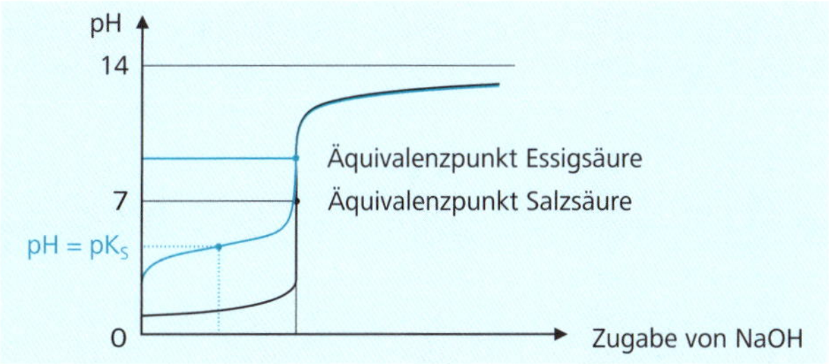

6

MERKE

Der ***Äquivalenzpunkt*** bezeichnet den Punkt, bei dem weder ein Überschuss an Säure noch an Lauge vorliegt. Bei einer schwachen Säure liegt der Äquivalenzpunkt im *alkalischen* Bereich, bei einer schwachen Base liegt der Äquivalenzpunkt im *sauren* Bereich.

In der Titrationskurve schwacher Säuren und Basen gibt es neben dem Äquivalenzpunkt einen weiteren Wendepunkt. An dieser Stelle hat gerade die *Hälfte* der Säure bzw. Base zur entsprechenden konjugierten Base bzw. Säure reagiert. Da in diesem Fall eine Pufferlösung im Verhältnis 1 : 1 vorliegt, entspricht der pH-Wert bzw. pOH-Wert nach der ▶ Puffergleichung (S. 102) dem pK_S-Wert bzw. pK_B-Wert der Säure bzw. Base.

BEACHTE Titrationskurven von Säuren, deren Moleküle mehrere Protonen abspalten können, enthalten entsprechend mehrere Äquivalenzpunkte.

Titration von Säuren und Basen

Unter einer ***Titration*** versteht man ein *quantitatives* Messverfahren, mit dessen Hilfe die zunächst unbekannte Konzentration einer Lösung ermittelt werden kann.

Bei einer *Neutralisationstitration* wird z. B. die gesuchte Konzentration einer Säure mithilfe eine Lauge bekannter Konzentration bestimmt.

Indikatoren

Zur Ermittlung des Äquivalenzpunktes benötigt man einen ***Säure-Base-Indikator.*** Dieser ist häufig eine schwache Säure, die eine *andere Farbe* hat als ihre jeweilige konjugierte Base.

$$HIn + H_2O \rightleftharpoons In^- + H_3O^+$$

Im *sauren* Bereich liegt das Gleichgewicht auf der *linken* Seite, der Indikator zeigt die Farbe der nicht dissoziierten Säure.

Im *alkalischen* Bereich liegt das Gleichgewicht auf der *rechten* Seite, der Indikator zeigt die Farbe der konjugierten Base.
Bei der Titration einer Säure mit einer Lauge in Gegenwart eines Indikators erfolgt daher ein *Farbumschlag*, wenn die Konzentrationen von undissoziiertem Indikator $c(\text{HIn})$ und Indikatoranion $c(\text{In}^-)$ gleich sind. Dann gilt: $\text{pH} = \text{p}K_{\text{S, Ind.}}$.
In der Nähe dieses Umschlagpunktes bewirkt eine *geringe* Änderung des pH-Werts eine *große* Änderung des Verhältnisses HIn/I^-. Der genannte Farbumschlag erfolgt daher in einem engen pH-Bereich.

Indikator	Farbumschlag pH-Bereich	Farbänderung	
		sauer	alkalisch
Methylrot	4,4–6,2	rot	gelb
Methylorange	3,0–4,4	rot	orange
Phenolphthalein	8,4–10,0	farblos	lilarosa
Lackmus	5,0–8,0	rot	violett

6

Wahl des Indikators

Bei einer Titration benötigt man zur Bestimmung des Äquivalenzpunktes einen geeigneten Indikator, dessen Farbumschlag innerhalb des pH-Bereichs liegt, in dem die Titrationskurve *senkrecht* verläuft (▶ S. 105).

MERKE

- Die Titrationskurve von *starken* Säuren mit *starken* Basen verläuft über einen sehr großen pH-Bereich senkrecht.
  Zur Bestimmung des Äquivalenzpunktes kann daher *jeder* der angegebenen Indikatoren verwendet werden.

MERKE

- Zur Bestimmung des Äquivalenzpunktes von *starker* Säure und *schwacher* Base benötigt man einen Indikator, dessen Farbumschlag im *sauren* Bereich liegt.
- Zur Bestimmung des Äquivalenzpunktes von *starker* Base und *schwacher* Säure benötigt man einen Indikator, dessen Farbumschlag im *alkalischen* Bereich liegt.

Durchführung der Titration

Zur Bestimmung einer Säure bzw. Lauge benötigt man folgende Geräte:

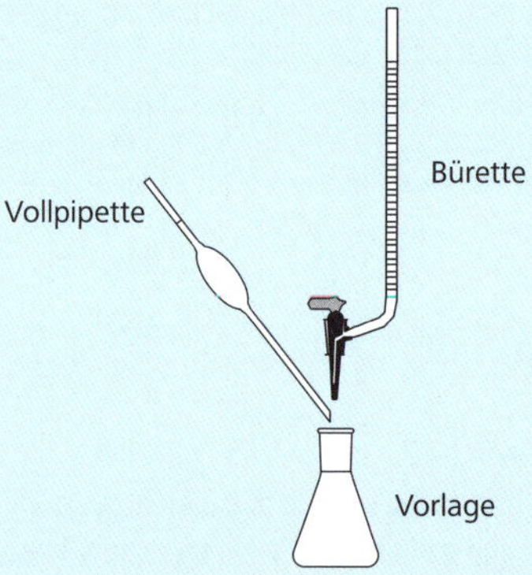

- eine *Pipette* zum Abmessen eines bestimmten Volumens der Säure bzw. Lauge unbekannter Konzentration,
- eine *Bürette* zur Aufnahme der *Messlösung* bekannter Konzentration,
- einen *Erlenmeyerkolben* (Vorlage) zur Aufnahme der Probelösung und der Messlösung.

Nach Zugabe eines für die Titration geeigneten Indikators lässt man aus der Bürette so lange Messlösung zur Probelösung tropfen, bis der gewünschte Farbumschlag erfolgt ist. Das verbrauchte Volumen wird notiert.

BEISPIEL Eine Essigsäure unbekannter Konzentration wird mit 0,1-M Natronlauge unter Zusatz von Phenolphthalein als Indikator titriert.

Gemessene Größen

- Konzentration der Natronlauge: $c_M = 0{,}1\,\text{mol/l}$
- umgesetztes Volumen von Natronlauge: $V_M = 25\,\text{ml}$
- abgemessenes Volumen von Essigsäure: $V_P = 10\,\text{ml}$

Berechnung der Konzentration c_P:

- umgesetzte Stoffmenge von Natronlauge:

$n_M = c_M \cdot V_M = 0{,}1\,\text{mol/l} \cdot 25 \cdot 10^{-3}\,\text{l} = 2{,}5 \cdot 10^{-3}\,\text{mol}$

Da die Natronlauge vollständig dissoziiert ist, entspricht dieser Betrag der umgesetzten Stoffmenge Hydroxid-Ionen. Diese wiederum haben mit derselben Stoffmenge Oxonium-Ionen reagiert, die aus derselben Stoffmenge Essigsäure stammen.

Daher gilt:

$n_P = n_M$

$c_P \cdot V_P = c_M \cdot V_M$

$$c_P = \frac{c_M \cdot V_M}{V_P} = \frac{2{,}5 \cdot 10^{-3}\,\text{mol}}{10 \cdot 10^{-3}\,\text{l}} = 0{,}25\,\text{mol/l}.$$

Mithilfe der ▸ molaren Masse von Essigsäure kann auch die ▸ Massenkonzentration β (S. 241) berechnet werden:

$\beta = \frac{m}{V}$ und $M = \frac{m}{n}$

$$\beta = \frac{M \cdot \text{n}}{\text{V}} = M \cdot \text{c}$$

M (Essigsäure) $= 60\,\text{g/mol}$

$\beta = 60\,\text{g/mol} \cdot 0{,}25\,\text{mol/l} = 15\,\text{g/l}$

7 Oxidation und Reduktion

7.1 Redoxreaktionen

Eine ***Redoxreaktion*** besteht aus zwei Teilreaktionen: einer Oxidation und einer Reduktion. Die Oxidation ist eine Elektronen*abgabe,* die Reduktion ist eine Elektronen*aufnahme.*

BEISPIEL Bei der Verbrennung von Magnesium werden Magnesiumatome oxidiert und Sauerstoffatome reduziert. Dabei gibt jedes Magnesiumatom zwei *Elektronen* an jeweils ein Sauerstoffatom ab.

$2\,Mg \rightarrow 2\,Mg^{2+} + 4\,e^-$	Oxidation
$O_2 + 4\,e^- \rightarrow 2\,O^{2-}$	Reduktion
$2\,Mg + O_2 \rightarrow 2\,MgO$	Redoxreaktion

Redoxgleichgewichte

Im Unterschied zur ursprünglichen Definition von „Oxidation" und „Reduktion" gibt es auch Redoxreaktionen, an denen kein Sauerstoff beteiligt ist.

BEISPIEL Taucht man einen Eisennagel in eine Lösung von Kupfersulfat, überzieht sich dieser nach kurzer Zeit mit einer Schicht aus elementarem Kupfer. Dabei gibt jedes Eisenatom *zwei Elektronen* an jeweils ein Kupfer-Ion ab.

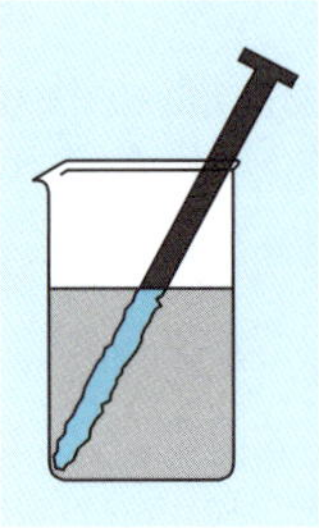

$Fe \rightarrow Fe^{2+} + 2\,e^-$	Oxidation
$Cu^{2+} + 2\,e^- \rightarrow Cu$	Reduktion
$Fe + Cu^{2+} \rightarrow Fe^{2+} + Cu$	Redoxreaktion

> Ein Teilchen, das Elektronen abgibt, ist ein ***Elektronendonator***. Ein Teilchen, das Elektronen aufnimmt, ist ein ***Elektronenakzeptor***.

Ein Elektronendonator reduziert den Reaktionspartner und ist deshalb ein ***Reduktionsmittel***. Ein Elektronenakzeptor oxidiert den Reaktionspartner und ist deshalb ein ***Oxidationsmittel***.
Eine Redoxreaktion ist daher *immer* eine Reaktion von einem Reduktionsmittel mit einem Oxidationsmittel.
Welches Teilchen bei einer Redoxreaktion das Reduktionsmittel bzw. das Oxidationsmittel ist, hängt davon ab, welcher der beiden Reaktionspartner das größere Bestreben hat, Elektronen abzugeben bzw. aufzunehmen (▶ Redoxreihe S. 121).
BEISPIEL Taucht man ein Kupferblech in eine Lösung von Silbernitrat, überzieht sich dieses mit einer Schicht aus elementarem Silber. In diesem Falle hat *Kupfer* das größere Bestreben, Elektronen abzugeben, ist also das Reduktionsmittel, die Silber-Ionen sind das Oxidationsmittel.
$Cu + 2\,Ag^{+} \rightarrow Cu^{2+} + 2\,Ag$

Bei einer Redoxreaktion wird aus dem Reduktionsmittel ein Oxidationsmittel und aus dem Oxidationsmittel ein Reduktionsmittel. Beide Seiten bilden ein ***Redoxgleichgewicht***.
- Eine Redoxreaktion ist eine *Übertragung* von Elektronen.
- Teilchen, die über eine Elektronenabgabe bzw. Elektronenaufnahme miteinander verknüpft sind, bilden jeweils ein ***konjugiertes Redoxpaar***.

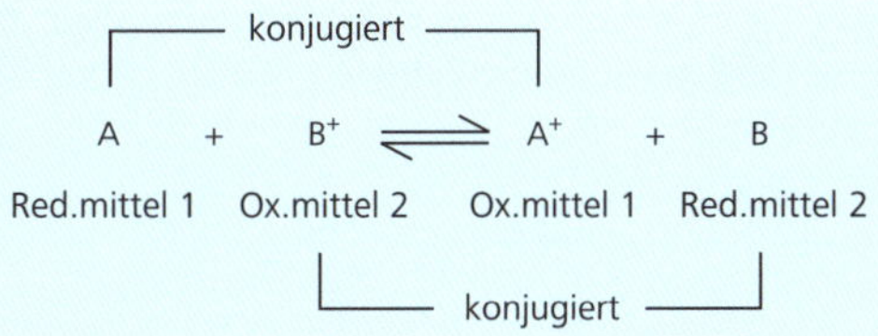

MERKE

Das Redoxgleichgewicht liegt stets auf der Seite des jeweils schwächeren Reduktionsmittels und Oxidationsmittels.

stärkeres Reduktionsmittel + stärkeres Oxidationsmittel $\rightleftharpoons$ schwächeres Oxidationsmittel + schwächeres Reduktionsmittel

BEACHTE Die Definition einer Redoxreaktion folgt *demselben* Prinzip wie die Definition einer ▸ Säure-Base-Reaktion nach Brönsted (S. 93). Eine Redoxreaktion ist eine Übertragung von *Elektronen*, eine Säure-Base-Reaktion ist eine Übertragung von *Protonen* (Donator-Akzeptor-Prinzip).

Oxidationszahlen

Wasserstoff und Chlor reagieren in einer stark exothermen Reaktion zu Chlorwasserstoff:

$H_2 + Cl_2 \rightarrow 2\,HCl$.

Diese Reaktion ist ebenfalls eine Redoxreaktion, obwohl hierbei kein eigentlicher Elektronenübergang erfolgt ist: Im Chlorwasserstoffmolekül ist das Wasserstoffatom mit dem Chloratom durch ein gemeinsames Elektronenpaar verbunden.

Um in die Definition der Redoxreaktion auch solche Reaktionen einbeziehen zu können, bei denen Moleküle beteiligt sind, wurde der Begriff der ***Oxidationszahl*** eingeführt.

Die Oxidationszahl bezeichnet die tatsächliche bzw. formale Ladung eines Atoms innerhalb einer Verbindungseinheit. Sie wird durch eine Zahl mit vorangestellter formaler Ladung gekennzeichnet.

Atome und Moleküle von Elementen, die nicht mit anderen Stoffen verbunden sind, haben die Oxidationszahl ± 0.

BEISPIEL Mg, Fe, O_2, H_2, Cl_2

Die Oxidationszahl von einatomigen Ionen in Ionenverbindungen entspricht ihrer jeweiligen tatsächlichen Ladung.

BEISPIEL Im Magnesiumchlorid hat Mg^{2+} die Oxidationszahl +2, Cl^- hat die Oxidationszahl −1.

$$\overset{+2}{Mg^{2+}} \quad \overset{2 \cdot (-1) = -2}{2\,Cl^-}$$

Bei Atomen in *Molekülverbindungen* wird die negative Ladung formal dem jeweils ▶ elektronegativeren Partner (S. 32) zugeordnet. Die Oxidationszahl des gesuchten Elements ergibt sich aus der *Summe* der restlichen Oxidationszahlen.

BEACHTE Sauerstoff hat (in der Regel) die Oxidationszahl −2 und Wasserstoff die Oxidationszahl +1.

7

BEISPIEL Im Kohlenstoffdioxid CO_2 hat Kohlenstoff die Oxidationszahl $2 \cdot (+2) = +4$. Bei Schwefelwasserstoff H_2S hat Schwefel die Oxidationszahl $2 \cdot (-1) = -2$.

$$\overset{+4}{C} \quad \overset{2 \cdot (-2) = -4}{O_2} \qquad \overset{2 \cdot (+1) = +2}{H_2} \quad \overset{-2}{S}$$

Die Summer der Oxidationszahlen aller Atome einer Verbindung ist *null*.

Damit lässt sich die Oxidationszahl eines beliebigen Atoms in einem Molekül berechnen: Sie ergibt sich aus der Summe der restlichen Oxidationszahlen mit dem umgekehrten Vorzeichen.

BEISPIEL Bei der Schwefelsäure H_2SO_4 ist Sauerstoff gegenüber Schwefel *elektronegativer*, Wasserstoff gegenüber Schwefel jedoch *elektropositiver*. Die Summe der „Ladungen" von Wasserstoff und Sauerstoff ist: $2 \cdot (+1) + 4 \cdot (-2) = -6$. Daher ist die Oxidationszahl von Schwefel in der Schwefelsäure +6.

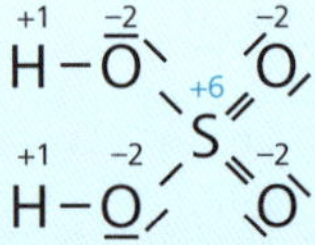

> In elektrisch *geladenen* Molekül-Ionen entspricht die Ladung des Ions der Summe der Oxidationszahlen aller miteinander verbundenen Atome.

BEISPIEL Im Ammonium-Ion NH_4^+ hat Stickstoff die Oxidationszahl −3, im Nitrat-Ion NO_3^- die Oxidationszahl +5:

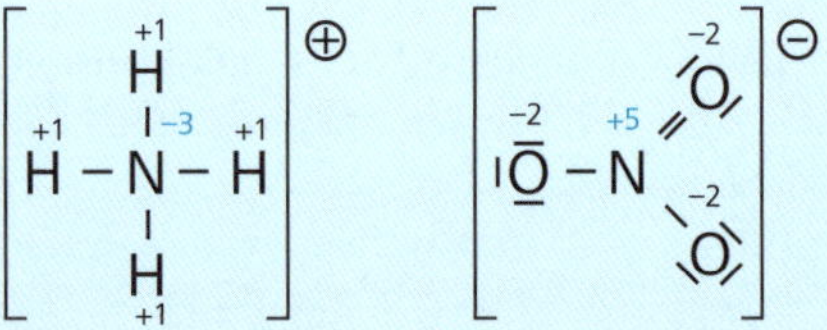

In den Molekülen von *organischen Stoffen* wird den miteinander verbundenen Kohlenstoffatomen ebenfalls eine Oxidationszahl zugeordnet.

> Kohlenstoff ist gegenüber Wasserstoff *elektronegativer* und gegenüber Sauerstoff *elektropositiver.*
> Zwischen den Kohlenstoffatomen in einer C–C-Kette wird *keine* Ladungszuordnung vorgenommen.

BEISPIEL Im Ethanol besteht die Kohlenstoffkette aus zwei Kohlenstoffatomen. Am ersten ist die Summe der „Ladungen" von Wasserstoff +3. Die Oxidationszahl dieses Kohlenstoffatoms ist demnach −3. Am zweiten Kohlenstoffatom ist die Summe der „Ladungen" von Wasserstoff und Sauerstoff +1. Die Oxidationszahl dieses Kohlenstoffatoms ist daher −1.

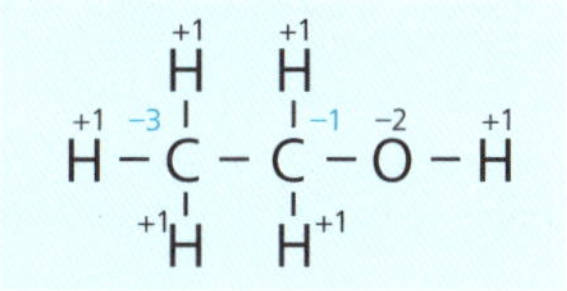

BEACHTE Bei einer *Oxidation* wird die Oxidationszahl *erhöht*, bei einer *Reduktion* wird die Oxidationszahl *erniedrigt.*

Redoxgleichungen

Das Aufstellen von Redoxgleichungen ist oft schwierig, wenn man nicht weiß, in welchem Verhältnis die Reaktionspartner miteinander reagieren. Mithilfe der Oxidationszahlen lässt sich jedoch dieses Problem lösen.

Vor dem Erstellen einer Redoxgleichung muss man wissen,

- welches Oxidations- und Reduktionsprodukt entsteht.
- ob die Reaktion in einem sauren, alkalischen oder neutralen Medium stattfindet.

Zum Erstellen einer Redoxgleichung sollte man

- für jedes Atom, das am Redoxprozess teilnimmt, die Oxidationszahl ermitteln.
- die jeweilige Änderung der Oxidationszahl als Anzahl der abgegebenen bzw. aufgenommenen Elektronen notieren.
- getrennte Gleichungen für die Reduktion und die Oxidation aufstellen und ggf. das Medium einbeziehen, damit die Gleichung „aufgeht".

- Reduktions- und Oxidationsgleichung einander anpassen, sodass die Anzahl Elektronen, die bei der Reduktionsgleichung benötigt werden, durch die Oxidationsgleichung geliefert werden.
- beide Gleichungen zusammenfassen, um die fertige Redoxgleichung zu erhalten.

BEISPIEL Zur Darstellung von elementarem Chlor wird konzentrierte Salzsäure auf festes Kaliumpermanganat getropft. *Chlorid-Ionen* werden dabei zu *Chlormolekülen* oxidiert, *Permanganat-Ionen* werden zu *Mn^{2+}-Ionen* reduziert. Die Reaktion findet in einem *sauren Medium* statt.

	Oxidationszahl von	
	Chlor	**Mangan**
Cl^-	−1	
Cl_2	±0	
MnO_4^-		+7
Mn^{2+}		+2

Oxidation: $2\,Cl^- \rightarrow Cl_2 + \mathbf{2\,e^-}$

Reduktion: $MnO_4^- + \mathbf{5\,e^-} + 8\,H^+ \rightarrow Mn^{2+} + 4\,H_2O$ [1]

Da die Anzahl der abgegebenen und aufgenommenen Elektronen *gleich* sein muss, wird die Oxidationsgleichung mit **5** multipliziert und die Reduktionsgleichung mit **2** multipliziert:

Oxidation: $10\,Cl^- \rightarrow 5\,Cl_2 + \mathbf{10\,e^-}$

Reduktion: $2\,MnO_4^- + \mathbf{10\,e^-} + 16\,H^+ \rightarrow 2\,Mn^{2+} + 8\,H_2O$

1 Das Oxonium-Ion des sauren Mediums kann vereinfacht als Proton (H^+) dargestellt werden.

Die Addition beider Teilgleichungen ergibt die endgültige Redoxgleichung:

$$10\,Cl^- + 2\,MnO_4^- + 16\,H^+ \rightarrow 5\,Cl_2 + 2\,Mn^{2+} + 8\,H_2O$$

BEACHTE Sehr häufig entscheidet die *Art* des Mediums darüber, welches Oxidations- bzw. Reduktionsprodukt entsteht. So werden z. B. Permanganat-Ionen im *neutralen* Medium zu Mangan(IV)-oxid (Braunstein) reduziert.

$$MnO_4^- + \mathbf{3\,e^-} + 2\,H_2O \rightarrow MnO_2 + 4\,OH^-$$

BEISPIEL Alcotest-Röhrchen zur Überprüfung der Fahrtüchtigkeit enthalten etwas Schwefelsäure und Kaliumdichromat. Bei Anwesenheit von Ethanol verfärbt sich der Inhalt des Röhrchens von Rot nach Grün.
Ethanol wird dabei zu *Ethanal* oxidiert, *Dichromat-Ionen* werden zu *Cr^{3+}-Ionen* reduziert. Die Reaktion findet in einem *sauren Medium* statt.

7

	Oxidationszahl von	
	Kohlenstoff	**Chrom**
Ethanol	−1	
Ethanal	+1	
$Cr_2O_7^{2-}$		+6
Cr^{3+}		+3

Die Oxidation des Ethanolmoleküls erfolgt nur am Kohlenstoffatom, das die Hydroxylgruppe trägt. An diesem Kohlenstoffatom entsteht die Aldehydgruppe von Ethanal.
Daher findet dort auch eine Änderung der Oxidationszahl statt:

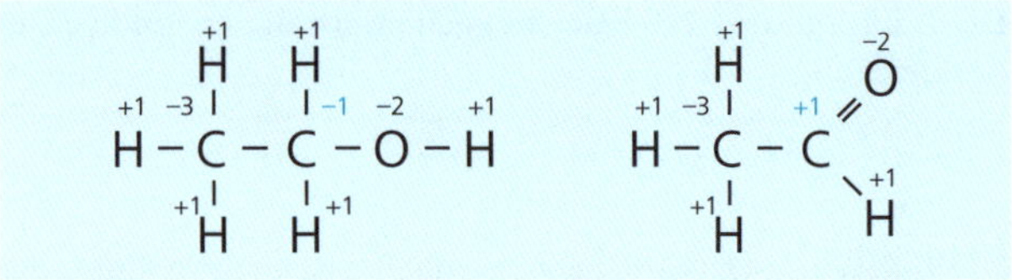

Oxidation: $CH_3-CH_2-OH \rightarrow CH_3-CH=O + \mathbf{2\,e^-} + 2\,H^+$
Reduktion: $Cr_2O_7^{2-} + \mathbf{6\,e^-} + 14\,H^+ \rightarrow 2\,Cr^{3+} + 7\,H_2O$

Zum Ausgleich der Elektronen wird die Oxidationsgleichung mit **3** multipliziert, die Reduktionsgleichung bleibt unverändert:
Oxidation: $3\,CH_3-CH_2-OH \rightarrow 3\,CH_3-CH=O + \mathbf{6\,e^-} + 6\,H^+$
Reduktion: $Cr_2O_7^{2-} + \mathbf{6\,e^-} + 14\,H^+ \rightarrow 2\,Cr^{3+} + 7\,H_2O$

Die Addition beider Teilgleichungen ergibt die endgültige Redoxgleichung:

$$3\,CH_3-CH_2-OH + Cr_2O_7^{2-} + 8\,H^+ \rightarrow 3\,CH_3-CH=O + 2\,Cr^{3+} + 7\,H_2O.$$

BEISPIEL Hydrochinon dient als fotografischer Entwickler. Dabei werden *Silber-Ionen* im *alkalischen Medium* zu *elementarem Silber* reduziert, das *Hydrochinon* zu *p-Chinon* oxidiert (▶ S. 163).

	Oxidationszahl von	
	Kohlenstoff	**Silber**
Hydrochinon	+1	
p-Chinon	+2	
Ag^+		+1
Ag		±0

Die Oxidation des Hydrochinonmoleküls erfolgt an den beiden Kohlenstoffatomen, die die Hydroxylgruppe tragen. An diesen Kohlenstoffatomen findet auch eine Änderung der Oxidationszahl statt:

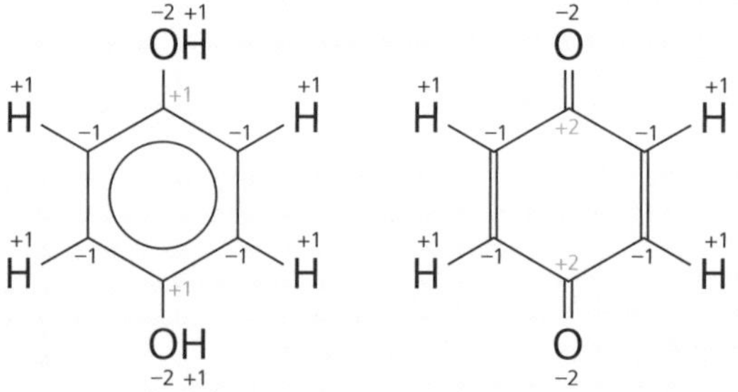

Oxidation:

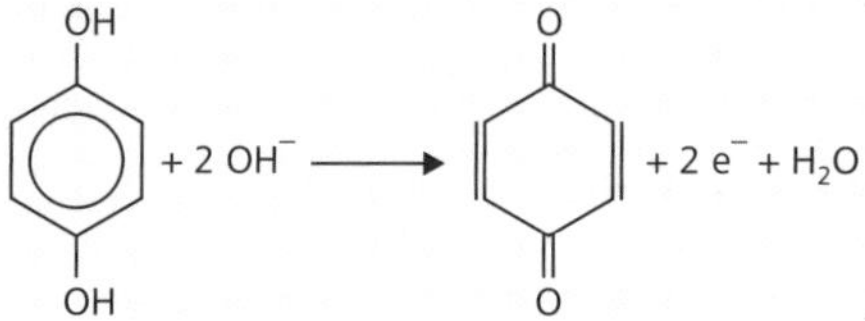

Reduktion: $Ag^+ + e^- \longrightarrow Ag$

Die Reduktionsgleichung wird zum Ausgleich der Elektronen mit 2 multipliziert und beide Teilgleichungen zur Redoxgleichung zusammengefasst:

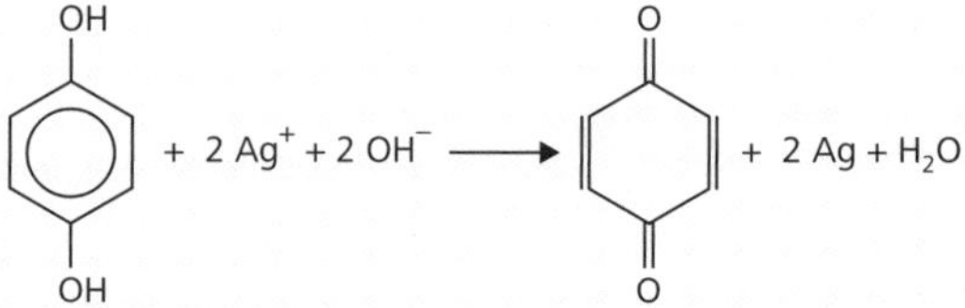

7.2 Korrosion

Unter *Korrosion* versteht man allgemein die Zerstörung eines Werkstoffs durch äußere Einflüsse. Man unterscheidet grundsätzlich zwei Arten der Korrosion:

Die ***mechanische Korrosion*** ist eine Zerstörung durch Druck- und Temperatureinflüsse sowie durch mechanische Schwingungen.
BEISPIEL Gefrierendes Wasser führt auf asphaltierten Straßen zu Frostschäden. Hohes Verkehrsaufkommen versetzt Brücken in erhöhte Schwingungen und führt zu Rissen im Beton.

Die ***chemische Korrosion*** ist eine Zerstörung durch chemische Einflüsse, vor allem durch Säuren und durch Sauerstoff aus der Luft.
BEISPIEL Auspuffe aus Metall werden durch die sauren Abgase brüchig. Eisen beginnt an feuchter Luft zu rosten.

Säurekorrosion

Wässrige Lösungen von Säuren sollten nicht in Metallbehältern transportiert oder aufbewahrt werden, da diese möglicherweise mit der Säure reagieren und dadurch undicht werden.
BEISPIEL Salzsäure reagiert mit Eisen unter Wasserstoffentwicklung.
$Fe + 2\,H^+ \rightarrow Fe^{2+} + H_2\uparrow$.
Die Reaktion von Metallen mit Oxonium-Ionen[2] ist eine *Redoxreaktion:* Das Metallatom gibt Elektronen ab, wird also oxidiert, das Proton nimmt ein Elektron auf, wird also reduziert.
Metalle wie z. B. Kupfer, Silber und Gold werden auf diese Weise nicht angegriffen, da sie eine geringere Neigung haben, Elektronen abzugeben als Wasserstoff.
Andererseits haben diese Metalle in ihren Verbindungen das Bestreben, Wasserstoff und andere Metalle zu oxidieren.

2 vereinfacht dargestellt als Proton (H^+)

Wasserstoff und Metalle haben ein *unterschiedliches* Bestreben, Elektronen abzugeben. Entsprechend haben ihre Ionen ein unterschiedliches Bestreben, Elektronen aufzunehmen. Auf dieser Grundlage lässt sich folgende ***Redoxreihe*** aufstellen:

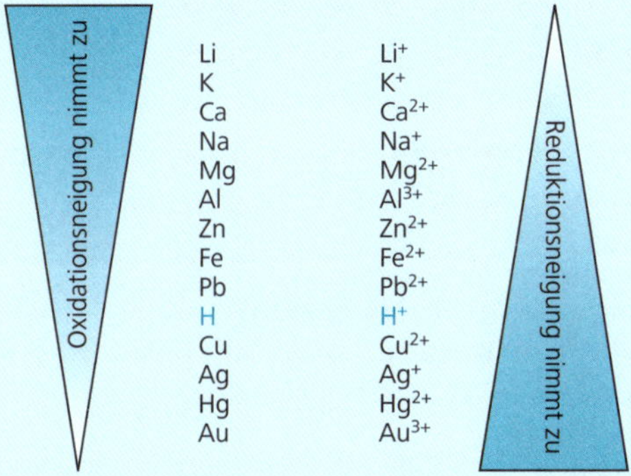

Metalle, die eine *geringere* Neigung haben, Elektronen abzugeben als Wasserstoff, bezeichnet man als ***Edelmetalle.*** Metalle, die eine *größere* Neigung haben, Elektronen abzugeben als Wasserstoff, bezeichnet man als ***unedle Metalle.***

MERKE

Gegenstände aus unedlen Metallen werden durch Einwirkung saurer Flüssigkeiten oxidiert. Diesen Vorgang nennt man ***Säurekorrosion.***

Sauerstoffkorrosion

Eisen ist einer der wichtigsten Werkstoffe, der jedoch leider die Eigenschaft hat, an feuchter Luft zu rosten.
Im ersten Schritt wird in einer Redoxreaktion das Eisen oxidiert und der in der Luft vorhandene Sauerstoff reduziert:

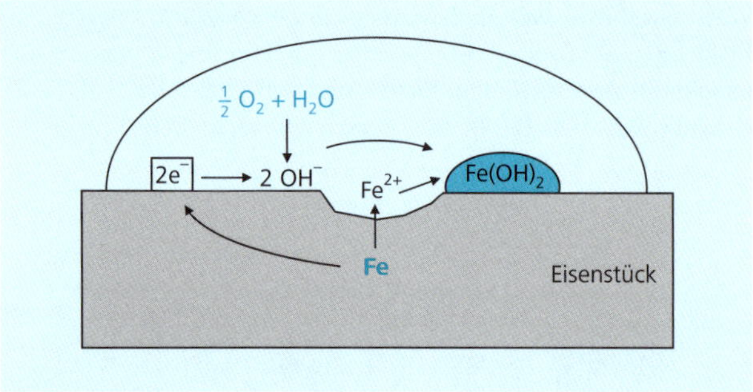

Oxidation: $2\,Fe \rightarrow 2\,Fe^{2+} + 4\,e^-$
Reduktion: $O_2 + 2\,H_2O + 4\,e^- \rightarrow 4\,OH^-$
Die bei der Redoxreaktion entstandenen Eisen- und Hydroxid-Ionen sind frei beweglich und reagieren zu unlöslichem Eisen(II)-hydroxid.

$2\,Fe^{2+} + 4\,OH^- \rightarrow 2\,Fe(OH)_2$

Da auch Eisen(II)-verbindungen eine große Oxidationsneigung haben, reagiert das Eisen(II)-hydroxid mit weiterem Sauerstoff zu einer rostbraunen Eisen(III)-verbindung:

$2\,Fe(OH)_2 + \frac{1}{2}\,O_2 \rightarrow 2\,FeO(OH) + H_2O.$

Der entstandene Rost bildet auf der Metalloberfläche eine poröse Schicht und ist deshalb wasser- und luftdurchlässig. Aus diesem Grund setzt sich der Rostvorgang fort, bis das gesamte Metall korrodiert ist.

BEACHTE Die Oberfläche von Aluminium wird durch Sauerstoff ebenfalls oxidiert. Das dabei entstehende *Aluminiumoxid* bildet jedoch eine dichte luft- und wasserundurchlässige Schicht. Dadurch wird das Metall vor weiterer Korrosion geschützt.

Kontaktkorrosion

Korrosionsvorgänge dieser Art finden immer dort statt, wo zwei *verschiedene* Metalle in direktem Kontakt sind und mit einem elektrolyt- bzw. sauerstoffhaltigen Medium in Berührung kommen. Es entsteht ein sogenanntes ***Lokalelement.*** Dabei korrodiert immer das Metall, das in der ▶ Redoxreihe (S. 121) das *unedlere* ist.

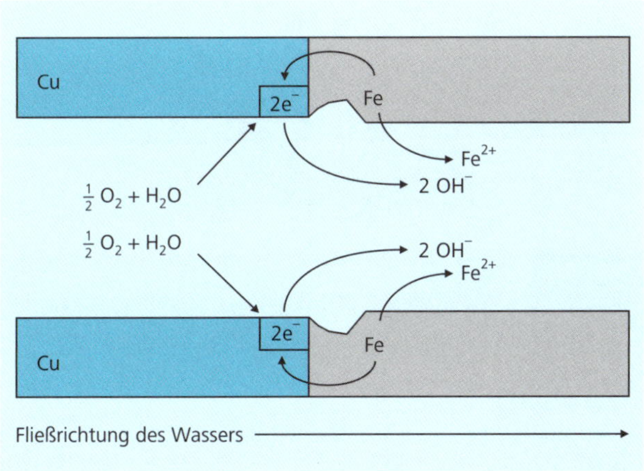

Die bei der Oxidation vom unedleren Metall abgegebenen Elektronen werden vom edleren Metall abgeleitet und für die Reduktion des Mediums zur Verfügung gestellt. Daraus folgt:

- Das unedlere Metall korrodiert bevorzugt an der Kontaktfläche zum edleren Metall.
- Das edlere Metall wird durch die Abgabe „fremder" Elektronen an das Medium vor der eigenen Korrosion geschützt.

BEACHTE Die Korrosion des Eisens findet normalerweise auch *ohne* die Anwesenheit des edleren Kupfers statt, wird jedoch durch den Kontakt zum Kupfer verstärkt.

Korrosionsschutz

Um Metalle vor Korrosion zu schützen, überzieht man sie mit einer Schicht aus einem *unedleren* Metall. Diese Funktion ist auch dann noch wirksam, wenn die Schutzschicht Löcher bzw. Risse hat.

BEISPIEL Verzinkte Eisenrohre sind besser gegen Rosten geschützt als nicht verzinkte Rohre. Dringt das korrodierende Medium bis zum Eisen vor, wird es durch das unedlere Zink geschützt, das dabei in Lösung geht.

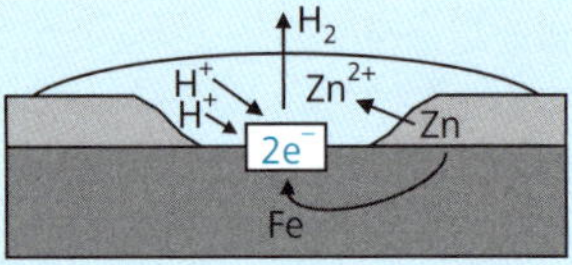

MERKE

Ein Metallteil, das zum Schutz eines anderen Metalls gegen Korrosion oxidiert wird und dabei in Lösung geht, bezeichnet man als ***Opferanode***.

Andererseits kann das Überziehen eines Metalls mit einem *edleren* Metall genau das Gegenteil bewirken: Das Metall korrodiert besonders stark dort, wo die „Schutzschicht" verletzt ist.

BEISPIEL Konservendosen für Lebensmittel bestehen aus Eisen, das wegen dessen Anfälligkeit gegenüber Säuren mit einer Schutzschicht aus Zinn überzogen ist. Wird die Oberfläche beschädigt, kann die Dose undicht werden, weil Eisen als unedleres Metall korrodiert.

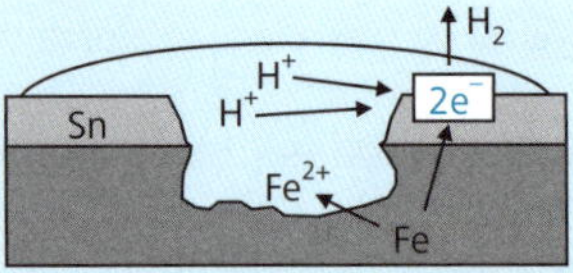

7.3 Elektrochemie

Redoxreaktionen lassen sich auch technisch nutzen. In diesem Fall verläuft der Elektronenübergang zwischen den Redoxpaaren als *Stromfluss* über einen *elektrischen Leiter.*
Ein Teil der bei diesen Reaktionen auftretenden Enthalpieänderung ΔH_R (▶ S. 52) wird dabei in elektrische Energie umgesetzt.

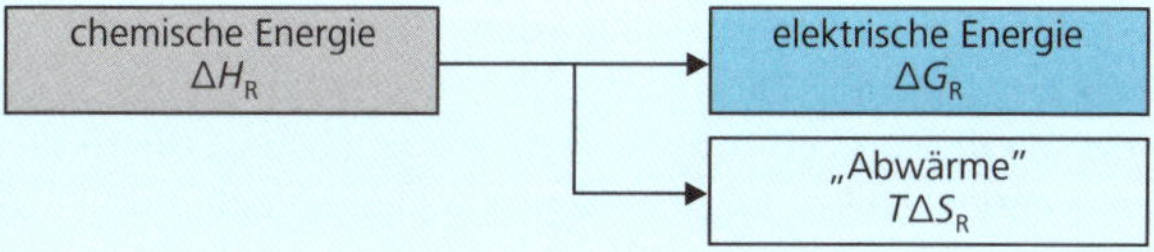

Galvanische Elemente

Taucht man ein Zink- und ein Kupferblech in verdünnte Schwefelsäure, so lässt sich zwischen beiden Metallen eine *elektrische Spannung* messen. Verbindet man beide Pole über Leiterkabel mit einem elektrischen Gerät, fließt ein *elektrischer Strom.*

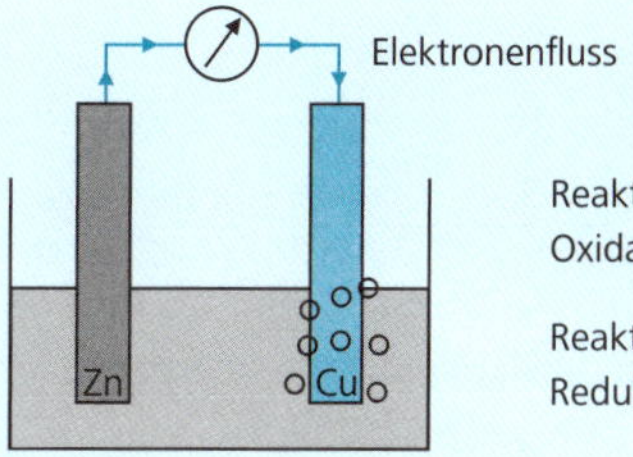

Reaktion am Zinkblech
Oxidation: $Zn \longrightarrow Zn^{2+} + 2e^-$

Reaktion am Kupferblech
Reduktion: $2H^+ + 2e^- \longrightarrow H_2$

Der Vorgang entspricht dem einer Kontaktkorrosion, die beiden Redoxpartner sind jedoch voneinander *getrennt.* Der Elektronenfluss erfolgt über einen elektrischen Leiter und kann als *Energieträger* nutzbar gemacht werden.

MERKE

Diese Umsetzung von chemischer Energie in elektrische Energie ist das Prinzip einer ***elektrischen Batterie.***

Spannungsreihe der Metalle

Um die Redoxreaktion zwischen einem Metall und Ionen eines edleren Metalls (▶ S. 121) zur Gewinnung elektrischer Energie nutzbar zu machen, muss ebenfalls eine räumliche Trennung der Redoxpartner vorgenommen werden.

BEISPIEL Taucht man ein Eisenblech in eine Lösung, die Eisen-Ionen enthält und ein Kupferblech in eine Lösung, die Kupfer-Ionen enthält, so lässt sich zwischen beiden Metallen eine elektrische Spannung messen. Verbindet man beide Pole über Leiterkabel mit einem elektrischen Gerät, fließt vom Eisen zum Kupfer ein elektrischer Strom.

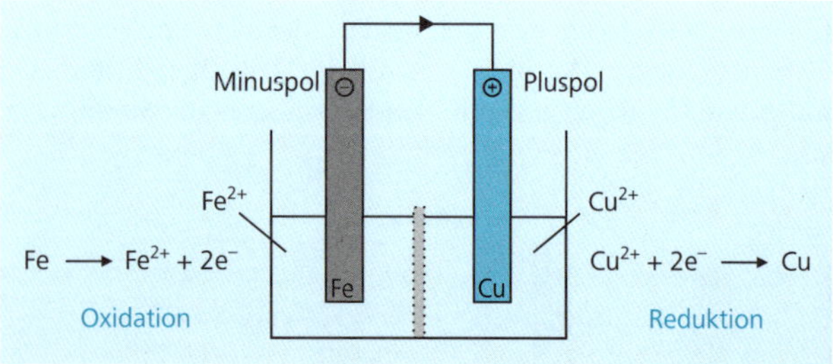

Metalle, die in eine Lösung gleichnamiger Ionen eintauchen, bilden eine ***galvanische Halbzelle.*** Sie haben ein gewisses Bestreben, Elektronen abzugeben und als Ionen in Lösung zu gehen.

Ebenso haben die entsprechenden Metall-Ionen das Bestreben, Elektronen aufzunehmen und sich im Metallgitter einzulagern.

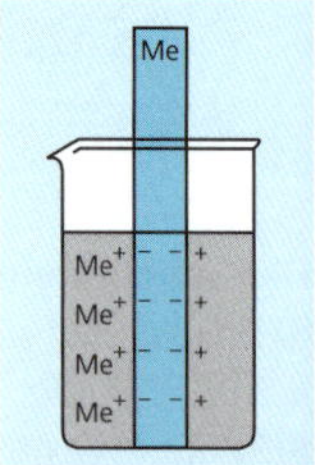

Taucht man daher ein Metall in eine Salzlösung, die entsprechende Metall-Ionen enthält, stellt sich zwischen beiden Partnern dieses konjugierten Redoxpaares ein ***Redoxgleichgewicht*** ein: $Me \rightleftharpoons Me^{n+} + n\,e^-$

In gleichen Zeiten gehen ebenso viele Metallatome unter Abgabe von Elektronen in Lösung wie Metall-Ionen unter Aufnahme von Elektronen in das Metallgitter eingebaut werden.

An der Grenze zwischen Metall und Lösung bildet sich daher eine elektrische *Doppelschicht*, die mit einem geladenen Kondensator vergleichbar ist.

> Die Spannung an der Grenzschicht bezeichnet man als ***Redoxpotenzial,*** das für jedes Redoxpaar aus Metall und konjugiertem Metall-Ion eine *charakteristische* Größe hat.

MERKE

Das Redoxpotenzial ist abhängig von der Art des Redoxpaares und von der Konzentration der Ionen in der Lösung.

Redoxpotenziale sind für eine direkte Spannungsmessung nicht zugänglich. Deshalb verwendet man zum Vergleich ein *anderes* Redoxpaar und ermittelt die Potenzialdifferenz.

Als Bezug gilt das Gleichgewicht zwischen elementarem Wasserstoff und Oxonium-Ionen (vereinfacht H^+): $H_2 \rightleftharpoons 2\,H^+ + 2\,e^-$.

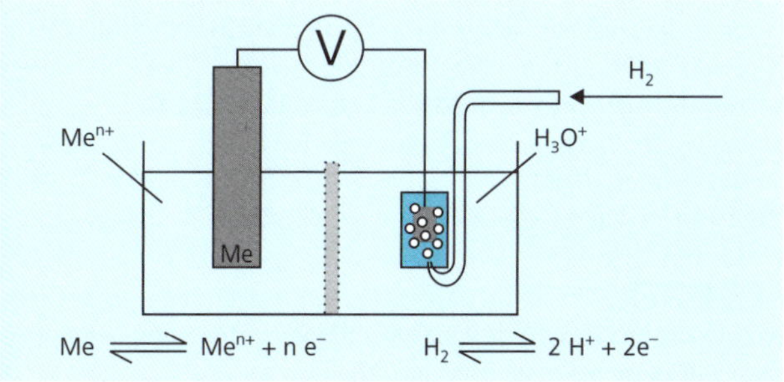

Die sogenannte Standard-Wasserstoffelektrode ist ein von gasförmigem Wasserstoff umspültes Platinblech, das bei einer Temperatur von $T = 298\,K$ (= 25 °C) in eine Säurelösung mit der Konzentration von $c(H_3O^+) = 1\,mol/l$ eintaucht.

> **Das Redoxpotenzial der Standard-Wasserstoffelektrode ist nach Vereinbarung $E^0_H = 0\,V$.**

Das unterschiedliche Bestreben der Metalle, durch Abgabe von Elektronen in Lösung zu gehen, wird mithilfe ihrer ***Standardpotenziale*** in einer elektrochemischen ***Spannungsreihe*** dargestellt (▶ Anhang S. 251), die die bereits genannte ▶ Redoxreihe der Metalle (S. 121) enthält.

MERKE

Das Standardpotenzial von *unedlen Metallen* (solche, die sich in Säuren lösen) ist *negativ*, das Standardpotenzial von *Edelmetallen* ist *positiv*.

Die Standardpotenziale zweier Redoxpaare ermöglichen die Berechnung der Spannung zwischen den entsprechenden Halbzellen eines sogenannten ***galvanischen Elements.*** Dabei müssen die Standardbedingungen gelten, d. h., die Konzentrationen der gelösten Ionen müssen $c = 1\,mol/l$ betragen.

BEISPIEL Das ***Daniell-Element*** besteht aus einer Kupfer- und einer Zinkelektrode, die in eine Lösung von Kupfersulfat bzw. Zinksulfat eintauchen. Die Spannung zwischen den Elektroden beträgt $U = E^0_{Cu} - E^0_{Zn} = 0{,}35\,V - (-0{,}76\,V) = 1{,}11\,V$.
Dabei ist die Zink-Elektrode der negative Pol, da sie Elektronen an das Kupfer abgibt.
$Zn + Cu^{2+} \rightarrow Zn^{2+} + Cu$

BEACHTE Bei einem galvanischen Element fließen die Elektronen immer vom Redoxpaar mit dem *negativeren* Potenzial zu dem mit dem *positiveren* Potenzial.

Redoxpotential und NERNST'sche Gleichung
In einer galvanischen Halbzelle besteht allgemein folgendes Gleichgewicht: Ox + z e^- ⇌ Red
Das betreffende Redoxpotential ist abhängig von der Temperatur und der Ionenkonzentration. Beide Abhängigkeiten finden Eingang in der *NERNST'schen* Gleichung:

$$E = E^0 + \frac{R \cdot T}{z \cdot F} \cdot \ln \frac{c_{\text{ox}}}{c_{\text{red}}}$$

E: Redoxpotential
E^0: Standardpotential
R: universelle Gaskonstante (▶ S. 241)
T: absolute Temperatur
z: Anzahl der übertragenen Elektronen
F: Faradaykonstante (▶ S. 241)
c_{ox}: Stoffmengen-Konzentration des oxidierten Partners
c_{red}: Stoffmengen-Konzentration des reduzierten Partners

Nach Einsetzen der Konstanten *R* und *F* sowie Verwendung des dekadischen Logarithmus ergibt sich für $T = 298{,}16\,\text{K}$ (Standardtemperatur) folgende Vereinfachung:

7

$$E = E^0 + \frac{0{,}059\,\text{V}}{z} \cdot \lg \frac{c_{\text{ox}}}{c_{\text{red}}}$$

BEACHTE Für an der Redoxreaktion beteiligte Elemente und feste Stoffe gilt per Definition $c = 1\,\text{mol/l}$.

Durch Kombination zweier Halbzellen, deren Konzentrationen *nicht* den Standardbedingungen entsprechen müssen, erhält man ein galvanisches Element, dessen Spannung sich aus der Differenz der beiden Redoxpotentiale ergibt:

$$U = \Delta E = E_2 - E_1.$$

BEISPIEL Daniell-Element (▶ S. 128) mit $c(Cu^{2+}) = 2\,\text{mol/l}$ und $c(Zn^{2+}) = 10^{-2}\,\text{mol/l}$

Ox: $Zn \rightarrow Zn^{2+} + 2e^-$ $\quad E^0 = -0,76\,V$
Red: $Cu^{2+} + 2^{e-} \rightarrow Cu$ $\quad E^0 = +0,35\,V$

$$E(Zn^{2+}/Zn) = -0,76\,V + \frac{0,059\,V}{2} \cdot \lg \frac{10^{-2}}{1} = -0,819\,V$$

$$E(Cu/Cu^{2+}) = +0,35\,V + \frac{0,059\,V}{2} \cdot \lg \frac{2}{1} = +0,358\,V$$

$$U = E(Cu/Cu^{2+}) - E(Zn^{2+}/Zn) = 0,358\,V - (-0,819\,V) = 1,177\,V$$

Das Redoxpotential mancher galvanischer Halbzellen eignet sich zur Bestimmung des jeweils in der Lösung vorliegenden pH-Werts.

BEISPIEL Wasserstoff-Halbzelle (vereinfacht):
$H_2 \rightleftharpoons 2H^+ + 2e^-$

$$E = E^0 + \frac{0,059\,V}{z} \cdot \lg \frac{c_{ox}}{c_{red}} = 0 + \frac{0,059\,V}{2} \cdot \lg c\frac{(H^+)^2}{1}$$

$$E = 0,059\,V \cdot \lg c(H^+) \text{ bzw. } E = -0,059\,V \cdot pH$$

Konzentrationsketten

Aus der NERNST'schen Gleichung folgt, dass auch zwischen zwei Halbzellen gleicher Zusammensetzung, jedoch unterschiedlicher Konzentrationen eine Spannung vorliegen muss. Sie entspricht der Potentialdifferenz ΔE der Redoxpotentiale E_1 und E_2 in den beiden Halbzellen:

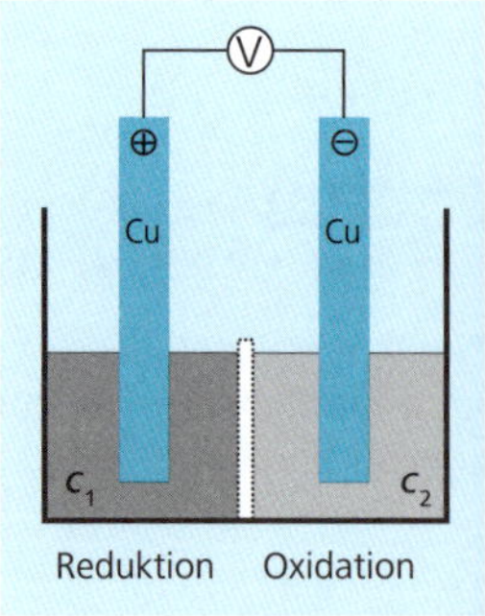

$$\Delta E = \frac{0,059\,V}{z} \cdot \lg \frac{c_1}{c_2}$$

c_1: höhere Konzentration
c_2: geringere Konzentration

Redoxreaktionen und Säure-Base-Reaktionen weisen Gemeinsamkeiten auf: Beide beruhen auf dem Donator-Akzeptor-Konzept.

Redoxreaktion	Säure-Base-Reaktion
Übertragung von Elektronen	Übertragung von Protonen
Konjugiertes Redoxpaar: Red $\rightleftharpoons$ Ox + ze$^-$	Konjugiertes Säure-Base-Paar: HA $\rightleftharpoons$ A^- + H^+
Reduktionsmittel: Elektronen-Donator Oxidationsmittel: Elektronen-Akzeptor	Säure: Protonen-Donator Base: Protonen-Akzeptor
„elektrochemisches" Potential: Redoxpotential	„protochemisches" Potential: pH-Wert
Nernst'sche Gleichung: $E = E^0 + \frac{R \cdot T}{z \cdot F} \ln \frac{c_{ox}}{c_{red}}$	Henderson-Hasselbalch-Gleichung: $pH = pK_s + \lg \frac{c(A^-)}{c(HA)}$

Batterien

Eine Batterie enthält prinzipiell drei Teile:

- einen Minuspol, der beim Stromfluss Elektronen abgibt, also oxidiert wird,
- einen Pluspol, der beim Stromfluss Elektronen aufnimmt, also reduziert wird,
- einen Elektrolyten, der eine gute elektrische Leitfähigkeit hat und damit für einen geringen ▸ Innenwiderstand (S. 133) der Batterie sorgt.

BEISPIEL Eine häufig verwendete Batterie ist die Alkali-Mangan-Batterie. Die Spannung zwischen den Polen beträgt 1,5 V. Der Elektrolyt ist eine *alkalische* Lösung aus Kaliumhydroxid, der Pluspol besteht aus Mangan(IV)-oxid, der Minuspol aus Zink.

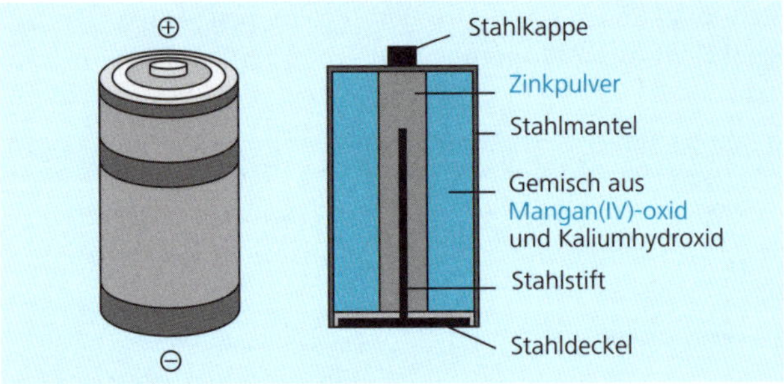

Minuspol: $Zn \rightarrow Zn^{2+} + 2\,e^-$
Pluspol: $2\,MnO_2 + 2\,e^- + 2\,H_2O \rightarrow 2\,MnO(OH) + 2\,OH^-$

Rolle des Elektrolyten
Die beim Redoxprozess entstandenen Zink- und Hydroxid-Ionen diffundieren in den Elektrolyten und bilden normalerweise schwer lösliches Zinkhydroxid, das die Leitfähigkeit des Elektrolyten herabsetzen würde. Die bereits vorhandene hohe Konzentration an Hydroxid-Ionen verhindert jedoch die Bildung dieses Produkts und somit ein rasches Ansteigen des Innenwiderstands:
$Zn^{2+} + 2\,OH^- \rightarrow Zn(OH)_2$ schwer löslich
$Zn(OH)_2 + 2\,OH^- \rightarrow [Zn(OH)_4]^{2-}$ leicht löslich

MERKE

Der Elektrolyt ist an der eigentlichen Redoxreaktion nicht beteiligt. Er reagiert jedoch mit den Reaktionsprodukten und beeinflusst die Lebensdauer einer Batterie.

Innenwiderstand und Lebensdauer von Batterien

Eine Batterie ist ein elektrisches Gerät und hat deshalb – wie jedes andere Gerät – auch einen elektrischen Widerstand, einen sogenannten ***Innenwiderstand.*** Wird ein Verbraucher, z. B. eine Lampe, an eine Batterie angeschlossen, so steht diesem nicht die volle ***Quellenspannung*** zur Verfügung, sondern nur eine verminderte ***Klemmenspannung.***

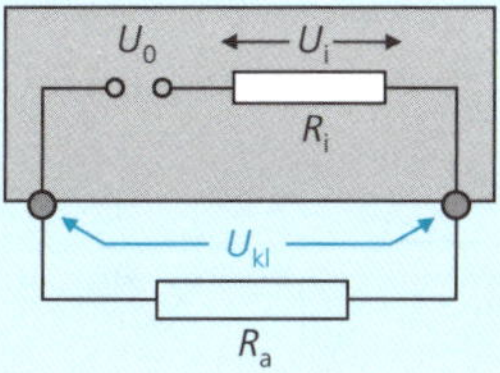

$U_{kl} = U_0 - U_i$

U_{kl}: Klemmenspannung, die für den Verbraucher zur Verfügung steht

U_0: Quellenspannung (Spannung der Batterie ohne angeschlossenen Verbraucher)

U_i: Spannung, die am Innenwiderstand der Quelle abfällt

R_i: Innenwiderstand der Batterie

R_a: Widerstand des angeschlossenen Verbrauchers

Während des Betriebs einer Batterie löst sich immer mehr Zink auf, sodass schließlich doch unlösliches Zinkhydroxid entsteht. Dadurch nimmt der Innenwiderstand der Batterie zu. Damit *vergrößert* sich auch der Spannungsabfall U_i und die Klemmenspannung *nimmt ab.*

Schließlich ist die Klemmenspannung so klein, dass das angeschlossene elektrische Gerät nicht mehr funktioniert: Die Batterie ist *entladen* und muss ausgetauscht werden.

BEACHTE Auch bei einer „verbrauchten“ Batterie zeigt ein Spannungsmesser mit großem Innenwiderstand die volle Quellenspannung an. Um den Zustand einer Batterie zu testen, muss man daher die Spannung *„unter Last“*, d. h. bei angeschlossenem Verbraucher, messen.

Bei Batterien, die über eine längere Zeit kontinuierlich im Einsatz sein müssen, darf der Innenwiderstand während des Entladens möglichst wenig abnehmen.

BEISPIEL Armbanduhren werden meist mit sogenannten

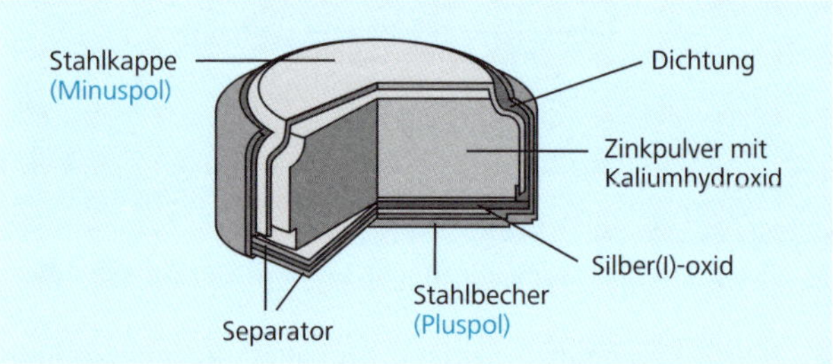

Knopfzellen betrieben. Die Zink-Silberoxid-Batterie hat eine Quellenspannung von 1,55 V.
Der Minuspol besteht aus Zink, der Pluspol aus Silber(I)-oxid, der Elektrolyt ist Kaliumhydroxid.
Minuspol: $Zn \rightarrow Zn^{2+} + 2\,e^-$
Pluspol: $Ag_2O + 2\,e^- + H_2O \rightarrow 2\,Ag + 2\,OH^-$
Das bei der Redoxreaktion gebildete Silber hat eine sehr gute elektrische Leitfähigkeit. Daher nimmt der Innenwiderstand der Batterie während des Betriebs praktisch nicht zu und somit auch die Klemmenspannung nicht ab. Erst wenn das gesamte Zink umgesetzt ist, bricht die Spannung *schlagartig* zusammen.

Akkumulatoren

Ein ***Akkumulator*** ist ein elektrochemisches Element, das nach Gebrauch wieder aufgeladen und somit mehrmals verwendet werden kann.

MERKE

Beim Laden eines Akkumulators wird elektrische Energie in chemische Energie überführt und gespeichert.

Damit ein elektrochemisches Element wiederaufladbar ist, müssen die beim Entladen gebildeten Produkte unverändert für den Ladevorgang zur Verfügung stehen.

Bleiakkumulator

Der Bleiakkumulator findet als Autobatterie Verwendung. Die Quellenspannung einer Akkumulatorzelle beträgt 2 V.

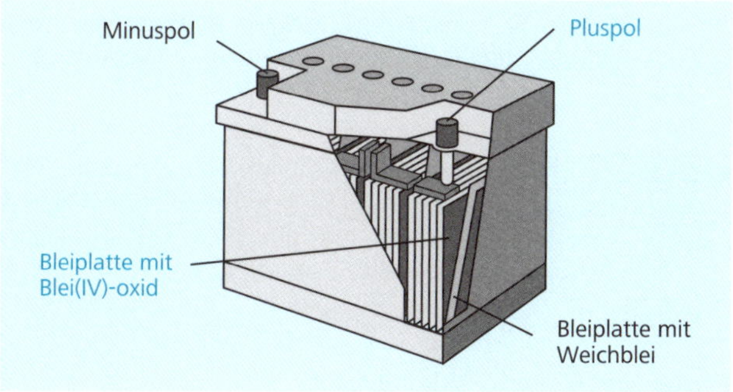

Der Minuspol eines *geladenen* Bleiakkumulators besteht aus Blei, der Pluspol aus Blei(IV)-oxid, der Elektrolyt ist Schwefelsäure.
Entladungsvorgang:
Minuspol: $Pb \rightarrow Pb^{2+} + 2\,e^-$
Pluspol: $PbO_2 + 2\,e^- + 4\,H^+ \rightarrow Pb^{2+} + 2\,H_2O$

7

Die an beiden Elektroden gebildeten Blei-Ionen reagieren bereits beim Entstehen mit den in der Schwefelsäure enthaltenen Sulfat-Ionen zu *schwer löslichem* Bleisulfat, das sich an *beiden* Elektroden als Belag absetzt.

Beide Teilreaktionen lassen sich daher wie folgt ergänzen:
Minuspol: $Pb + SO_4^{2-} \rightarrow \mathbf{PbSO_4} + 2\,e^-$
Pluspol: $PbO_2 + 2\,e^- + 4\,H^+ + SO_4^{2-} \rightarrow \mathbf{PbSO_4} + 2\,H_2O$
Während des Entladens werden dem Elektrolyten ständig Oxonium-Ionen und Sulfat-Ionen entzogen. Gleichzeitig bildet sich Wasser. Dadurch nimmt die Konzentration der Schwefelsäure ab und ihre *Dichte* wird geringer.

Legt man an die Pole des entladenen Akkumulators eine Gleichspannung an, erfolgt die Redoxreaktion in *umgekehrter* Richtung; der Bleiakkumulator wird *aufgeladen:*
- An der mit dem *Minuspol* des Ladegeräts verbundenen Elektrode wird das Bleisulfat zu elementarem Blei *reduziert.*
- An der mit dem *Pluspol* des Ladegeräts verbundenen Elektrode wird das Bleisulfat zu Blei(IV)-oxid *oxidiert.*

BEACHTE Nach vollständigem Aufladen des Bleiakkumulators führt eine weitere Zuführung elektrischer Energie (Überladen) zu einer Elektrolyse (▶ S. 140) der Schwefelsäure. Dabei entstehen Wasserstoff und Sauerstoff, ein explosives Gemisch (Knallgas)!

Nickel-Metallhydrid-Akkumulator

Hier besteht der Pluspol des geladenen Akkumulators aus Nickel(III)-oxid-hydroxid und der Minuspol aus einer Metall-Legierung, in deren Festkörpergitter Wasserstoffatome eingelagert sind (MeH). Die Quellenspannung beträgt 1,2 V. Der Elektrolyt ist Kalilauge.

Entladungsvorgang des Akkumulators:
Minuspol: $MeH + OH^- \rightarrow Me + H_2O + e^-$
Pluspol: $NiOOH + H_2O + e^- \rightarrow Ni(OH)_2 + OH^-$

Beim *Aufladen* des Akkumulators erfolgen diese Vorgänge in *umgekehrter* Richtung.

BEACHTE Die Reaktionen sind umkehrbar, weil alle dabei entstehenden Stoffe für die Rückreaktion zur Verfügung stehen.

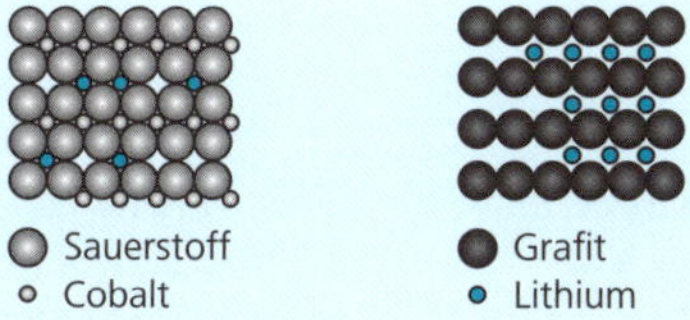

Lithium-Ionen-Akkumulator
Bei diesem Akkumulator besteht der positive Pol aus einem Lithium-Schwermetall-Oxid (z. B. $LiCoO_2$), der negative Pol aus Grafitschichten, welche Lithiumatome einlagern können.
In diesen Gittern hat Lithium unterschiedliche ▶ Redoxpotenziale (S. 127), sodass zwischen beiden Elektroden eine Potenzialdifferenz vorliegt.
Die Quellenspannung beträgt 3,6 V. Als Elektrolyt dient die Lösung eines Lithiumsalzes in einem *wasserfreien* Lösungsmittel.

BEACHTE Metallisches Lithium als Elektrode würde mit Wasser heftig, möglicherweise explosionsartig reagieren.

Das Funktionsprinzip des Lithium-Ionen-Akkumulators besteht in einem Übergang von Lithium-Ionen zwischen den beiden Elektroden.

Entladungsvorgang:

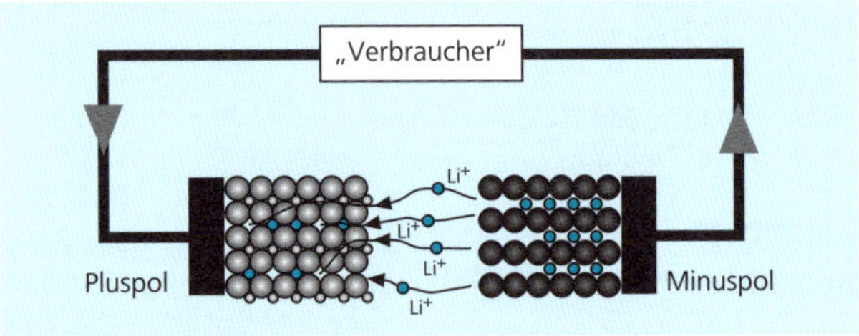

Minuspol: $Li \rightarrow Li^+ + e^-$
Die im Grafitgitter freigesetzten Li^+-Ionen werden von den zur positiven Elektrode fließenden Elektronen angezogen und bewegen sich durch den Elektrolyten in das Metalloxid-Gitter, wo sie sich entladen und freie Gitterplätze einnehmen.
Pluspol: $Li^+ + e^- \rightarrow Li$
Beim *Aufladen* erfolgt der Vorgang in umgekehrter Richtung:

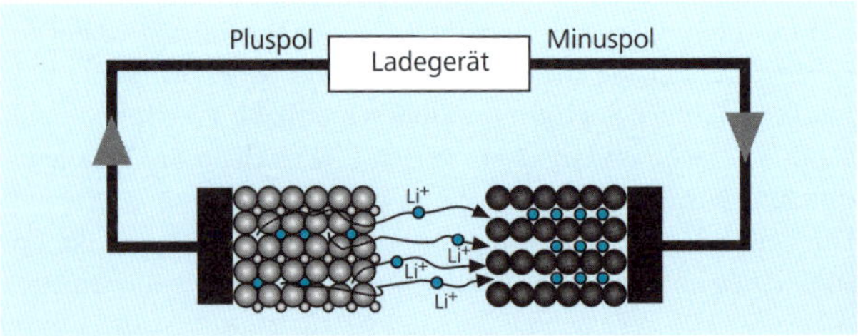

Eine Weiterentwicklung dieses Akkumulators ersetzt den flüssigen Elektrolyten durch eine leitende Polymerfolie. Diese *Lithium-Polymer-Akkumulatoren* haben einen schichtartigen Aufbau aus negativer Elektrode, Folie und positiver Elektrode, wobei extrem dünne Schichten von 100 Mikrometer erreicht werden. Dieser Aufbau ermöglicht sehr kleine Bauformen der Akkumulatoren, z. B. für Handys und Notebooks.

Brennstoffzellen

Brennstoffzellen bestehen wie Akkumulatoren aus zwei Elektroden und einem Elektrolyten (z. B. Kalilauge).
Eine der Elektroden wird von gasförmigem Wasserstoff umspült. Dessen Moleküle werden an einer dünnen Katalysatorschicht (▶ S. 74) in Protonen und Elektronen zerlegt. Die Elektronen fließen über einen elektrischen „Verbraucher" zur anderen Elektrode, an der die Moleküle des dort zugeführten Sauerstoffs katalytisch in Sauerstoff-Ionen (O^{2-}) umgewandelt werden. Eine für Protonen durchlässige Elektrolytmembran lässt die Protonen passieren und mit den Sauerstoff-Ionen zu Wassermolekülen reagieren.

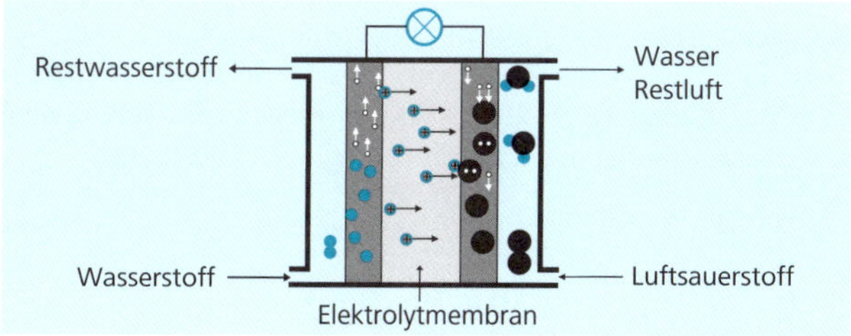

Minuspol: $2\,H_2 \rightarrow 4\,H^+ + 4\,e^-$
Pluspol: $O_2 + 4\,e^- \rightarrow 2\,O^{2-}$
Endreaktion: $4\,H^+ + 2\,O^{2-} \rightarrow 2\,H_2O$
Der elektrische „Verbraucher" kann z. B. ein Elektromotor sein, der ein Auto antreibt. Der *Wasserstoff* kann als Flüssiggas in Tanks mitgeführt werden, der *Sauerstoff* wird aus der Luft entnommen.
In Brennstoffzellen entsteht aus Wasserstoff und Sauerstoff lediglich Wasser.

Die Vorteile einer solchen Energiequelle liegen auf der Hand:
- Es entstehen keine gesundheitsschädlichen bzw. treibhausfördernden Abgase.

7

- Die begrenzten fossilen Energieträger wie Erdöl, Erdgas und Kohle werden nicht benötigt.
- Der Wirkungsgrad dieser Zellen, also das Verhältnis von nutzbarer zu zugeführter Energie, liegt bei 80 % und damit in vergleichbarer Größenordnung wie bei Lithium-Ionen-Akkumulatoren.

BEACHTE Eine Brennstoffzelle ist *kein* Akkumulator, sondern eine Anordnung, in der *ohne* Zwischenspeicherung chemische Energie direkt in elektrische Energie umgewandelt wird.

7.4 Elektrolyse

Die Elektrolyse ist die Umkehrung der spontan ablaufenden Redoxreaktion in Batterien: Durch Einsatz elektrischer Energie wird der Ablauf einer Redoxreaktion erzwungen. Dabei wird elektrische Energie in chemische Energie umgewandelt.

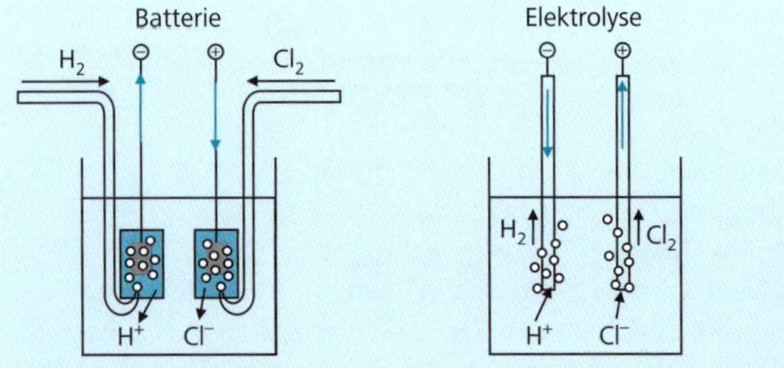

Minuspol: $H_2 \longrightarrow 2\,H^+ + 2\,e^-$
Pluspol: $Cl_2 + 2\,e^- \longrightarrow 2\,Cl^-$

Minuspol: $2\,H^+ + 2\,e^- \longrightarrow H_2$
Pluspol: $2\,Cl^- \longrightarrow Cl_2 + 2\,e^-$

BEACHTE In beiden Fällen bezeichnet man die Elektrode, an der die *Oxidation* stattfindet, als ***Anode*** (▶ Opferanode S. 124). Die Elektrode, an der die *Reduktion* stattfindet, ist die ***Kathode***.

Bei einer Batterie ist die *Anode* der *Minuspol* und die *Kathode* der *Pluspol*.
Bei der Elektrolyse ist die *Anode* der *Pluspol* und die *Kathode* der *Minuspol*.

Zersetzungsspannung

Bei einer Elektrolyse werden die Ionen eines Elektrolyten an die Elektroden angelagert und dort entladen. Die bei diesem Vorgang entstandenen Stoffe scheiden sich an den Elektroden ab und bilden mit dem Elektrolyten ein ▶ galvanisches Element (S. 125), dessen Spannung zur angelegten Spannung *entgegengesetzt* gepolt ist.
Nach der Strom-Spannungs-Kennlinie für eine Elektrolyse fließt daher bei geringer angelegter Spannung praktisch kein Strom, da sich angelegte Spannung und ***Polarisationsspannung*** gegenseitig aufheben. Dadurch kann keine weitere Elektrolyse stattfinden.

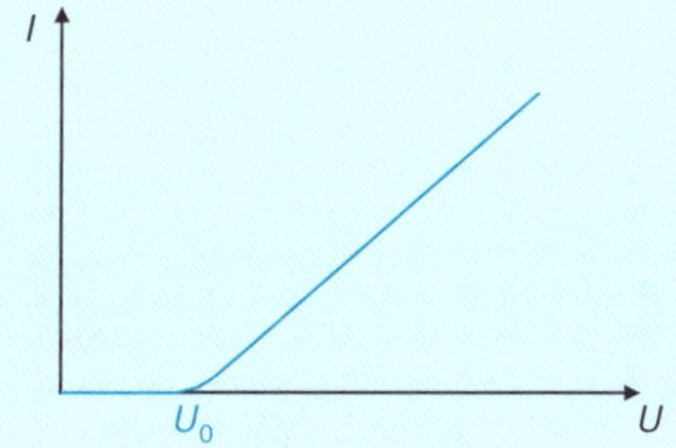

Erst ab einer bestimmten Spannung kommt es zu einem Stromfluss und damit zu einer kontinuierlichen Abscheidung von Stoffen.

Zur Durchführung einer Elektrolyse muss eine Mindestspannung überschritten werden. Diese Spannung bezeichnet man als ***Zersetzungsspannung.*** Sie entspricht der *Differenz* aus den an den Elektroden herrschenden Redoxpotenzialen.

BEISPIEL Bei der Elektrolyse einer Kupferchlorid-Lösung scheiden sich Kupfer und Chlor ab.
Minuspol (Kathode): $Cu^{2+} + 2\,e^- \rightarrow Cu$
Pluspol (Anode): $2\,Cl^- \rightarrow Cl_2 + 2\,e^-$
Zur Ermittlung der Zersetzungsspannung U_0 muss das Vorzeichen für das Redoxpaar Cu/Cu^{2+} (▶ S. 251) umgedreht werden.
$U_0 = 1{,}36\,V - (-0{,}35\,V) = \mathbf{1{,}71\,V}$

Häufig erfordert die Elektrolyse eine Mindestspannung, die deutlich *über* der theoretischen Zersetzungsspannung liegt. Die Differenz zur Zersetzungsspannung bezeichnet man als ***Überspannung.*** Ihre Größe wird im Wesentlichen bestimmt
- durch die Wahl des Elektrodenmaterials,
- durch den abzuscheidenden Stoff.

FARADAY'sche Gesetze

Je länger eine Elektrolyse durchgeführt wird, desto mehr Stoff wird an den Elektroden abgeschieden.

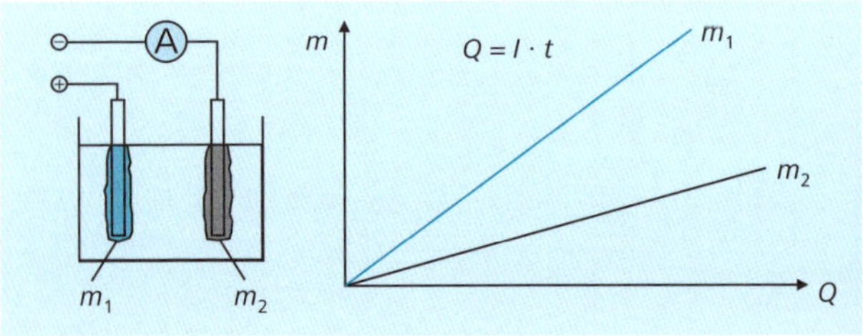

Zwischen der abgeschiedenen Masse m und der geflossenen Ladung $Q = I \cdot t$ besteht eine lineare Beziehung:
$m_1 \sim Q$ und $m_2 \sim Q$.

> ***1. FARADAY'sches Gesetz:*** Die Massen der bei einer Elektrolyse an den Elektroden abgeschiedenen Stoffe sind der durch den Elektrolyten geflossenen Ladung proportional.

Durch eine Reihenschaltung von Elektrolysegefäßen mit unterschiedlichen Elektrolyten fließt in einer bestimmten Zeit dieselbe Ladung.

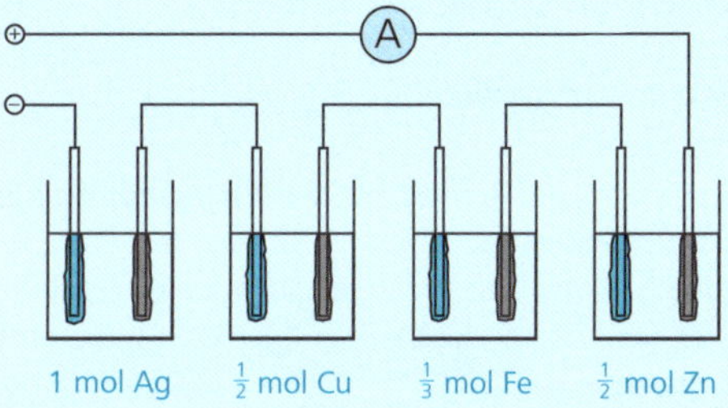

abgeschiedene Stoffmengen verschiedener Metalle durch eine Ladungsmenge von $Q = 96\,487\,\text{C}$.

Zwischen der jeweils abgeschiedenen Stoffmenge n und der geflossenen Ladung Q ergibt sich ebenfalls eine lineare Beziehung:

$Q = n \cdot z \cdot F$

$z = 1, 2, 3 \ldots$	Anzahl der übertragenen Elektronen
$F = 96\,487\,\text{C} \cdot \text{mol}^{-1}$	*FARADAY-Konstante*

7

> ***2. FARADAY'sches Gesetz:*** Zur elektrolytischen Abscheidung von 1 mol eines Stoffes benötigt man jeweils ganzzahlige Vielfache einer Ladungsmenge von $96\,487\,\text{C}$.

Bei bekannter Stromstärke I lässt sich auf diese Weise die Zeit ermitteln, die für die Abscheidung einer bestimmten Menge eines Stoffes erforderlich ist.

BEISPIEL Die Ladung eines Kupfer-Ions ist $z = 2$. Zur Abscheidung von $n = 1$ mol benötigt man eine Ladungsmenge $Q = 1\,\text{mol} \cdot 2 \cdot 96\,487\,\text{C} \cdot \text{mol}^{-1} = 192\,974\,\text{C}$. Bei einer Stromstärke von $I = 1\,\text{A}$ entspricht dies einer Elektrolysedauer von $t = 192\,974\,\text{s} \approx 53{,}6$ Stunden.

8 Organische Stoffklassen

8.1 Kohlenwasserstoffe

Organische Verbindungen, die nur aus den Elementen Kohlenstoff und Wasserstoff aufgebaut sind, nennt man *Kohlenwasserstoffe*. Es handelt sich hier um verzweigte oder unverzweigte Ketten oder Ringstrukturen, deren Grundgerüst nur durch C–C-Bindungen zustande kommt.

Alkane

Kohlenwasserstoffe, deren Moleküle nur C–C-Einfachbindungen enthalten, bezeichnet man als ***Alkane***.
Das einfachste Alkan mit einem Kohlenstoffatom und vier Wasserstoffatomen ist das *Methan*. Formal ergeben sich alle weiteren Alkane durch Einschub weiterer Methylengruppen, (-CH_2-).

BEISPIEL

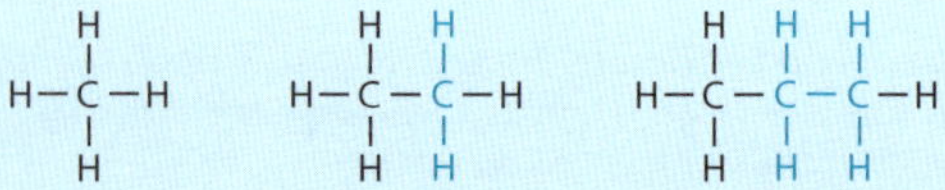

Methan Ethan Propan

Entsprechend ergibt sich die folgende Reihe der Alkane, die auch als ***homologe Reihe*** der Alkane bezeichnet wird.

> Die allgemeine Molekülformel für Alkane lautet C_nH_{2n+2}.

Bindungsverhältnisse bei Alkanen

Jede der C–H-Bindungen kann als Überlappung eines ▸ sp^3-Hybridorbitals (S. 41) des C-Atoms mit einem ▸ 1 s-Orbital des H-Atoms (S. 38) angesehen werden. Das Ergebnis bezeichnet man als ***σ-Bindung*** (▸ S. 39).

Eine solche σ-Bindung liegt auch zwischen den C-Atomen vor. Sie resultiert aus einer Überlappung der beiden sp^3-Hybridorbitale.

Diese Hybridisierung zeigt sich in der Raumstruktur der Moleküle: Jedes C-Atom ist tetraedrisch von seinen Bindungspartnern umgeben, der Bindungswinkel beträgt ca. 109°.

BEISPIEL Beim Methan ergibt sich ein *Tetraeder*, bei allen anderen Alkanen zusammengesetzte Tetraeder.

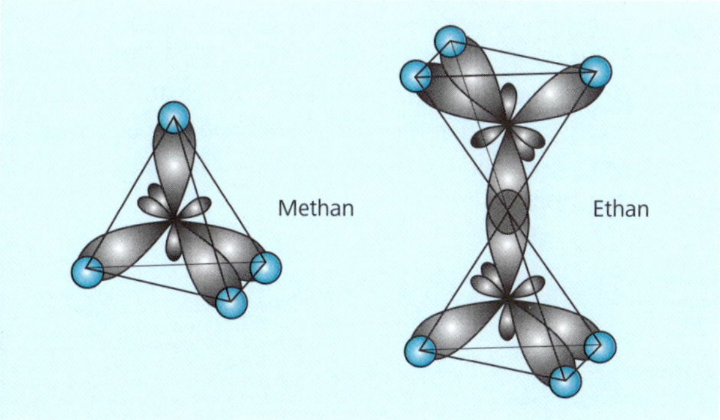

Cycloalkane

Kohlenwasserstoffe können ringförmige Moleküle bilden. Solche Kohlenwasserstoffe werden ***Cycloalkane*** genannt.

BEISPIEL Beim Cyclohexan C_6H_{12} bilden die Kohlenstoffatome einen Sechsring.

Auch bei den Cycloalkanen sind die C-Atome sp^3-hybridisiert, folglich bilden sie eine nicht ebene (nicht planare) Ringstruktur, die in zwei Formen, sogenannten *Konformationen*, darstellbar ist.

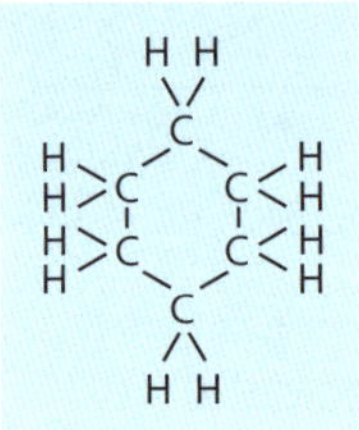

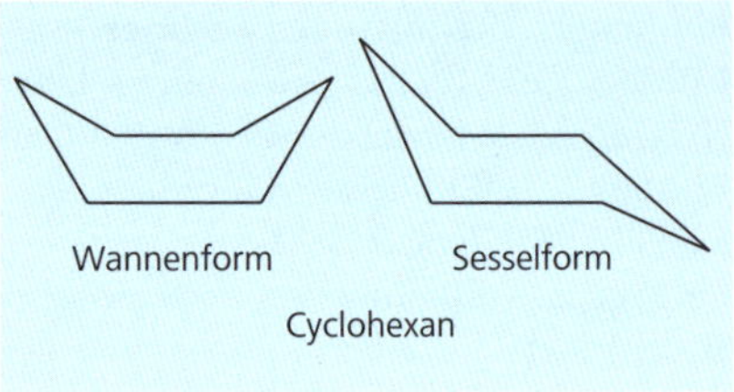

Alkene und Alkine

Neben den Alkanen gibt es weitere, sehr reaktionsfähige Kohlenwasserstoffe, die Alkene und die Alkine. Man bezeichnet sie als *ungesättigte* Kohlenwasserstoffe, weil sie in der Lage sind, bestimmte andere Stoffe „aufzuessen", d. h. in einer chemischen Reaktion zu addieren (▶ elektrophile Addition, S. 206).
Der einfachste Vertreter der Alkene ist das *Ethen* (Ethylen) mit der Molekülformel C_2H_4. An die beiden Kohlenstoffatome sind im Gegensatz zum Ethan nur vier Wasserstoffatome gebunden, sodass zwei Valenzelektronen eine *zusätzliche* Bindung zwischen den Kohlenstoffatomen bilden.

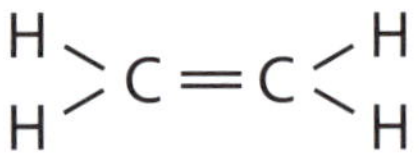

MERKE

Charakteristisches Merkmal von Alkenen sind *Doppelbindungen* zwischen zwei Kohlenstoffatomen.

Die allgemeine Molekülformel für die Alkene mit einer Doppelbindung lautet C_nH_{2n}.

Der einfachste Vertreter der Alkine ist das *Ethin* (Acetylen) mit der Molekülformel C_2H_2. An die beiden Kohlenstoffatome sind im Gegensatz zum Ethen nur noch zwei Wasserstoffatome gebunden, sodass weitere zwei Valenzelektronen eine Bindung zwischen den Kohlenstoffatomen bilden.

$$H-C\equiv C-H$$

MERKE

Charakteristische Merkmale von Alkinen sind *Dreifachbindungen* zwischen zwei Kohlenwasserstoffatomen.

Die allgemeine Molekülformel für Alkine mit einer Dreifachbindung lautet C_nH_{2n-2}.

Bindungsverhältnisse bei Alkenen und Alkinen

Bei Alkenen liegen die vier Atome, die mit einer C=C-Gruppierung verbunden sind, in derselben Ebene und werden durch die zusätzliche ▶ π-Bindung (S. 40) in diese Anordnung gezwungen. Die Kohlenstoffatome sind hier ▶ *sp*²-hybridisiert (S. 43), es entstehen σ-Bindungen mit einem Bindungswinkel von 120°.

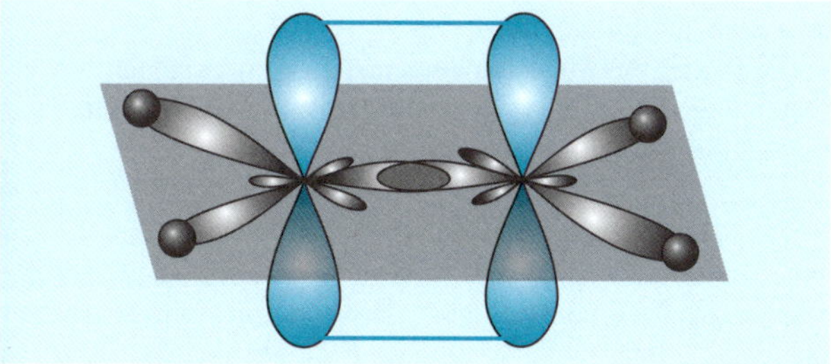

Bei Alkinen sind zwei Kohlenstoffatome über eine Dreifachbindung verknüpft, es liegen ▶ sp-Hybridisierungen (S. 45) vor. Für die räumliche Anordnung bedeutet dies einen Bindungswinkel von 180°.

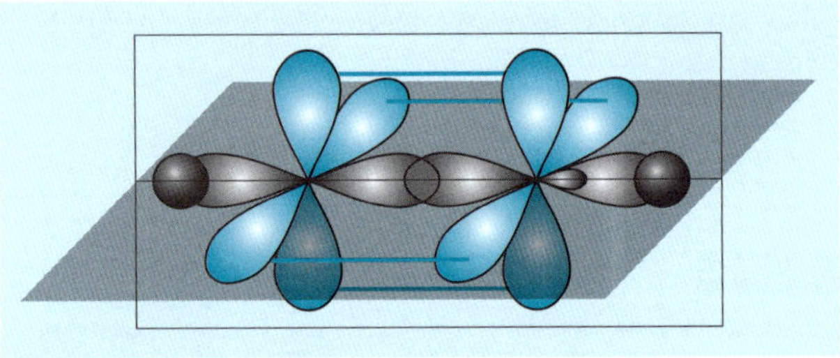

Benennungsregeln für Kohlenwasserstoffe

Die Namen der Kohlenwasserstoffe geben einen Hinweis auf Bindungen, die zwischen den Kohlenstoffatomen auftreten:

- Kohlenwasserstoffe mit Einfachbindungen, die Alk**an**e, enden auf die Silbe **-an.**
- Kohlenwasserstoffe mit Doppelbindungen, die Alk**en**e, enden auf die Silbe **-en.**
- Kohlenwasserstoffe mit Dreifachbindungen, die Alk**in**e, enden auf die Silbe **-in.**
- Enthält ein Molekül zwei oder mehr Doppel- bzw. Dreifachbindungen, so wird dies durch die Vorsilbe **di-, tri-** usw. angezeigt, z. B. als „dien".
- Die Namen der Molekülgruppen, denen im Vergleich zu vollständigen Molekülen ein Wasserstoffatom „fehlt", enden auf die Silbe **-yl.** Man bezeichnet sie als ***Alkylrest.***

Neben den Kohlenwasserstoffen mit unverzweigten C–C-Ketten gibt es auch solche, deren C–C-Ketten verzweigt sind. Mit zunehmender Zahl von Kohlenstoffatomen im Molekül ergeben sich dabei immer mehr Kombinationsmöglichkeiten.

BEISPIEL Von der Molekülformel C_4H_{10} gibt es nur zwei Isomere (▶ S. 222). Für die Molekülformel C_6H_{14} ergeben sich schon fünf und bei $C_{10}H_{22}$ sind es bereits 75 isomere Moleküle.

Um diese Vielzahl von Verbindungen namentlich zu unterscheiden, gelten folgende Regeln zur Benennung, sogenannte Nomenklaturregeln, aufgestellt von der Internationalen Union für Reine (**P**ure) und **A**ngewandte **C**hemie (IUPAC):

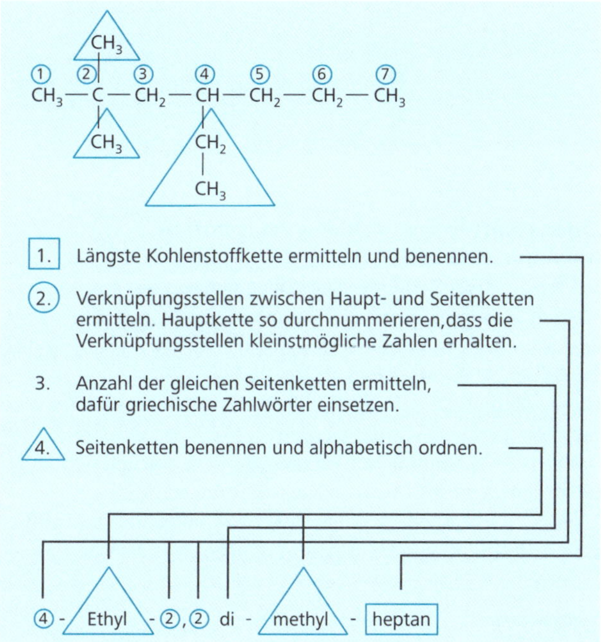

BEACHTE Bei der alphabetischen Anordnung werden die griechischen Vorsilben (Di-, Tri- usw.) nicht berücksichtigt.

Die Cycloalkane benennt man entsprechend den vorgenannten Regeln für die Alkane, stellt jedoch die Vorsilbe *Cyclo-* voran. Bei Kohlenwasserstoffen, deren Moleküle C-C-Mehrfachbindungen enthalten, richtet sich die Benennung ihrer Position nach dem Kohlenstoffatom am kürzesten Kettenende. Sie hat vor allen anderen Verzweigungen Vorrang.

BEISPIEL

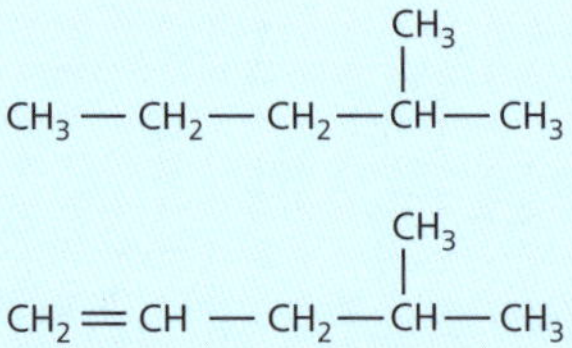

2-Methyl-pentan

4-Methyl-pent-1-en

Eigenschaften von Kohlenwasserstoffen

Aggregatzustand

Die kurzkettigen Kohlenwasserstoffe mit bis zu vier Kohlenstoffatomen im Molekül sind bei Raumtemperatur *gasförmig*, Kohlenwasserstoffe mit fünf bis 16 Kohlenstoffatomen *flüssig* und ab 17 Kohlenstoffatomen *fest*.

Da die Bindungen zwischen Kohlenstoff- und Wasserstoffatomen nur gering polarisiert sind, gehören die Kohlenwasserstoffe zu den *unpolaren* Verbindungen. Trotzdem gibt es zwischen den Molekülen schwache ▶ VAN-DER-WAALS-Bindungen (S. 49).

Je größer die Masse der Kohlenwasserstoffmoleküle, desto größer sind auch die VAN-DER-WAALS-Bindungen zwischen den Molekülen.

MERKE

Je *stärker* die Anziehung zwischen den Molekülen, desto *mehr* Energie wird benötigt, sie voneinander zu trennen, desto *höher* ist damit der Siedepunkt.

Löslichkeit

Alkane als unpolare Stoffe lösen sich in unpolaren Lösemitteln und Fetten. Man bezeichnet sie daher als ***lipophil*** (griech. *lipos:* Fett; griech. *philos:* zugeneigt). Gleichzeitig sind sie in polaren Lösemitteln, wie z. B. in Wasser, schwer löslich. Sie sind daher ***hydrophob*** (griech. *hydor:* Wasser; griech. *phobos:* Scheu).

Chemische Eigenschaften

Alkane bezeichnet man als gesättigte Kohlenwasserstoffe, da sie im Unterschied zu Alkenen und Alkinen keine weiteren Stoffe addieren. Da Alkane bei Raumtemperatur gegenüber vielen Stoffen reaktionsträge sind, bezeichnet man sie als ***Paraffine*** (lat. *parum*, wenig; lat. *affinis*, verwandt, hier: reaktionsbereit).
Dennoch sind die Alkane brennbar: Besonders die kurzkettigen sind leicht entzündlich und ggf. auch explosiv, wie z. B. *Methan*, der Hauptbestandteil von Erdgas:
$CH_4 + 2\,O_2 \rightarrow CO_2 + 2\,H_2O$.

Bei erhöhten Temperaturen oder bei Belichtung mit energiereicher Strahlung (z. B. UV-Licht) reagieren Alkane mit Halogenen zu *Halogenalkanen* (▶ radikalische Substitution, S. 204).

Vergleich der Eigenschaften von Kohlenwasserstoffen:

Eigenschaften	Alkane	Alkene/Alkine
Polarität	unpolar	unpolar
Brennbarkeit	brennbar	brennbar
Wasserlöslichkeit	unlöslich	unlöslich
Reaktionsfähigkeit	gering	hoch
bevorzugter Reaktionstyp	radikalische Substitution (▶ S. 204)	elektrophile Addition (▶ S. 206)

Aromatische Kohlenwasserstoffe

Der intensive Geruch des Benzols und vieler Verbindungen dieses Kohlenwasserstoffs führte für diese Stoffklasse zur Bezeichnung *Aromaten.*
Es sind cyclische Verbindungen, die ein oder mehrmals das Bindungssystem des Benzols enthalten.

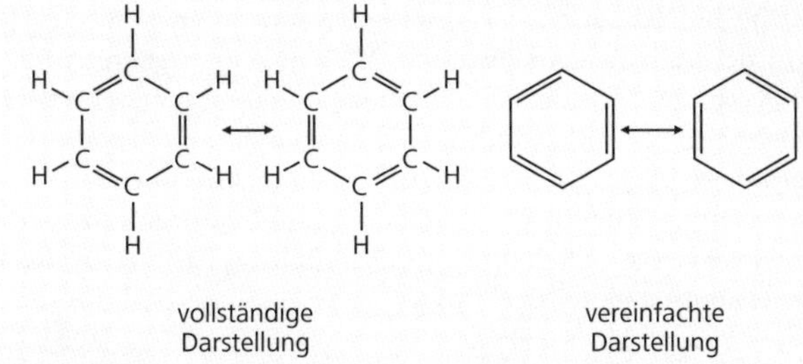

Bindungsverhältnisse im aromatischen System

Die Kohlenstoffatome sind in diesem System ▶ sp^2-hybridisiert (S. 43). Es ergeben sich Bindungswinkel von 120° und damit bildet sich ein ebener Ring aus. Die vier Valenzelektronen jedes C-Atoms bilden zwei σ-Bindungen zu den benachbarten C-Atomen und eine σ-Bindung zum H-Atom aus. Die verbleibenden einfach besetzten p-Orbitale bilden formal drei π-Bindungen aus. Diese sind jedoch nicht zwischen bestimmten C-Atomen lokalisiert, sondern überlappen ober- und unterhalb des Ringes zu ebenfalls ringförmigen Elektronenwolken.

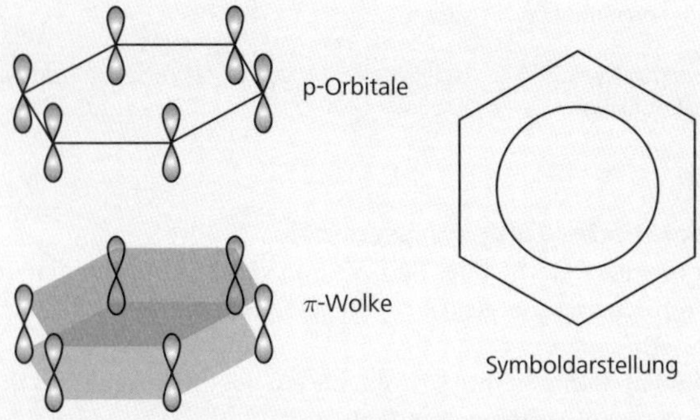

MERKE

Die beiden möglichen Darstellungen des Benzolmoleküls mit drei Doppelbindungen stellen sogenannte ***mesomere Grenzstrukturen*** des Moleküls dar. Der wirkliche – energieärmere – Zustand liegt *zwischen* diesen Strukturen. Er wird durch den „Innenring" angedeutet.

Elektronen, die keinem bestimmten Atom zugeordnet sind, bezeichnet man als ***delokalisierte Elektronen.*** Die Benzol-Struktur mit identischen Bindungslängen zwischen den Kohlenstoffatomen, einer *ebenen* Anordnung und delokalisierten p-Elektronen ist besonders stabil.

BEACHTE Die mesomeren Grenzstrukturen werden mit einem Doppelpfeil ($\leftrightarrow$) dargestellt. Sie sollten nicht mit dem doppelten Reaktionspfeil ($\rightleftharpoons$) von ▸ Gleichgewichtsreaktionen (S. 77) verwechselt werden.

Obwohl Benzol ungewöhnlich reaktionsträge ist, kann es unter bestimmten Bedingungen von ▸ Elektrophilen (S. 206) angegriffen werden. Es finden dann aber keine Additionsreaktionen wie bei Alkenen, sondern *Substitutionsreaktionen* statt (▸ S. 210).

BEACHTE Benzol ist trotz der Silbe -ol *kein* Alkohol. Daher nennt man diesen Stoff häufig auch „Benzen".

8

Zu den aromatischen Kohlenwasserstoffen gehören auch solche mit mehreren Benzolringen, sogenannte ***polycyclische Kohlenwasserstoffe.***

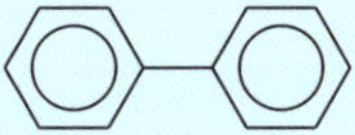

Biphenyl

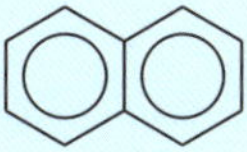

Naphthalin

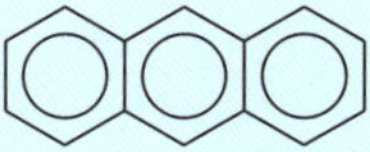

Anthracen

Benennung der Aromaten

Nach IUPAC werden die Positionen am Benzolring durchnummeriert und die Nummer vor den jeweiligen Substituenten gesetzt.

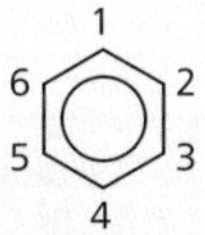

IUPAC-Nummerierung

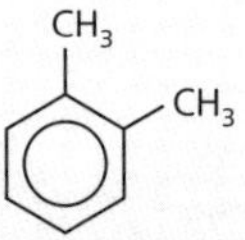

Beispiel:
1,2-Dimethylbenzol

Viele Aromaten tragen jedoch auch *Trivialnamen*, die meist auf ihr natürliches Vorkommen schließen lassen. In den Trivialnamen werden die Positionen der Substituenten mit den Vorsilben *ortho (o-)*, *meta (m-)* und *para (p-)* gekennzeichnet.

Struktur	IUPAC-Name	Trivialname
	Methylbenzol	Toluol
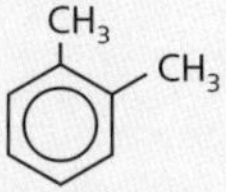	1,2-Dimethylbenzol	*o*-Xylol
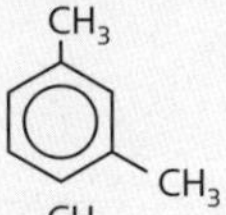	1,3-Dimethylbenzol	*m*-Xylol
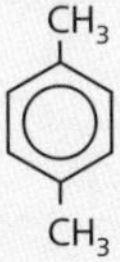	1,4-Dimethylbenzol	*p*-Xylol

Wird ein aromatischer Ring als Rest betrachtet, so wird die Endung **-yl** an den (manchmal verkürzten) Namen des Kohlenwasserstoffs angehängt. Die Benennung des Restes vom Benzol-

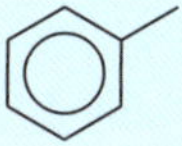
Phenyl-Rest
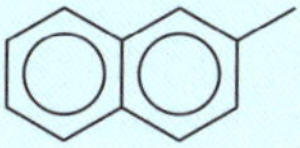
Naphthyl-Rest

molekül wird davon abweichend als **Phenyl-** bezeichnet.

MERKE

Reste von kettenförmigen bzw. ringförmigen Kohlenwasserstoffen bezeichnet man als ***Alkylreste.*** Reste von aromatischen Kohlenwasserstoffen bezeichnet man als ***Arylreste.***
Allgemein werden beide Reste mit „R" abgekürzt.

8.2 Halogenkohlenwasserstoffe

Ersetzt man in einem Kohlenwasserstoffmolekül Wasserstoffatome durch Atome der Elemente Fluor, Chlor, Brom oder Iod, so erhält man ***Halogenkohlenwasserstoffe.***
In der systematischen Nomenklatur gilt das Halogenatom als Substituent. Die längste Alkankette wird so nummeriert, dass diese Reste möglichst niedrige Nummern erhalten. Die Substituenten werden alphabetisch geordnet.

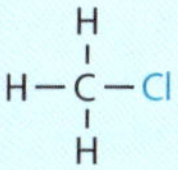
Chlormethan
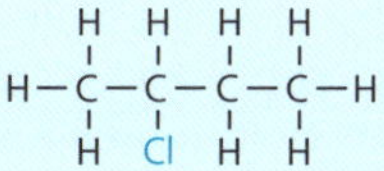
2-Chlorbutan
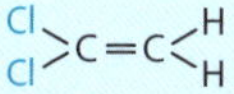
1,1-Dichlorethen
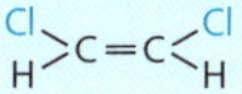
1,2-Dichlorethen

Bindungsverhältnisse bei Halogenkohlenwasserstoffen

Zwischen Halogenatom und Kohlenstoffatom befinden sich aufgrund der Elektronegativitätsunterschiede polare Elektronenpaarbindungen (Elektronegativitäten: C = 2,5; F = 4,0; Cl = 3,0; Br = 2,8; I = 2,8). Die Polarität dieser C–X-Bindungen (X = Halogen) nimmt also vom Fluor zum Iod stark ab.
Die Elektronenpaarbindung der C–X-Bindung resultiert aus einer Überlappung eines sp^3-Orbitals des Kohlenstoffatoms mit einem p-Orbital des Halogenatoms.

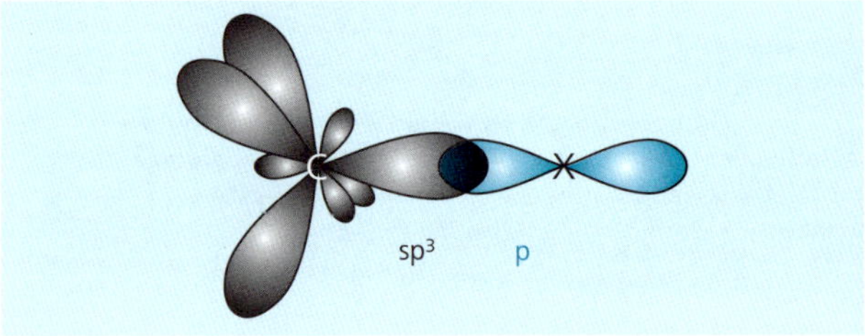

Eigenschaften von Halogenkohlenwasserstoffen

Die Halogenalkane unterscheiden sich in einigen Eigenschaften von den entsprechenden Alkanen. Diese Unterschiede werden vor allem durch die Polarität der Bindungen zwischen Kohlenstoff- und Halogenatom sowie durch die größere Masse der Halogenatome bestimmt.

- Bedingt durch die Polarität der C–X-Bindung und die Masse der Halogenatome haben die Halogenalkane deutlich höhere *Siedetemperaturen* als die entsprechenden Alkane.
- Halogenkohlenwasserstoffe sind trotz ihrer Polarität *wasserunlöslich,* denn ihre Moleküle können keine Wasserstoffbrückenbindungen (▶ S. 46) ausbilden. Sie lösen sich jedoch gut in organischen Lösemitteln und sind sehr gute Lösemittel für Fette. Sie sind also *hydrophob* und *lipophil.*
- Sie haben eine *hohe Verdampfungswärme* und sind *schlechte Wärmeleiter.*

- Sie sind *reaktionsträge*, schwer entflammbar bzw. nicht brennbar.
- Eine typische Reaktion der Halogenkohlenwasserstoffe ist die *nucleophile Substitution* (▶ S. 208). Ein am Kohlenstoffatom gebundenes Halogenatom kann als Halogen-Anion durch andere, stärkere Basen verdrängt werden.

Verwendung von Halogenkohlenwasserstoffen

Viele Halogenkohlenwasserstoffe haben einen starken, häufig betäubenden Geruch und sind gesundheitsschädigend. Trotzdem finden Halogenkohlenwasserstoffe immer noch vielfache Verwendung:

- Die gute Lösefähigkeit von Fetten führt zur Verwendung als Reinigungsmittel von Kleidung (chemische Reinigung) und zum Säubern von Werkstücken.
- Die schlechte Brennbarkeit macht sie bei Verwendung als Lösemittel sicherer als die leicht entzündlichen Alkane.
- Der Einsatz als Kühlmittel in Kühlschränken (große Verdampfungswärme) und als Füllgas in Schaumstoffen (schlechte Wärmeleitfähigkeit) ist seit einigen Jahren verboten, da betreffende FCKWs (Fluorchlorkohlenwasserstoffe) für die Schädigung der Ozonschicht verantwortlich gemacht werden.
- Einige Halogenalkene, also ungesättigte Halogenkohlenwasserstoffe, sind Ausgangsstoffe für die Herstellung von Kunststoffen.

8.3 Alkohole, Phenole und Ether

Alkohole und Ether kann man als Abkömmlinge des Wassers ansehen, indem man ein oder zwei Wasserstoffatome durch *Alkyl*gruppen ersetzt. Bei den Phenolen ist ein Wasserstoffatom durch einen aromatischen *Aryl*rest ersetzt.

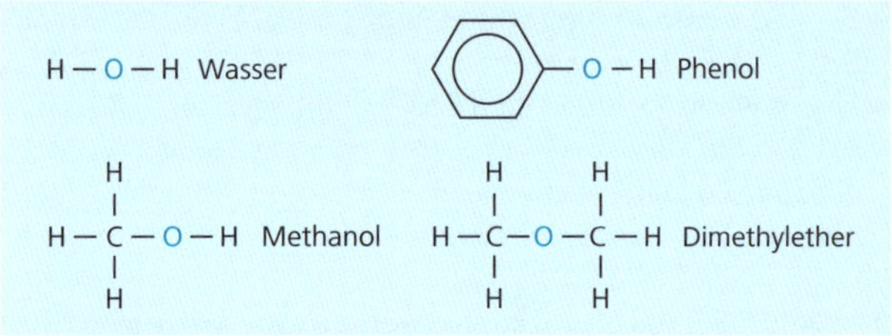

Alkohole

Alkohole sind in der Natur weit verbreitete Verbindungen, wobei meist nur der Trinkalkohol *Ethanol* bekannt ist.

Benennung der Alkohole

Die systematischen Namen der Alkohole bildet man durch Anhängen der Endung **-ol** an den Namen des zugrundeliegenden Alkans. Deshalb werden die Alkohole auch als Alkan**ole** bezeichnet.

BEISPIEL CH_3OH Methan**ol**
CH_3CH_2OH Ethan**ol**

Ist in einem Molekül mehr als eine OH-Gruppe gebunden, spricht man von ***mehrwertigen Alkoholen.***

BEISPIEL Ethan**di**ol (Glykol) ist ein zweiwertiger Alkohol, Propan**tri**ol (Glycerin) ist ein dreiwertiger Alkohol.

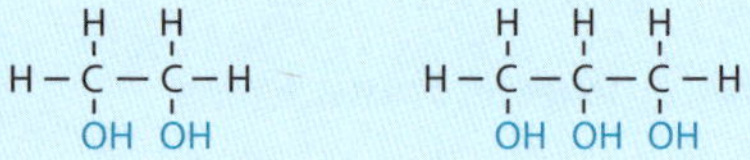

Bindungsverhältnisse bei Alkoholen

Wie im Wassermolekül ist das Sauerstoffatom auch im Alkoholmolekül sp^3-hybridisiert und bildet daher eine tetraedrische Struktur aus.

Die starke Elektronegativität des Sauerstoffatoms führt zu einer ungleichmäßigen Ladungsverteilung im Alkoholmolekül, woraus ein im Vergleich zum Wassermolekül ähnliches Dipolmoment resultiert.

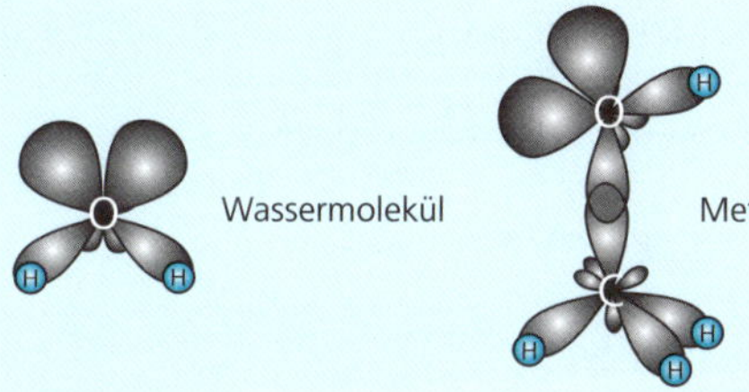

Eigenschaften von Alkoholen

Alkoholmoleküle bestehen aus einem Kohlenwasserstoffanteil und mindestens einer Hydroxylgruppe. Diese bestimmt die wesentlichen Eigenschaften der Alkohole.

MERKE

Eine Gruppe, die die Eigenschaften von organischen Verbindungen bestimmt, bezeichnet man als ***funktionelle Gruppe.***

Die funktionelle *Hydroxylgruppe* der Alkohole prägt damit maßgeblich deren Eigenschaften, da sie wie beim Wassermolekül zur Ausbildung von ▶ Wasserstoffbrückenbindungen (S. 46) führt.

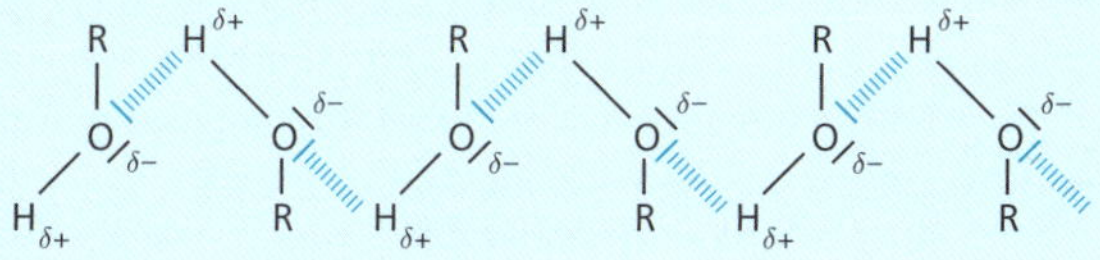

Die wesentlichen physikalischen Eigenschaften der Alkohole sind folgende:

- Alkohole haben im Vergleich zu den entsprechenden Alkanen *hohe Siedetemperaturen.*
- Kurzkettige Alkohole und solche mit mehreren Hydroxylgruppen im Molekül sind im Gegensatz zu den entsprechenden Alkanen *wasserlöslich.*
- Alkohole mit mehreren Hydroxylgruppen im Molekül (mehrwertige Alkohole) haben einen *süßen* Geschmack, vgl. Glykol, Glycerin, Glucose (griech. *glykys*, süß).

MERKE

Je länger die Kohlenwasserstoffkette, desto unpolarer das Molekül, desto *geringer* die Wasserlöslichkeit. Je mehr Hydroxylgruppen im Molekül, desto besser die *Wasserlöslichkeit*.

BEACHTE Die Hydroxylgruppe darf nicht mit dem anorganischen Hydroxid-Ion OH^- verwechselt werden.

Einteilung der Alkohole und Reaktivität

Die einwertigen Alkohole lassen sich, ihrer Kettenlänge entsprechend, in eine ▶ homologe Reihe (S. 144) einordnen. Für ihre chemischen Eigenschaften sind aber andere Einteilungskriterien maßgeblich. Sie sind nicht nur von der funktionellen Gruppe, sondern auch von der *Position der Hydroxylgruppe* in der Kohlenwasserstoffkette abhängig.

- Ist das Kohlenstoffatom, das die OH-Gruppe gebunden hat, mit *einem* (oder keinem) weiteren Kohlenstoffatom verbunden, handelt es sich um einen ***primären Alkohol.***
- Ist das Kohlenstoffatom, das die OH-Gruppe gebunden hat, mit *zwei* weiteren Kohlenstoffatomen verbunden, handelt es sich um einen ***sekundären Alkohol.***
- Ist das Kohlenstoffatom, das die OH-Gruppe gebunden hat, mit *drei* weiteren Kohlenstoffatomen verbunden, handelt es sich um einen ***tertiären Alkohol.***

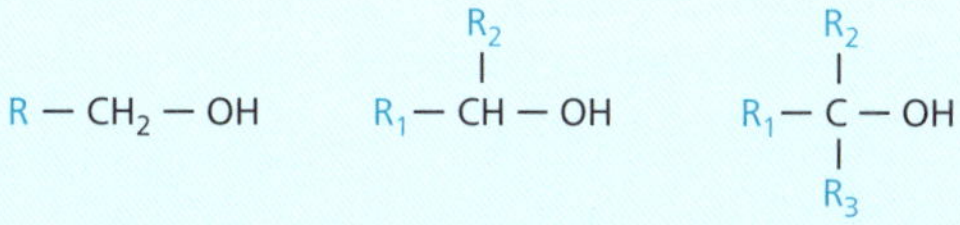

primär sekundär tertiär

Diese drei Alkoholarten zeigen neben Unterschieden in den physikalischen Eigenschaften (z. B. Siedepunkt) deutliche Unterschiede in ihren chemischen Eigenschaften:

- Bei der schonenden (milden) Oxidation eines *primären* Alkohols entsteht ein *Aldehyd* (▸ S. 164).
- Bei der schonenden (milden) Oxidation eines *sekundären* Alkohols entsteht ein *Keton* (▸ S. 164).
- Tertiäre Alkohole lassen sich nur unter Zerstörung der Grundstruktur oxidieren.

Ein typisches Oxidationsmittel für Alkohole sind *Dichromat-Ionen* in saurem Medium (▸ S. 236):

$$Cr_2O_7^{2-} + 14\,H^+ + 6\,e^- \rightarrow 2\,Cr^{3+} + 7\,H_2O$$

Die resultierende Farbveränderung von Orange nach Grün wurde auch in den „Pusteröhrchen“ der Polizei genutzt.

Phenole

Phenolmoleküle bestehen aus einem aromatischen Teil, meist einem Benzolring, und einer oder mehreren Hydroxylgruppen.

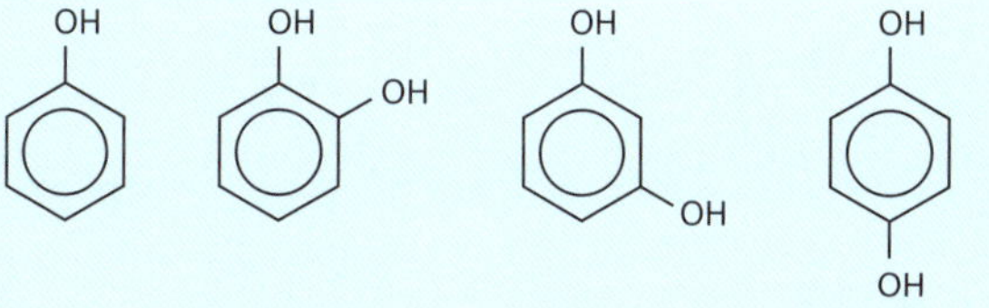

Phenol Brenzkatechin Resorcin Hydrochinon

Phenole sind schwache Säuren, sie reagieren mit Laugen in einer Neutralisationsreaktion zu Phenolaten und Wasser.

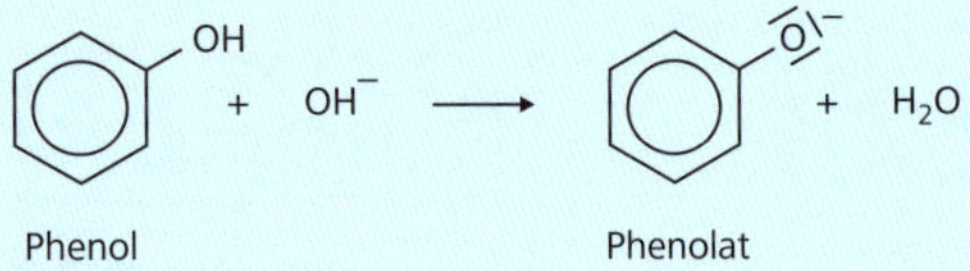

BEACHTE Diese Reaktion ermöglicht eine Unterscheidung von Phenolen und Alkoholen, Letztere gehen diese Reaktion nicht ein.

Eigenschaften von Phenolen

Die Eigenschaften von Phenolen sind dadurch gekennzeichnet, dass sie reaktionsfähiger sind (▶ elektrophile Substitution, S. 210) als die zugrundeliegenden aromatischen Kohlenwasserstoffe. Dies beruht auf der energetischen Stabilität des Phenolat-Ions, für das sich die folgenden ▶ *mesomeren Grenzstrukturen* (S. 153) darstellen lassen:

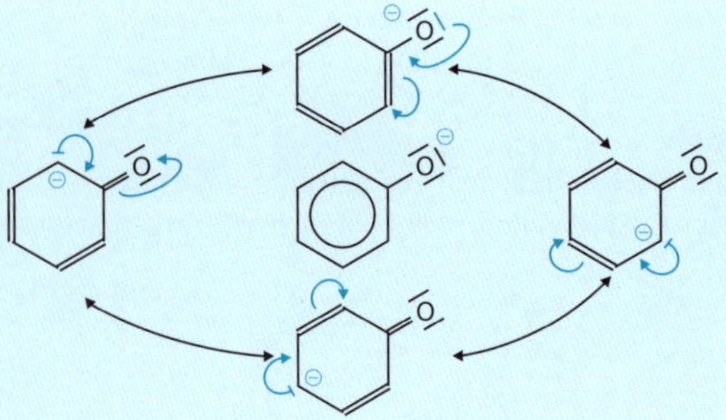

Einige Phenole mit mehreren Hydroxylgruppen zeigen in alkalischer Lösung *reduzierende* Eigenschaften, da ihre Oxidationsprodukte – ähnlich wie Benzol – ein stabiles System mit ▸ delokalisierten Elektronen (S. 153) bilden.

BEISPIEL Hydrochinon (1,4-Dihydroxybenzol) wird in alkalischer Lösung zu *Parachinon* (1,4-Chinon) oxidiert:

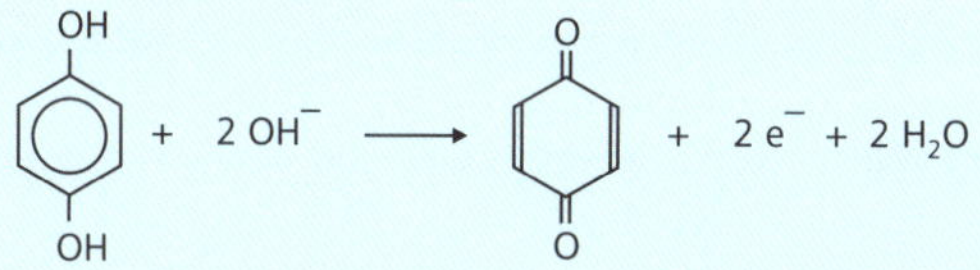

Die p-Elektronen dieses ***chinoiden Systems*** überlappen zu einer gemeinsamen π-Wolke. Eine vergleichbare Reaktion zeigt auch Brenzkatechin (1,2-Dihydroxybenzol), *nicht* jedoch Resorcin (1,3-Dihydroxybenzol), da sich hierbei kein chinoides System bilden kann.

MERKE

Chinoide Systeme spielen eine wichtige Rolle bei der Molekülstruktur von ▸ Farbstoffen (S. 197).

8

Ether

Ether enthalten eine oder mehrere mit Kohlenstoffatomen verbundene Sauerstoffbrücken – O – im Molekül.

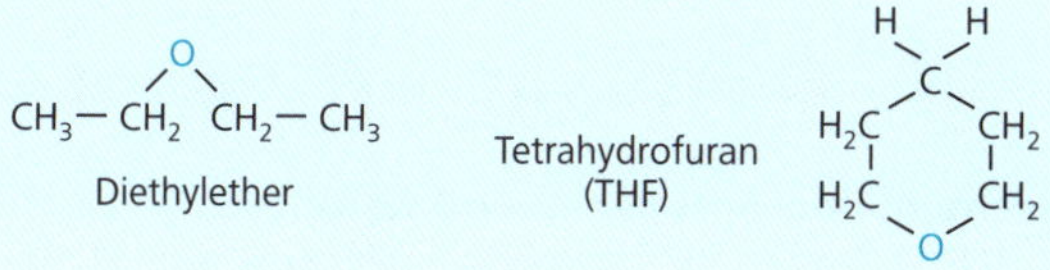

Die IUPAC-Nomenklatur bezeichnet Ether als ***Alkoxyalkane.*** Formal werden hier die Ether als Abkömmlinge der Alkohole betrachtet, bei denen das Wasserstoffatom der Hydroxylgruppe durch einen weiteren Kohlenwasserstoffrest ersetzt wurde.

Eigenschaften von Ethern

Verglichen mit Alkoholen sind Ether chemisch wenig reaktiv. Dies beruht vor allem darauf, dass an das Sauerstoffatom kein Wasserstoffatom gebunden ist. Dadurch können die Ethermoleküle auch keine ▶ Wasserstoffbrückenbindungen (S. 46) ausbilden:

- Ether haben niedrigere Siedetemperaturen als die isomeren Alkohole.
- Ether sind nicht wasserlöslich.

8.4 Aldehyde und Ketone

Aldehyde und Ketone sind Oxidationsprodukte von ▶ primären bzw. sekundären Alkoholen (S. 161):

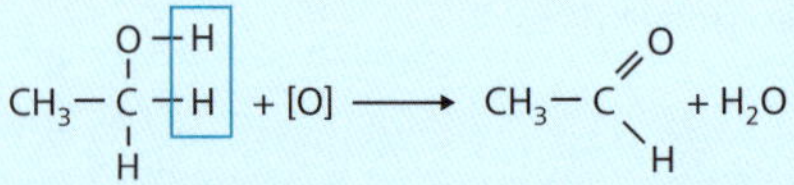

Aldehyd

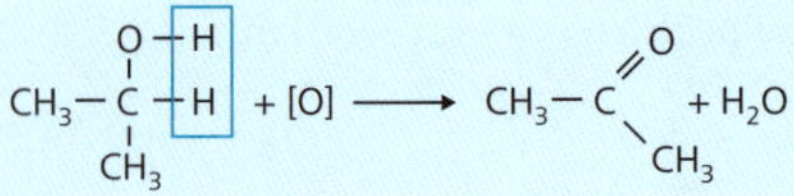

Keton

Benennung von Aldehyden und Ketonen

Nach IUPAC enden die Namen der Aldehyde auf **-al**, die der Ketone auf **-on**. Manche Stoffe haben auch Trivialnamen.

BEISPIEL

Stoff	Trivialname	systematischer Name
H–CHO	Formaldehyd	Methanal
CH_3–CHO	Acetaldehyd	Ethanal
CH_3–CO–CH_3	Aceton	Propanon

Die Moleküle von Aldehyden und Ketonen enthalten als funktionelle Gruppe die ***Carbonyl-Gruppe*** >C=O.

Struktur der Carbonylgruppe

Sauerstoff- und Kohlenstoffatom der Carbonylgruppe sind ▶ sp^2-hybridisiert (S. 43). Zusammen mit den beiden Nachbaratomen des Kohlenstoffatoms liegen sie in einer Ebene. Senkrecht zu dieser Molekülebene stehen die zwei p-Orbitale des Kohlenstoff- und des Sauerstoffatoms, die durch Überlappung eine π-Bindung bilden.

Im Unterschied zur ähnlichen Bindungsstruktur der Alkene (▶ S. 146) liegt hier eine *polare* Bindung vor, da das Sauerstoffatom *elektronegativer* als das Kohlenstoffatom ist.

Eigenschaften der Aldehyde und Ketone

Aldehyde und Ketone sind wegen der Polarität der funktionellen Gruppe *polare* Verbindungen, können aber *keine* Wasserstoffbrückenbindungen ausbilden, da ihre Moleküle keine Hydroxylgruppe haben:

- Die kurzkettigen Aldehyde und Ketone sind *wasserlöslich.*
- Aldehyde und Ketone haben *niedrigere Siedetemperaturen* als die entsprechenden Alkohole.

Die polare Carbonylgruppe kann in zwei mesomeren Grenzstrukturen dargestellt werden:

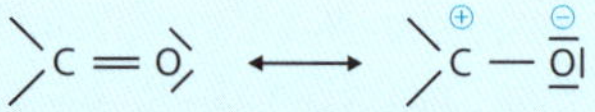

Die rechte Grenzstruktur zeigt ein ▶ elektrophiles Kohlenstoffatom und ein nucleophiles Sauerstoffatom (S. 206 und 208). Diese Struktur erklärt die Fähigkeit von Aldehyden und Ketonen, mit polaren bzw. ionischen Stoffen ***Additionsreaktionen*** einzugehen.

BEISPIEL Gasförmiger oder in Wasser gelöster Formaldehyd (Methanal) reagiert nach längerer Zeit *mit sich selbst* zu festem Paraformaldehyd, einem Additionsprodukt.

$$\ldots + CH_2{=}O + CH_2{=}O + CH_2{=}O + CH_2{=}O + \ldots$$
$$\downarrow$$
$$-CH_2-O-CH_2-O-CH_2-O-CH_2-O-$$

BEACHTE Ketone zeigen eine *geringere* Neigung zu Additionsreaktionen als Aldehyde, weil bei ihnen *zwei* Alkylreste einen +I-Effekt (▶ S. 213) auf das Kohlenstoffatom der Carbonylgruppe ausüben und somit deren Polarität schwächen.

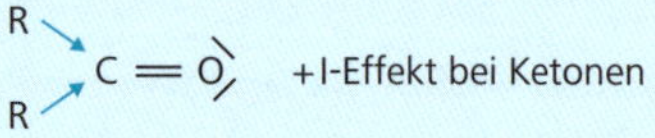

Ein weiterer Unterschied zwischen Aldehyden und Ketonen besteht darin, dass Aldehyde *reduzierend* wirken; hierbei werden sie selbst zu *Carbonsäuren* oxidiert. Diese Eigenschaft dient auch zum Nachweis (S. 236) der Aldehyde.

Vergleich von Aldehyden und Ketonen:

Reagenz	Aldehyd	Keton
FEHLING'sche Lösung	ziegelroter Niederschlag von Cu_2O	keine Reaktion
TOLLENS Reagenz	Silberspiegel	keine Reaktion
SCHIFFS Reagenz	pinkfarbene Lösung	keine Reaktion

8.5 Carbonsäuren

Ist an eine Carbonylgruppe zusätzlich eine Hydroxylgruppe gebunden, so ergibt sich eine ***Carboxyl-Gruppe,*** die funktionelle Gruppe der ***Carbonsäuren.***

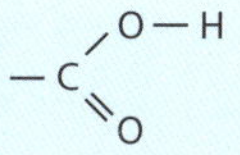

BEACHTE Kohlensäure wird den *anorganischen* Säuren zugerechnet, obwohl sie ebenfalls eine Kohlenstoffverbindung ist.

Benennung der Carbonsäuren

Auch für die Carbonsäuren lässt sich eine homologe Reihe aufstellen. Der Name der Carbonsäure wird aus dem Namen des Stammalkans durch Anhängen der Silbe *-säure* gebildet.
Bei den *substituierten* Carbonsäuren erhält das Carboxyl-Kohlenstoffatom immer die Zahl **1**, die anderen Kohlenstoffatome werden dann fortlaufend durchnummeriert.

BEISPIEL

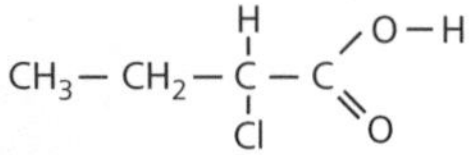

2-Chlor-butansäure

Dicarbonsäuren werden nach IUPAC als Alkan**di**säuren bezeichnet. Allerdings werden viele Säuren noch immer nach ihrer Herkunft benannt.

Ameisensäure (Methansäure)	$H{-}COOH$	Ameise, Brennnessel
Essigsäure (Ethansäure)	$CH_3{-}COOH$	Essig
Buttersäure (Butansäure)	$C_3H_7{-}COOH$	in ranziger Butter
Valeriansäure (Pentansäure)	$C_4H_9{-}COOH$	als Ester im Baldrian
Capronsäure (Hexansäure)	$C_5H_{11}{-}COOH$	im Schweiß der Ziege (lat. *capra:* Ziege)
Palmitinsäure (Hexadecansäure)	$C_{15}H_{31}{-}COOH$	als Ester im Palmfett
Stearinsäure (Octadecansäure)	$C_{17}H_{35}{-}COOH$	als Ester im Rindertalg (gr. *stear:* Talg)
Acrylsäure (Propensäure)	$CH_2{=}CH{-}COOH$	lat. *acer,* sauer, scharf
Ölsäure (Octadecensäure)	$C_{17}H_{33}{-}COOH$	als Ester in Pflanzenölen
Bernsteinsäure (Butandisäure)	$HOOC{-}CH_2{-}CH_2{-}{-}COOH$	entsteht beim Erhitzen von Bernstein
Benzoësäure (Benzolcarbonsäure)	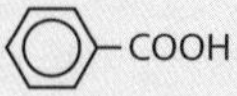	entsteht beim Erhitzen von Benzoëharz

BEACHTE Carbonsäuren, deren Moleküle eine Kettenlänge von vier und mehr Kohlenstoffatomen aufweisen, bezeichnet man auch als ***Fettsäuren,*** da sie in Form von Estern ein Bestandteil der ▶ Fette (S. 174 ff.) sind.

Struktur der Carbonsäuren

Das zentrale Kohlenstoffatom ist aufgrund der Doppelbindung zum benachbarten Sauerstoffatom sp^2-hybridisiert, die Carboxyl-Gruppe hat folglich eine *ebene* Struktur.

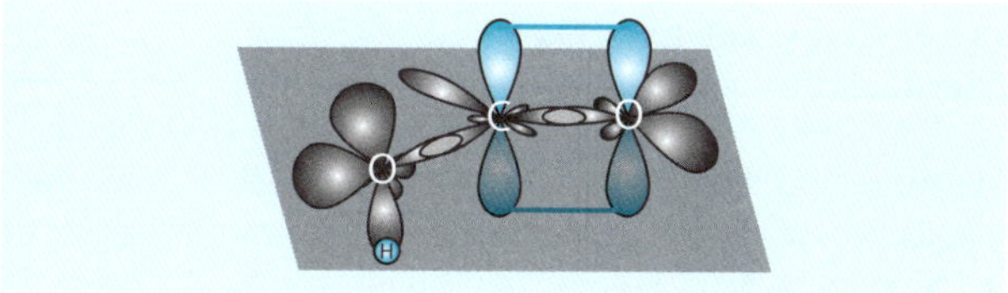

Das Proton der Hydroxylgruppe kann bei Carbonsäuren im Gegensatz zum Proton der Hydroxylgruppe der Alkohole relativ leicht abgegeben werden. Dieser Effekt beruht auf einer Mesomerie-Stabilisierung des Carboxylat-Ions. Vier Elektronen verteilen sich völlig symmetrisch über drei Atome, die negative Ladung des Ions wird delokalisiert.

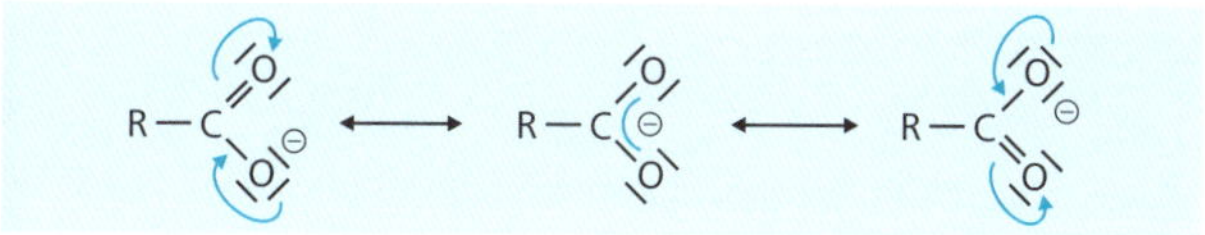

Carbonsäuren erfahren daher im Wasser eine Protolyse unter Bildung von Carboxylat-Ionen und Oxonium-Ionen:

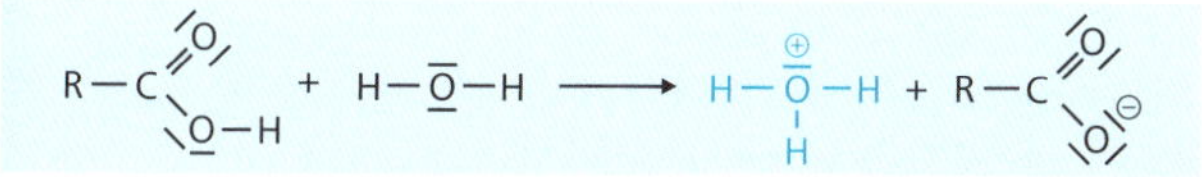

BEACHTE Durch die Einbeziehung *beider* Sauerstoffatome des Carboxylat-Anions in die Mesomerie zeigt die Carboxylgruppe im Gegensatz zur Carbonylgruppe keine ▶ Additionsfähigkeit (S. 166).

Eigenschaften der Carbonsäuren

Die kurzkettigen Carbonsäuren ($C_1 - C_3$) haben einen scharfen Geruch, die folgenden ($C_4 - C_9$) riechen unangenehm nach Schweiß, die längerkettigen sind geruchlos.

Aggregatzustand, Löslichkeit

Die physikalischen Eigenschaften lassen sich aus der Polarität der Carboxyl-Gruppe ableiten. Sie begründet die starke Tendenz zur Ausbildung von ▶ Wasserstoffbrücken (S. 46) zu Wassermolekülen bzw. zu anderen Carbonsäuremolekülen:

- Die kurzkettigen Carbonsäuren sind in Wasser gut löslich.
- Kurzkettige Carbonsäuren zeigen im Vergleich zu den entsprechenden Alkoholen auffällig *hohe* Schmelzpunkte.

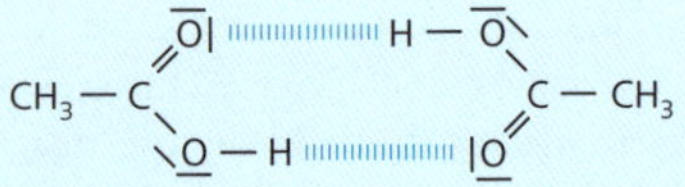

Dimerisierung von Essigsäuremolekülen

MERKE

Je *länger* die Kohlenwasserstoffkette, desto *schlechter* wird die Löslichkeit der Carbonsäuren in Wasser, desto *besser* aber die Löslichkeit in unpolaren Lösungsmitteln, wie z. B. in Benzin.

Säureeigenschaften

Carbonsäuren sind mittelstarke Säuren. Ihre Säurestärke – d. h. die Bereitschaft der Carboxyl-Gruppe, ein Proton abzuspalten – wird durch ▶ induktive Effekte (S. 213) bestimmt, die von den an die Carboxyl-Gruppe gebundenen Gruppen ausgehen:

Kohlenwasserstoffketten üben einen + I-Effekt aus, der sich umso stärker auswirkt, je länger die Kohlenwasserstoffkette ist.

MERKE

Je *länger* die Kohlenwasserstoffkette, desto *geringer* ist die Protolyse der Carboxyl-Gruppe, desto *schwächer* ist die Säure.

Halogenatome in der Kohlenwasserstoffkette üben einen – I-Effekt aus, der sich umso stärker auswirkt, je mehr Halogenatome in der Kette gebunden sind.

BEISPIEL Chloressigsäure ist stärker sauer als Essigsäure, Trichloressigsäure ist eine starke Säure und darin mit Schwefelsäure vergleichbar.

Bei ungesättigten und aromatischen Carbonsäuren wird die Säu-

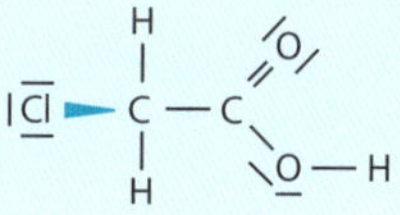
Chloressigsäure

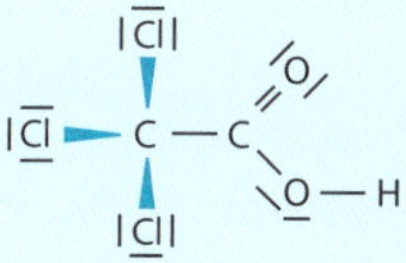
Trichloressigsäure

8

restärke nicht nur durch den induktiven Effekt der Mehrfachbindung bzw. des aromatischen Ringes, sondern auch durch ▶ mesomere Effekte (S. 214) beeinflusst.

BEISPIEL Acrylsäure (Prop-2-ensäure) ist eine ungesättigte Carbonsäure mit einer Doppelbindung in der Kohlenstoffkette. Sie ist etwas stärker sauer als die gesättigte Propionsäure (Propansäure) gleicher Kettenlänge.

Der Grund liegt in der Wechselwirkung zwischen den beiden Doppelbindungen im Acrylsäuremolekül. Die sich ergebende ▶ Mesomerie zwischen zwei Grenzstrukturen hat einen Elektronen entziehenden Effekt auf die Carboxylgruppe (–M-Effekt) und führt somit zu einer leichteren Ablösung des Protons.

Acrylsäure 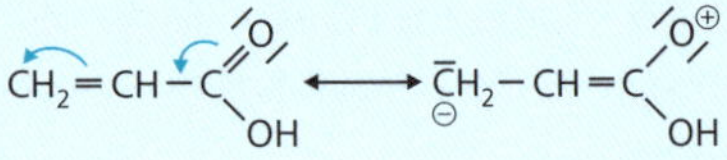

BEISPIEL Bei Benzoësäure stabilisiert der schwache + M-Effekt des Benzolrings das Säuremolekül. Benzoesäure ist daher schwächer als Ameisensäure.

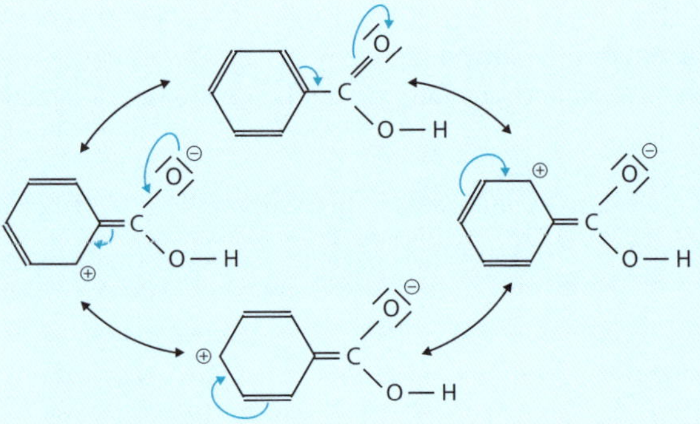

8.6 Carbonsäureester

Ester finden sich in Fruchtaromen, Wachsen, Ölen und Fetten. Sie sind Verbindungen aus Carbonsäuren und Alkoholen (Esterbildung ▶ S. 218) und durch die Estergruppe gekennzeichnet:

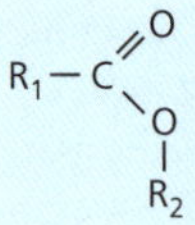

Einteilung der Carbonsäureester

Je nach Säure und Alkoholanteil werden Carbonsäureester in drei Gruppen eingeteilt:

Fruchtester: Ester aus kurzkettigen Säuren und Alkoholen.
Wachse: Ester aus langkettigen Säuren und Alkoholen.
Fette: Ester aus meist langkettigen Säuren und Glycerin.

Benennung der Carbonsäureester

Die Benennung der Ester erfolgt durch Voranstellung des Namens der Säure, es folgt die Alkylgruppe des Alkohols und die Anfügung des Wortes „Ester".

BEISPIEL

Bezeichnung	Struktur	Vorkommen
Ameisensäure-ethylester (Ethylmethanoat)	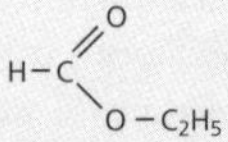	Bestandteil des Rumaromas
Essigsäure-isoamylester (3-Methylbutylethanoat)	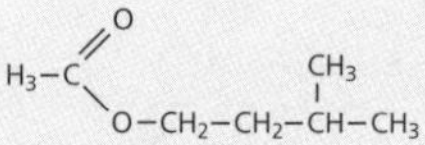	Bestandteil des Bananenaromas
Propionsäure-isopropylester (2-Methylpropylpropanoat)	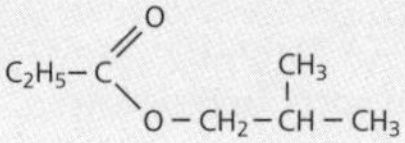	Bestandteil des Rumaromas
Buttersäure-methylester (Methylbutanoat)	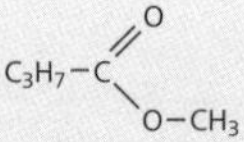	Bestandteil des Ananasaromas
Palmitinsäure cetylester (Hexadecylhexadecanoat)	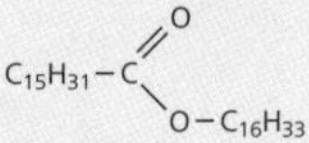	Wachs aus Walrat
Palmitinsäure myricylester (Triacontylhexadecanoat)	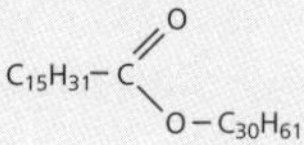	Bienenwachs

Die IUPAC-Nomenklatur ist in Klammern beigefügt.

Eigenschaften von Estern

Kurzkettige Carbonsäureester sind farblose Flüssigkeiten von fruchtartigem, süßlichem Geruch. Die höheren Ester sind geruchlos. Sie reagieren neutral und haben eine geringere Dichte als Wasser. Sie enthalten keine Hydroxylgruppen und können keine H-Brücken ausbilden. Demzufolge sind sie *wasserunlöslich*.

Reaktionen der Ester

Durch Mineralsäuren (z. B. Salzsäure) werden Carbonsäureester in ihre Bestandteile – Carbonsäure und Alkohol – zerlegt. Die Reaktion ist jedoch nicht vollständig, sondern führt zu einem ▶ Gleichgewicht (S. 77). Man bezeichnet sie als *saure Hydrolyse*.

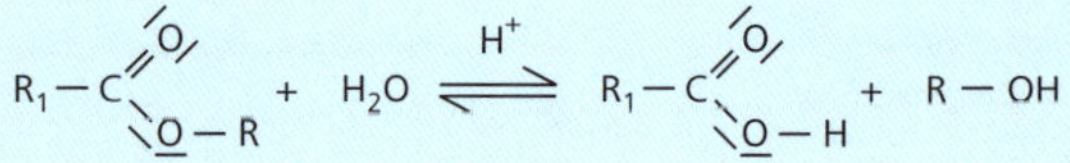

Durch Kochen von Carbonsäureestern mit Laugen entstehen Alkohole und Salze von Carbonsäuren.
Diese Reaktion verläuft vollständig. Man bezeichnet sie als *alkalische Hydrolyse*.

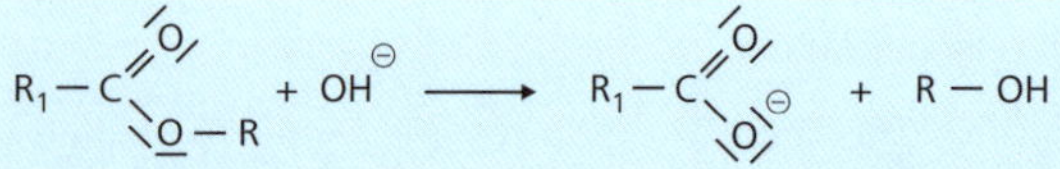

MERKE

Die alkalische Hydrolyse führt zur Bildung von Seifen.
Der Vorgang heißt deshalb ***Verseifung***.

Fette

Fette sind dreifache Ester aus Glycerin (Propan-1, 2, 3-triol) und Fettsäuren, man nennt sie daher auch ***Triglyceride.***

Bei Raumtemperatur feste Fette lassen sich leicht verflüssigen. Bei Raumtemperatur flüssige Fette (fette Öle) enthalten eine höheren Anteil an *ungesättigten* Fettsäuren.
Sie lassen sich deshalb auch leicht durch katalytische Hydrierung in feste Fette umwandeln.

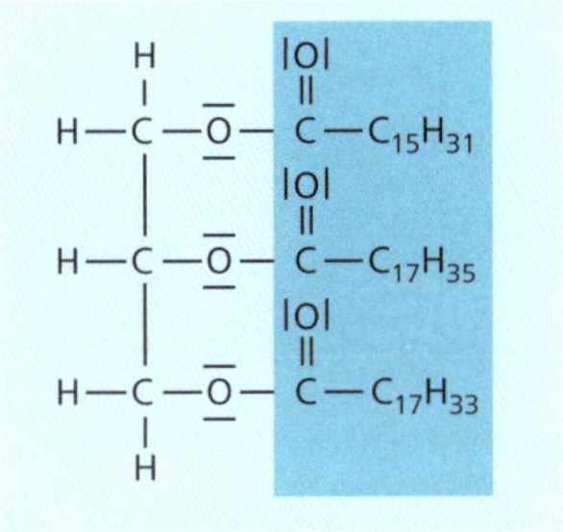

Jedes Molekül eines natürlichen Fetts enthält verschiedene Fettsäurereste (*intra*molekulares Gemisch). Weiterhin ist jedes Fett ein Gemisch verschiedener Fettmoleküle (*inter*molekulares Gemisch).

MERKE

Fette haben deshalb keinen exakten Schmelzpunkt, sondern einen *Schmelzbereich*.

Struktur der Fettmoleküle

Die Raumstruktur der gesättigten und ungesättigten Fettsäurereste unterscheidet sich nur in einem kleinen Bereich: Die Kohlenstoffatome der *gesättigten* Fettsäuren sind durchgängig sp^3-hybridisiert, die Bindungswinkel betragen einheitlich ca. 109°.
Dies gilt auch für die Mehrheit der Kohlenstoffatome der *ungesättigten* Fettsäuren, mit Ausnahme der Atome, zwischen denen Doppelbindungen vorliegen. Das sind sp^2-hybridisierte Kohlenstoffatome mit einem Bindungswinkel von 120°.
Diese abweichenden Bindungswinkel verhindern eine gleichmäßige und dichte Anordnung der Kohlenwasserstoffketten. Dadurch kann sich zwischen den Fettmolekülen kein stabiles Festkörpergitter ausbilden: Der Schmelzbereich liegt bei niedrigeren Temperaturen als bei Fetten mit gesättigten Fettsäuren.

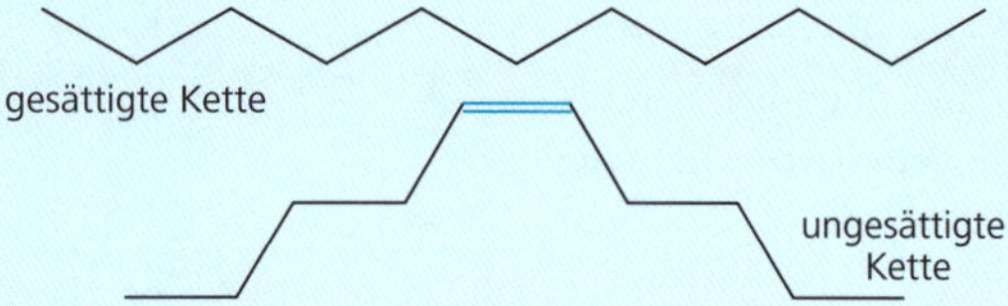

MERKE

Der Anteil der ungesättigten Fettsäuren bestimmt den Schmelzbereich eines Fettes. Je höher dieser Anteil, desto niedriger liegt er.

Eigenschaften von Fetten

- Fette sind nicht wasserlöslich und fühlen sich „schmierig" an. Feste Fette sind streichbar.
- Fette sind nicht unbegrenzt haltbar, sondern können durch bestimmte Einflüsse zersetzt werden. Sie werden bei längerer Lagerung durch Einfluss von *Bakterien* und *Luftfeuchtigkeit* in ihre Bestandteile zerlegt. Die freigesetzten Fettsäuren machen das Fett ranzig und verleihen ihm einen unangenehmen Geruch bzw. Geschmack.
- Die *Überhitzung* von Fetten, vor allem beim Frittieren, führt zur Bildung von stechend riechendem Acrolein.

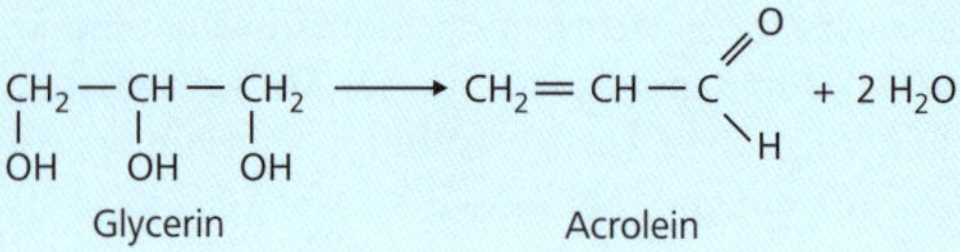

- Die Reaktion von Fett mit *Sauerstoff* unter Einfluss von *Licht* und *Wärme* führt zur Bildung von Peroxiden, die zu unangenehm riechenden Aldehyden und freien Fettsäuren weiterreagieren.

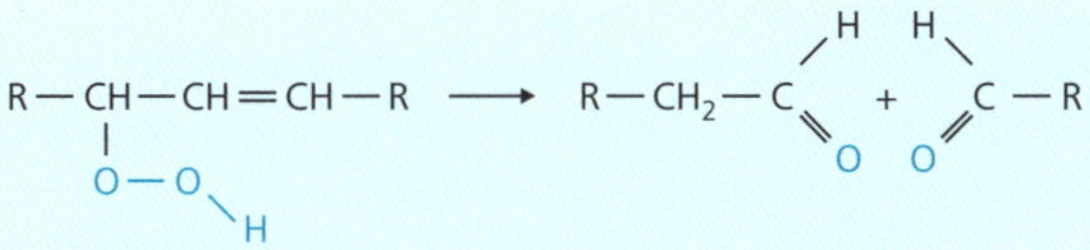

8.7 Seifen und Tenside (waschaktive Substanzen)

Bei Einwirkung von Natronlauge im geringen Überschuss auf Fette entsteht eine schleimige, fadenziehende Masse, der Seifenleim (▸ alkalische Hydrolyse von Estern, S. 174). Ein Zusatz von Kochsalz trennt diesen Leim in eine wässrige Phase, die Glycerin, Salz und überschüssige Lauge enthält, und einen aufschwimmenden Seifenkern.

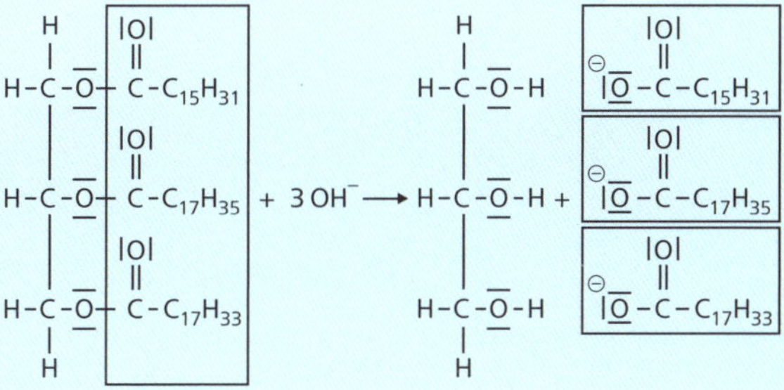

MERKE

Seifen sind Salze von Fettsäuren. Die Verseifung mit Natronlauge führt zur Bildung der harten *Kernseife,* Kalilauge ergibt weiche *Schmierseife.*

Eigenschaften von Seifen und Tensiden

Kern- und Schmierseife erfahren durch Wasser eine Hydrolyse. Diese führt zu einer *starken* Lauge und einer *schwachen* Säure. Seifenlösungen sind daher stark alkalisch.

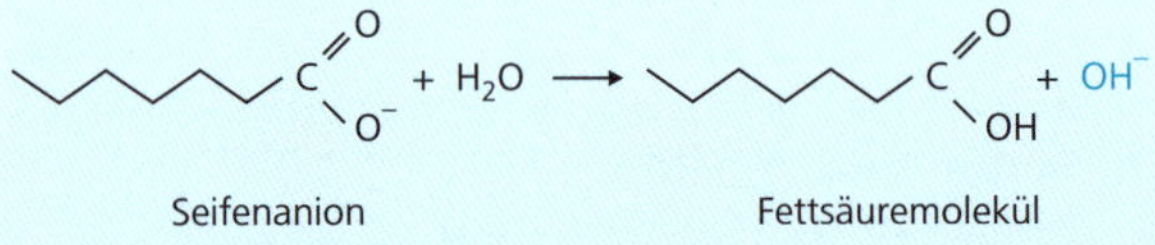

Seifen sind bei längerem Gebrauch hautschädigend. Synthetisch hergestellte ***Tenside*** enthalten an Stelle der schwächer sauren Carboxylgruppe eine stark saure *Sulfonsäuregruppe*.

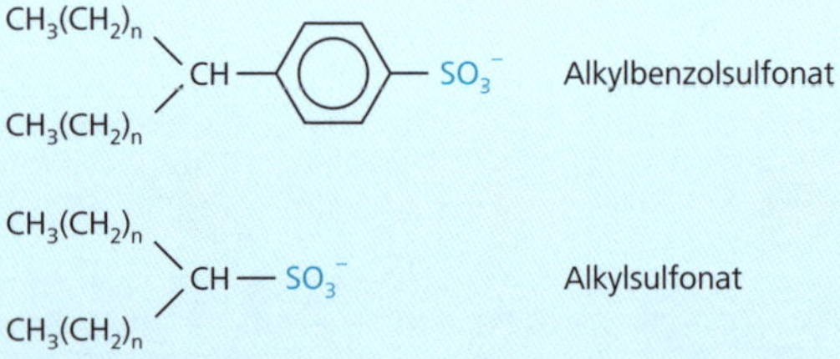

Eine wässrige Lösung dieser Tenside ist daher relativ neutral. Tenside ermöglichen also eine schonendere (beim Menschen hautfreundlichere) Wäsche.

Wirkung von Seifen und Tensiden

Die Anionen von Seifen und Tensiden enthalten die hydrophile Carboxylat- bzw. Sulfonatgruppe, die sich im Wasser löst, sowie eine hydrophobe Kohlenwasserstoffkette, die wasserunlöslich ist.

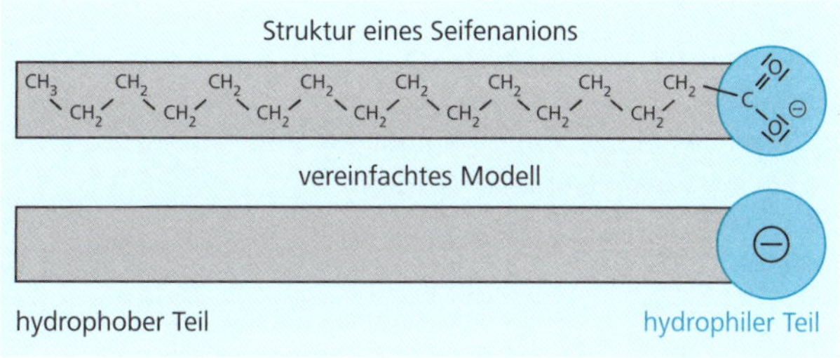

An der Grenzfläche Wasser-Luft und in der Flüssigkeit ergeben sich die folgenden Teilchenausrichtungen:

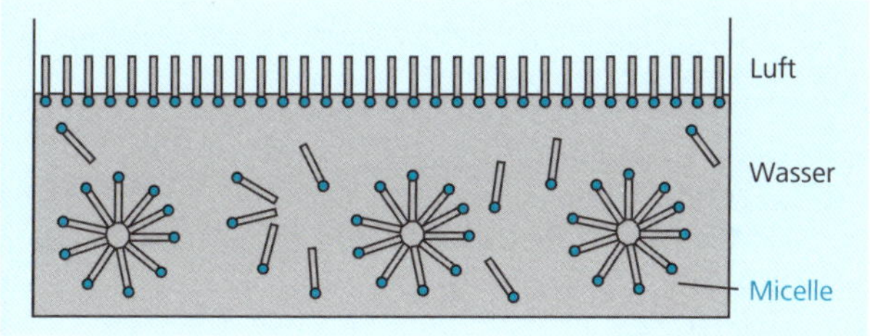

8

Zwischen den hydrophoben Kohlenwasserstoffresten wirken nur die schwachen VAN-DER-WAALS-Kräfte. Dadurch wird das Netz der starken Wasserstoffbrückenbindungen zwischen den Wasser-molekülen, welches für die Bildung der *Oberflächenspannung* verantwortlich ist, stark abgebaut. Folglich sinkt die Oberflächenspannung.

MERKE

Waschaktive Substanzen (Seifen, Tenside) senken die Oberflächenspannung des Wassers. Verschmutzte Materialien können dadurch beim Waschvorgang leichter benetzt (befeuchtet) werden.

Waschvorgang

Lässt man die Lösung eines Tensids in Wasser auf eine beschmutzte fetthaltige Oberfläche einwirken, so lösen sich die hydrophoben Enden im Schmutz, während die hydrophilen Enden aus dem Schmutz herausragen.

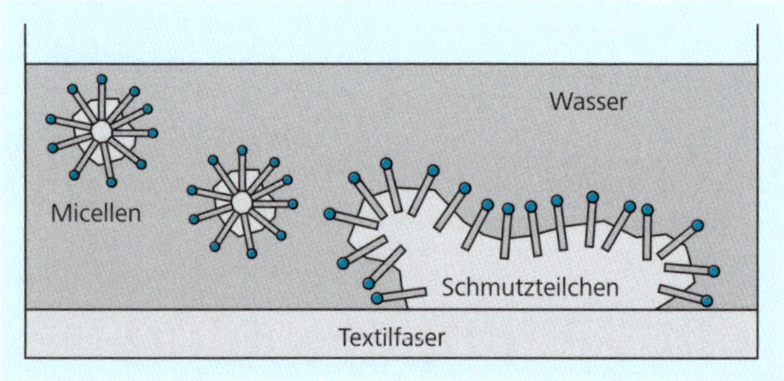

Auf diese Weise wird die ursprünglich hydrophobe Oberfläche der verschmutzten Oberfläche hydrophil und durch Wasser benetzbar: Wassermoleküle dringen in die Schmutzschicht ein und zerstören sie.

Mehrerer Tensidmoleküle schließen mit ihrem hydrophoben Ende einzelne Schmutzpartikel ein, lösen sie von der Textilfaser bzw. Haut und bilden in der Lösung frei bewegliche Teilchenverbände, sogenannte ***Micellen.*** Auf diese Weise löst sich schließlich der gesamte Schmutz von der Textilfaser bzw. der Haut.

Seifen- und Tensid-Anionen sind also in der Lage, größere Einheiten von festen und flüssigen Verschmutzungen in kleine Teilchen aufzulösen. Dabei entsteht eine Dispersion bzw. eine Emulsion.

> Eine ***Dispersion*** liegt vor, wenn feste Teilchen in einer Lösung fein verteilt sind. Bei einer ***Emulsion*** liegt eine fein verteilte Kombination nicht ineinander löslicher Flüssigkeiten vor.

MERKE

Waschaktive Substanzen verfügen über benetzende, dispergierende und emulgierende Eigenschaften.

Seifenlaugen bilden mit hartem, also Ca^{2+}- und Mg^{2+}-haltigem Wasser Kalkseife, die wasserunlöslich ist und ausfällt.

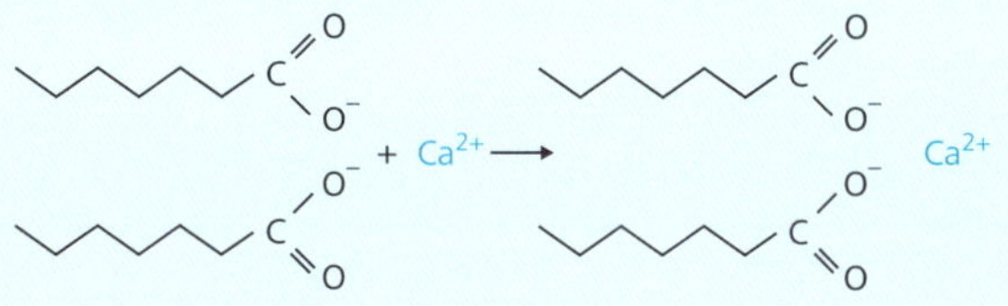

Um dies zu unterbinden, werden *Wasserenthärter,* meist Natrium-Aluminium-Silicate eingesetzt, die in der Lage sind, Ca^{2+}- und Mg^{2+}-Ionen zu binden.

8.8 Kohlenhydrate

Mit den Eiweißstoffen und Fetten bilden die ***Kohlenhydrate*** die drei wichtigsten Verbindungsklassen unserer Ernährung. Kohlenhydrate werden in Pflanzen durch Fotosynthese aus Kohlenstoffdioxid und Wasser aufgebaut. Die bei der Fotosynthese entstehende Glucose wird in Form von Polysacchariden gespeichert.

Einteilung der Kohlenhydrate

Kohlenhydrate sind Verbindungen der Elemente Kohlenstoff, Wasserstoff und Sauerstoff und entsprechen der Formel $C_x(H_2O)_y$.
Kohlenhydrate werden nach der Anzahl ihrer Bausteine (mit $x = 6$) in drei Gruppen eingeteilt:

- Monosaccharide (Einfachzucker) sind Aldehyde oder Ketone und bestehen aus jeweils *einem* Baustein mit der Summenformel $C_6H_{12}O_6$.
- Oligosaccharide (Mehrfachzucker) bestehen aus 2–15 miteinander verbundenen Zuckerbausteinen.
- Polysaccharide sind Biopolymere mit über 15 bis zu mehreren Tausend Zuckerbausteinen.

Monosaccharide

Die wichtigsten Monosaccharide sind ***Glucose*** (Traubenzucker) und ***Fructose*** (Fruchtzucker).

Die meisten Zucker, auch Glucose und Fructose, enthalten ▶ asymmetrische Kohlenstoffatome (S. 226), sie sind ▶ optisch aktiv (S. 225).

Der Bau eines Zuckermoleküls wird daher mithilfe der FISCHER-Projektion (▶ S. 226) als L- und D-Form gekennzeichnet.

Hierbei wird die Hydroxylgruppe des am weitesten von der Keto- oder Aldehydgruppe entfernten asymmetrischen Kohlenstoffatoms betrachtet.

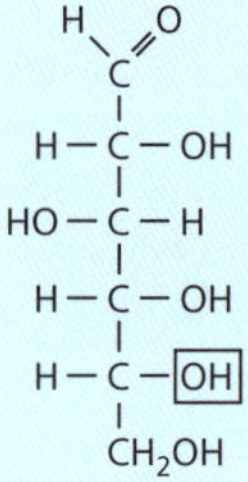

D(+)-Glucose

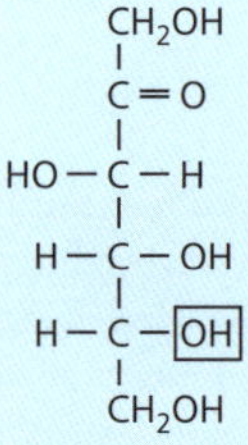

D(–)-Fructose

MERKE

Glucose und Fructose enthalten *sechs* Kohlenstoffatome im Molekül: Man bezeichnet sie als ***Hexosen.***
Glucose besitzt eine Aldehydgruppe und ist daher eine *Aldose.*
Fructose mit ihrer Ketogruppe ist eine *Ketose.*

Ringformen der Monosaccharide

Werden die Zuckermoleküle mit einem Molekülbaukasten nachgebaut, erkennt man unschwer, dass sich für Glucose und Fructose ringförmige Molekülstrukturen ergeben können.

Diese räumliche Nähe der Molekülenden erklärt die Möglichkeit einer intramolekularen Umlagerung, die zu ringförmigen Strukturen führt.

Durch den Ringschluss wird aus dem Kohlenstoffatom der ▸ Carbonylgruppe (S. 165) ein weiteres asymmetrisches Kohlenstoffatom, das sogenannte ***anomere Kohlenstoffatom.***

Auf diese Weise bilden sich zwei mögliche Strukturen, die α- und β-Form, die die Ebene des polarisierten Lichtes unterschiedlich drehen.

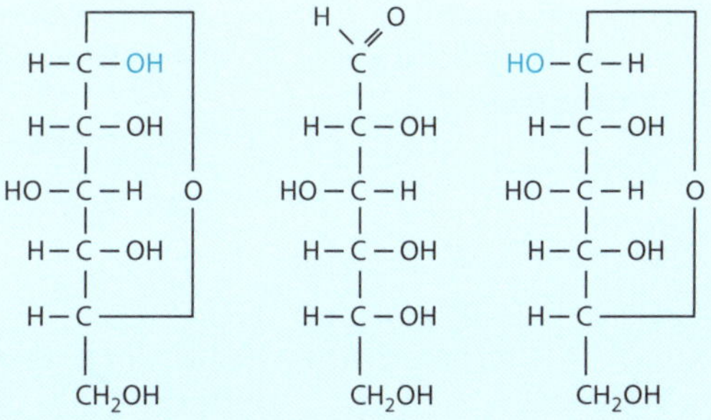

α-D-Glucose D-Glucose β-D-Glucose

MERKE

α- und β-Form sind ▸ Stereoisomere (S. 221). Man bezeichnet sie als ***Diastereomere.***

Fructose bildet ebenfalls ringförmige Moleküle, im Gegensatz zur Glucose jedoch meist als Fünfringe:

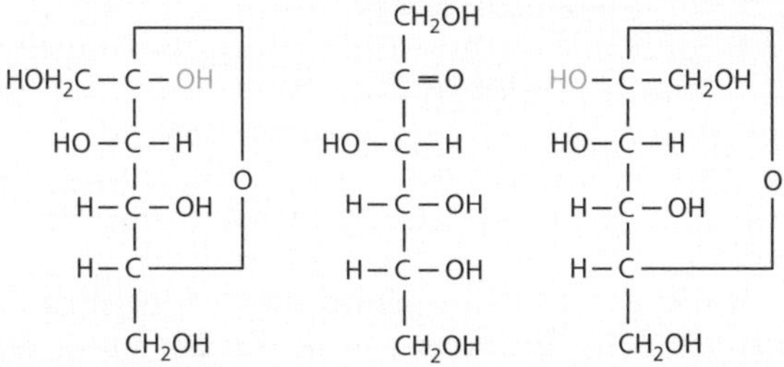

α-D-Fructose D-Fructose β-D-Fructose

Zur Skizzierung der Ringformen wird die ***Haworth-Projektion*** bevorzugt, die das betrachtete Molekül in einer Ebene darstellt, wobei die dick gezeichneten Bindungen aus der Papierebene herausragend gedacht sind. Das jeweils anomere Kohlenstoffatom wird nach rechts gezeichnet.

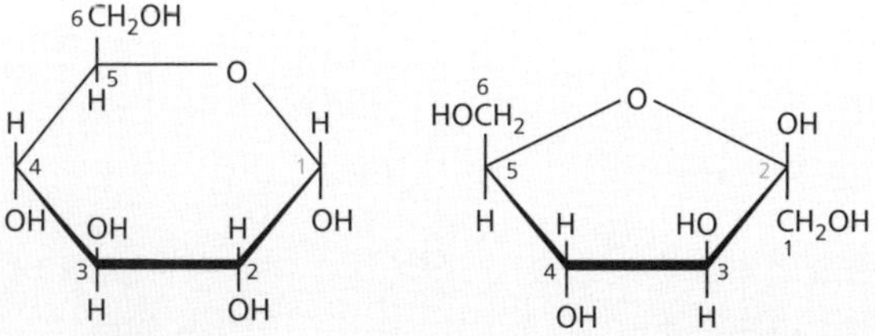

α-D(+)-Glucose β-D(−)-Fructose

MERKE

Bei Glucose und Fructose liegen in wässriger Lösung die Ringformen und die offenkettige Form in einem Gleichgewicht vor.

Eigenschaften von Monosacchariden

Die Monosaccharide sind aufgrund der großen Anzahl von Hydroxylgruppen in ihren Molekülen kristalline Feststoffe, die in Wasser gut löslich sind. Die Lösungen schmecken süß.

Löst man α-D-(+)-Glucose in Wasser und misst sofort den optischen Drehwinkel, so ergibt sich ein Wert von $[\alpha] = +112°$. Er ändert sich mit der Zeit auf +52,7° und bleibt dann konstant. In der wässrigen Lösung lagert sich ein Teil der α-D-(+)-Glucose in β-D-(+)-Glucose um, wobei sich langsam ein Gleichgewicht zwischen beiden Formen einstellt. Der sich einstellende Drehwinkel ergibt sich aus der Zusammensetzung des Gleichgewichts.

MERKE

Die Veränderung des Drehwinkels bei der Einstellung des Gleichgewichtszustandes nennt man ***Mutarotation***.

Oligosaccharide

Die Moleküle wichtiger Oligosaccharide bestehen aus *zwei* Monosaccharid-Bausteinen und tragen die Bezeichnung ***Disaccharide***. Sie zeigen typische Eigenschaften der Monosaccharide: Sie sind kristallin, wasserlöslich und schmecken süß.

8

Struktur der Disaccharide

Die Verknüpfung der beiden Monosaccharid-Moleküle erfolgt über deren *Ringform*: Jeweils zwei Kohlenstoffatome sind über eine Sauerstoffbrücke (Etherbrücke) miteinander verbunden.

Die ***Maltose*** (Malzzucker) besteht aus zwei Einheiten der α-Glucose, in der das anomere Kohlenstoffatom (C-1) des einen Glucosemoleküls über die Sauerstoffbrücke an das „gegenüberliegende" Kohlenstoffatom (C-4) des zweiten Glucosemoleküls gebunden ist. Bei der Maltose behält *eine* der Glucoseeinheiten die Möglichkeit, den Ring am anomeren Kohlenstoffatom zu öffnen. Damit hat dieser Zucker wegen der sich bildenden Aldehydgruppe ▶ *reduzierende* Eigenschaften (S. 166 f.).

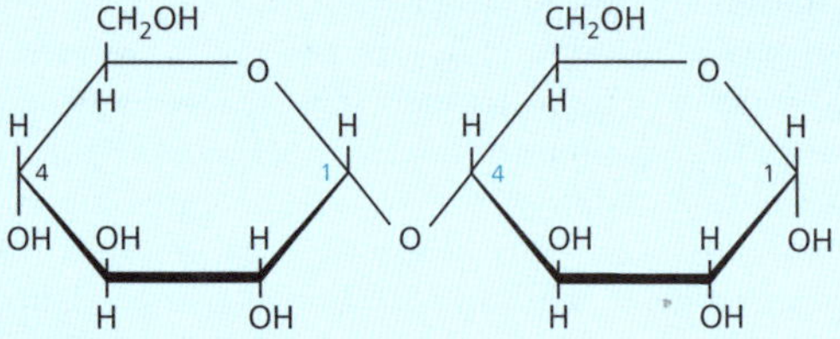

α-Maltose

Saccharose (Rohrzucker) besteht aus einer Kombination von α-Glucose mit β-Fructose. Die Bindung zwischen den beiden Einheiten verknüpft die beiden anomeren Kohlenstoffatome (1-2-Verknüpfung).

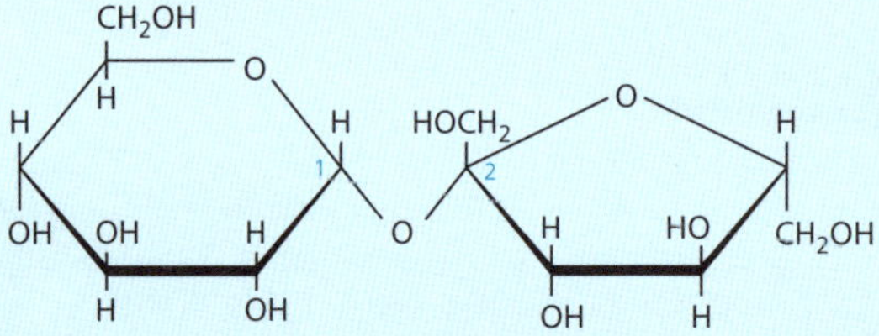

Saccharose

Sind bei einem Disaccharid beide anomere Kohlenstoffatome miteinander verknüpft, können sich beide Ringe nicht öffnen. Saccharose ist daher *nicht* reduzierend.

Zucker mit einer 1-4-Verknüpfung (z. B. Maltose) haben reduzierende Eigenschaften. Außerdem zeigen sie Mutarotation.
Zucker mit einer Verknüpfung der anomeren Kohlenstoffatome (z. B. Saccharose) haben keine reduzierenden Eigenschaften und zeigen auch keine Mutarotation.

Polysaccharide

Die wichtigsten Polysaccaride – Stärke, Glykogen und Cellulose – sind aus D-Glucose aufgebaut. Hunderte bis Tausende von Glucose-Ringen sind kettenförmig miteinander verknüpft.

Stärke ist das Reservekohlenhydrat der Pflanzen. Man findet sie vor allem in Kartoffeln und Getreide in Form von Stärkekörnern. Diese enthalten zwei unterschiedliche Polysaccharide: wasserunlösliches ***Amylopektin*** in der Hülle, wasserlösliche ***Amylose*** im Innern.

Amylose besteht aus 1-4-verknüpften α-D-Glucoseeinheiten. Sie bildet unverzweigte Ketten mit 100–1400 Glucoseringen.

Amylopektin besitzt zusätzlich zu den 1-4-Verknüpfungen noch 1-6-Verknüpfungen. Dadurch bilden sich verzweigte Ketten mit einer der Amylose entsprechenden Länge, aber kurzen Seitenketten von ca. 25 Glucose-Einheiten.

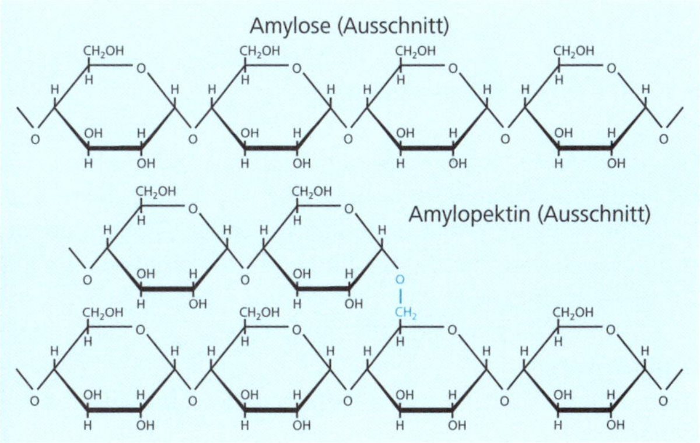

Amylose lässt sich mithilfe der Iod-Stärke-Reaktion nachweisen (▶ S. 238).

Glykogen bildet das Nahrungsdepot der Tiere. Es ähnelt dem Amylopektin, allerdings mit dichterer Kettenverzweigung und kürzeren Ketten.

Cellulose dient zum Aufbau unlöslicher, gerüstbildender Fasern. Sie ist Hauptbestandteil der pflanzlichen Zellmembran und damit das Polysaccharid der Baumwolle und des Holzes. In der Cellulose liegt eine 1-4-Verknüpfung von β-D-Glucoseeinheiten vor, d. h., die Glucosemoleküle sind jeweils um 180° gegeneinander versetzt angeordnet.
Jede Pflanzenfaser besteht aus Bündeln von Celluloseketten (Kettenlänge 100 bis mehrere 1000 Einheiten), die durch Wasserstoffbrückenbindungen zusammengehalten werden.

Cellulose (Ausschnitt)

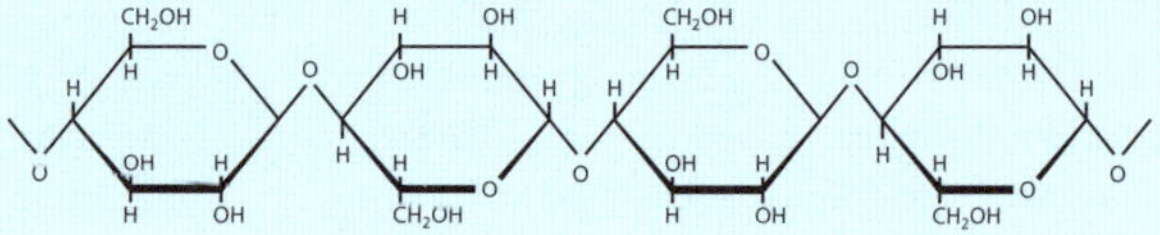

8.9 Proteine (Eiweißstoffe)

Grundbausteine der Eiweißstoffe sind die ***Aminosäuren***, die kettenartig miteinander verknüpft sind. Je nach Größe des entstehenden Polymers unterscheidet man Peptide (2–9 Aminosäureeinheiten), Polypeptide (10–100) und Proteine (mehr als 100 Aminosäureeinheiten).

Aminosäuren

Aminosäuren enthalten neben der funktionellen ▶ Carboxyl-Gruppe (S. 167) eine Aminogruppe ($-NH_2$). In den natürlich vorkommenden Aminosäuren ist die Aminogruppe ausnahmslos an das Kohlenstoffatom gebunden, das der Carboxyl-Gruppe benachbart ist.

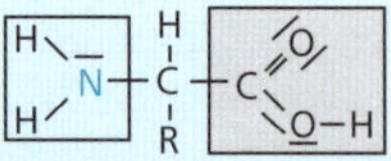

MERKE

Die natürlich vorkommenden Aminosäuren bezeichnet man als 2-Aminosäuren (alte Bezeichnung: α-Aminosäuren).

Die Aminosäuren sind mit der Ausnahme von Glycin (R = H) ▸ *optisch aktiv* (S. 225). Alle 2-Aminosäuren, die in Proteinen auftreten, besitzen die *L-Konfiguration.*

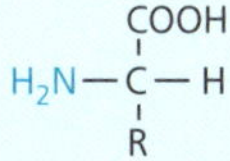

Eigenschaften von Aminosäuren

Aminosäuren sind Feststoffe, die kurzkettigen lösen sich gut in Wasser, die Schmelztemperaturen liegen zwischen 175 °C und 300 °C und damit relativ hoch.
Die Moleküle dieser Säuren müssen also durch starke elektrostatische Kräfte zusammengehalten werden, wie sie auch in ▸ Ionengittern (S. 34) auftreten.
Innerhalb eines Aminosäuremoleküls findet eine intramolekulare Protolyse statt, bei der die Carboxylgruppe ein Proton abgibt und die Aminogruppe dieses aufnimmt. Es kommt zur Bildung eines ***Zwitterions.***

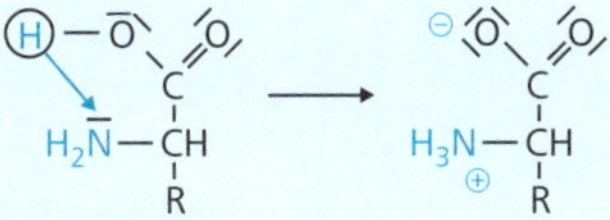

Die starke gegenseitige Anziehung der Zwitterionen ist bei Aminosäuren für die hohe Stabilität des Festkörpergitters verantwortlich.
Die Aminosäuren sind aufgrund der basischen NH_2- und der sauren COOH-Gruppe *amphoter,* d. h., sie bilden sowohl mit Säuren als auch mit Basen Salze. Bei einem für jede Aminosäure charak-

8

teristischen ▸ pH-Wert (S. 95 f.), dem ***isoelektrischen Punkt,*** liegen die Säuremoleküle auch in Lösung als Zwitterionen vor.

Übersicht einiger wichtiger Aminosäuren

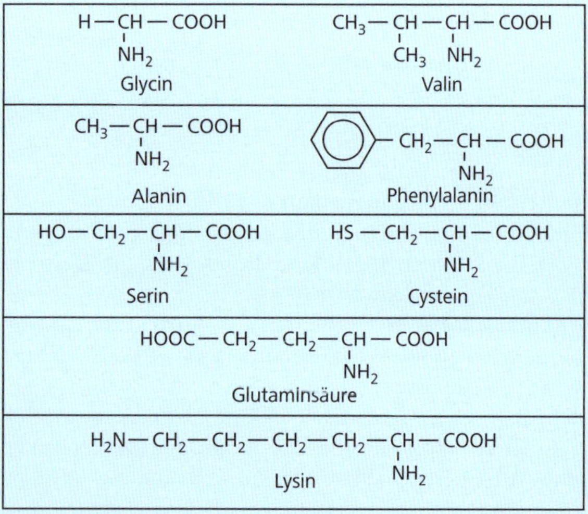

Peptidbindung

Bei der Verknüpfung von Aminosäuren reagiert die Carboxylgruppe einer Aminosäure mit einer Aminogruppe einer zweiten Aminosäure, deren Carboxylgruppe dann wiederum mit der Aminogruppe der nächsten reagieren kann usw. Die Verknüpfung heißt ***Peptidbindung.***

Je nach Anzahl der miteinander verknüpften Aminosäuren entstehen dabei Dipeptide (*di* = zwei) bis zu Polypeptiden (*poly* = viel).

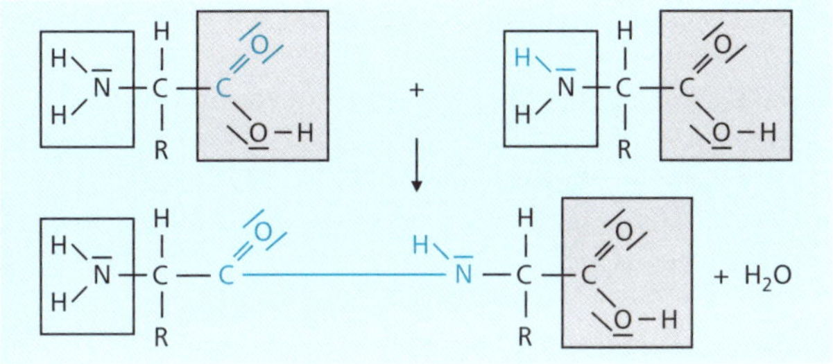

Benennung der Peptide

Peptide werden zeichnerisch so dargestellt, dass die Aminogruppe der ersten Aminosäure an die linke, die Carboxylgruppe der letzten Aminosäure an die rechte Seite orientiert werden.
Die Namensgebung ist dann denkbar einfach: Man startet an der Seite der freien Aminogruppe mit der ersten Aminosäure und der Endung -yl und hängt alle weiteren Reste entsprechend an. Bei der letzten Aminosäure bleibt deren Name unverändert.

BEISPIEL

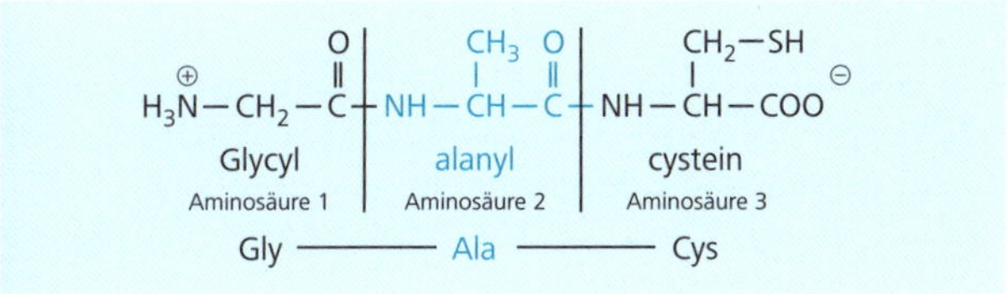

Struktur von Proteinen

Proteine, also Ketten von mehr als 100 verknüpften Aminosäuren, haben geordnete dreidimensionale Strukturen. Diese Anordnung bestimmt letztlich die chemischen Eigenschaften des Proteins.
Es gibt eine sehr große Zahl verschiedener Eiweißstoffe. Das hat mehrere Gründe:

- Die Eiweißstoffe enthalten unterschiedlich viele *Arten* von Aminosäuren.
- Die Kettenlänge der Eiweißmoleküle ist von Stoff zu Stoff verschieden. Dadurch ist auch die *Gesamtzahl* der gebundenen Aminosäuren unterschiedlich.
- Die Aminosäuremoleküle sind in unterschiedlicher *Reihenfolge* miteinander verknüpft.

BEISPIEL Bereits mit je zwei Molekülen Alanin und Cystein gibt es vier verschiedene Kombinationsmöglichkeiten.

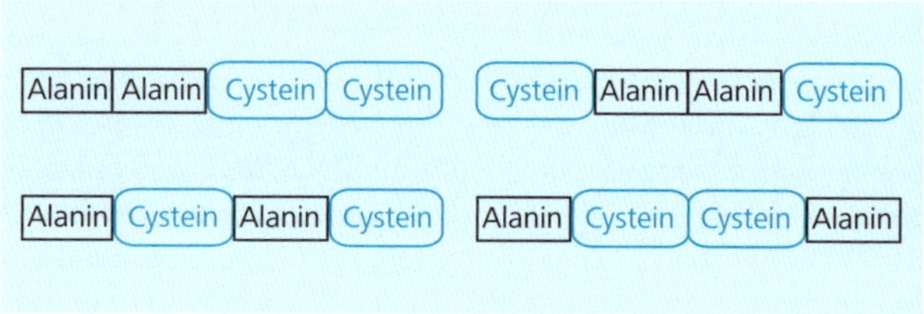

Die Abfolge der einzelnen Aminosäuren in der Kette, die sogenannte Aminosäurensequenz, bildet die *Primärstruktur*.

Zwischen einzelnen Teilen *mehrerer* langkettiger Eiweißmoleküle oder auch innerhalb *eines* Moleküls liegen zusätzliche Bindungen vor, wie z. B. ▶ Wasserstoffbrückenbindungen (S. 46). Dadurch entstehen zwei weitere Strukturen, die sogenannte α-Helix und die Faltblattstruktur.

Die Raumstruktur der Peptidkette, die durch die größtmögliche Zahl von intramolekularen Wasserstoffbrückenbindungen zustande kommt, bildet die *Sekundärstruktur*.

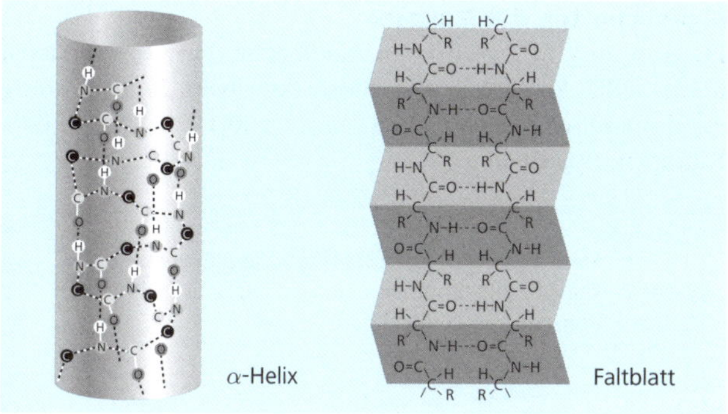

Durch Verknäulen und Falten der Polypeptidketten werden zusätzliche Wasserstoffbrücken, Bindungen zwischen ionischen Gruppen und Disulfidbrücken (Schwefelbrücken) gebildet.

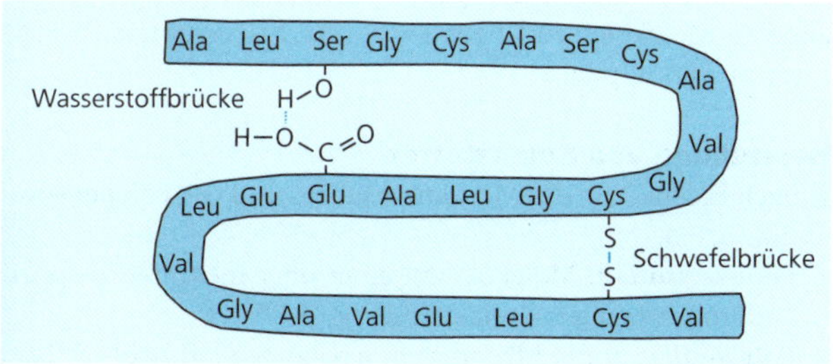

> Die Struktur von Eiweißmolekülen, die sich aus der räumlichen Anordnung von α-Helix bzw. Faltblatt ergibt, bildet die ***Tertiärstruktur.***

Aus diesem Grund kommen Eiweißstoffe in der Natur als sehr kompliziert gebaute Moleküle vor.

Eigenschaften der Proteine

Eiweißstoffe sind – wie Fette – gegenüber bestimmten Einflüssen unbeständig. So wird ihre Tertiärstruktur beim *Erhitzen* sowie durch *Säuren* und *Schwermetall-Ionen* zerstört. Das Eiweiß bildet Klumpen, es gerinnt.

MERKE

Das Gerinnen ist eine typische Eigenschaft von Eiweiß.
Dieser Vorgang ist nicht umkehrbar. Man bezeichnet ihn daher als *Denaturierung*.

8.10 Kunststoffe

Kunststoffe bestehen aus ***Makromolekülen,*** die sich aus vielen kleinen Einzelmolekülen, den ***Monomeren,*** zusammensetzen. Diese Moleküle haben die Eigenschaft, sich miteinander oder mit anderen Molekülen zu langen Ketten oder zu vernetzten Strukturen zu verknüpfen.

Herstellung von Kunststoffen

Je nach Eigenschaft der Monomere gibt es drei verschiedene Reaktionsarten.

- ***Polymerisation:*** Moleküle mit einer oder mehreren Doppelbindungen reagieren miteinander (▶ S. 205).
- ***Polykondensation:*** Alkandisäuren reagieren mit zweiwertigen Alkoholen oder mit Stoffen, deren Moleküle zwei Aminogruppen enthalten (▶ S. 219).
- ***Polyaddition:*** Moleküle mit polaren Doppelbindungen addieren polare Moleküle (▶ S. 216 f.).

Struktur und Eigenschaften von Kunststoffen

Als Ergebnis verschiedener Kunststoffsynthesen entstehen – unabhängig vom Verfahren – lange Molekülketten, die abhängig vom jeweiligen Ausgangsstoff mehr oder weniger unverzweigt sind oder über Seitenketten mehr oder weniger stark vernetzte Molekülgerüste bilden.

Nach ihrem Verhalten beim Erhitzen werden Kunststoffe in zwei Gruppen eingeteilt: ***Thermoplaste*** und ***Duroplaste.***

Eine dritte Gruppe, die ***Elastomere,*** zeichnet sich durch gummielastische Eigenschaften aus.

Thermoplaste bestehen aus sehr langen, meist unverzweigten Molekülketten. Die einzelnen Molekülketten sind nicht miteinander verbunden.
Thermoplaste lassen sich ohne Veränderung der Makromoleküle schmelzen. Sie erweichen beim Erwärmen und sind dann plastisch verformbar. Kühlen sie ab, so erhärten sie wieder.

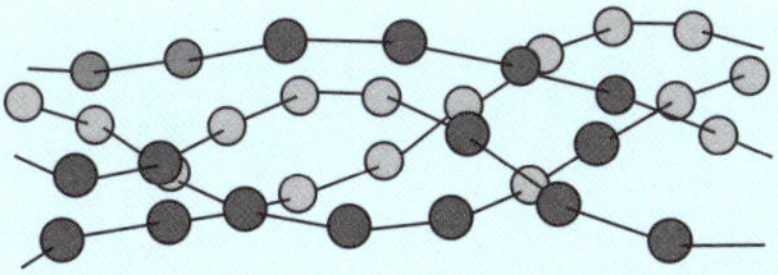

BEISPIELE

Name	Verwendung
Polyethen (PE)	Plastikbeutel, Eimer, Folien
Polyvinylchlorid (PVC)	Fußbodenbeläge, Schallplatten
Polystyrol (PS)	Schaumstoff für Verpackungen
Polyethenterephthalat (PET)	Textilfasern, Getränkeflaschen
Polyamide (PA)	Strumpfhosen, Dübel, Angelschnur

Duroplaste bestehen aus eng miteinander vernetzten Makromolekülen. Sie sind nicht schmelzbar, spröde und härter als Thermoplaste.
Eine plastische Verformung in der Wärme ist nicht möglich. Bei hohen Temperaturen findet eine Zersetzung statt.

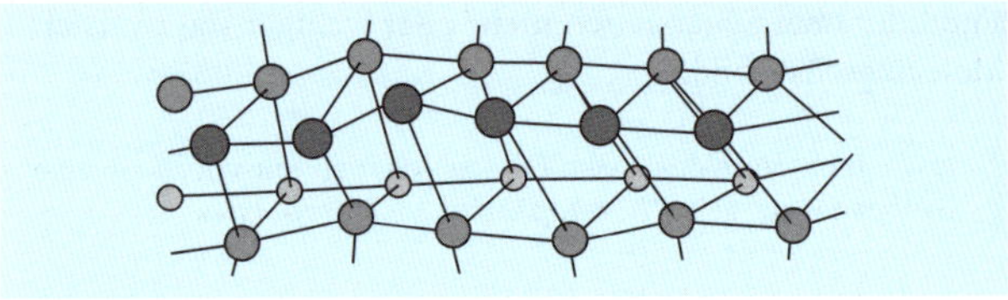

BEISPIELE

Name	Verwendung
Phenoplaste (PF) Aminoplaste (MF)	Gehäuseteile, elektrisches Isoliermaterial Kochlöffel, Kunststofffurniere

Elastomere bestehen aus Makromolekülen, die nur sehr weitmaschig verknüpft sind. Diese Kunststoffe sind daher gummielastisch.

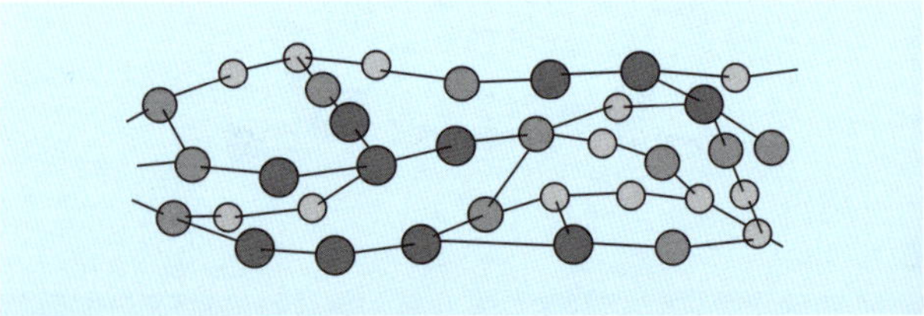

Sie lassen sich durch äußere Krafteinwirkung verformen und nehmen anschließend wieder ihre ursprüngliche Form an. Beim Erhitzen zersetzen sie sich ähnlich wie die Duroplaste.

BEISPIELE

Name	Verwendung
Polyurethan (PU) Kautschuk	Matratzen, Schwammtücher Schläuche, Autoreifen

Ökologische Aspekte

Im Unterschied zu Naturstoffen kann der Abbau von herkömmlichen Kunststoffen mehrere Millionen Jahre dauern. Die Entsorgung verbrauchter Kunststoffprodukte hat daher zu einer weltweiten Belastung der Umwelt geführt. Neu entwickelte ***Biokunststoffe*** (▶ S. 220) vereinen zwei wesentliche Eigenschaften: Ihre Herstellung aus nachwachsenden Rohstoffen und ihre biologische Abbaubarkeit innerhalb weniger Jahre. Vorteile sind die Verfügbarkeit der Ressourcen und die ***Nachhaltigkeit.*** Darunter versteht man ein Konzept, das ökologische, ökonomische und menschliche Interessen gleichberechtigt und dauerhaft miteinander verbindet.

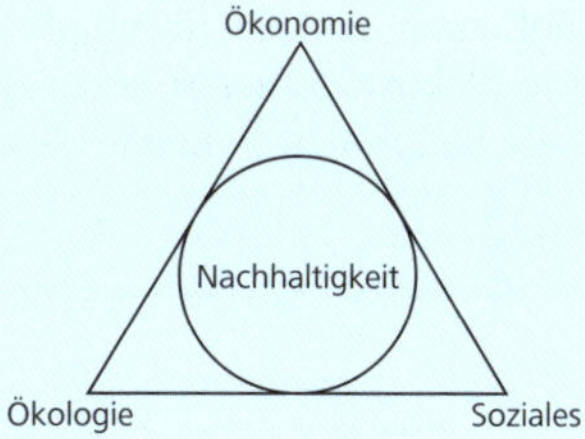

8.11 Farbstoffe

Absorbiert eine Verbindung beim Bestrahlen mit weißem Licht einen bestimmten Teil im Bereich des sichtbaren Spektrums (400–800 nm), so erscheint sie farbig. Vom menschlichen Auge wird der nicht absorbierte, reflektierte Teil des Spektrums wahrgenommen. Dieser Teil entspricht der Komplementärfarbe des absorbierten Lichtes.

MERKE

Die Farben zweier Lichter, die zusammen weißes Licht ergeben, nennt man Komplementärfarben.

Strukturmerkmale von Farbstoffmolekülen

Farbstoffmoleküle müssen durch Licht leicht anregbare Elektronen, vorzugsweise π-Elektronen, aufweisen. Sie besitzen daher in der Regel die folgenden Strukturbausteine:

Ein Kohlenstoffgerüst mit Mehrfachbindungen, das sogenannte π-System. Dieses System wird als ***Chromophor*** (griech. *chroma:* Farbe und *phoros:* tragend) bezeichnet.

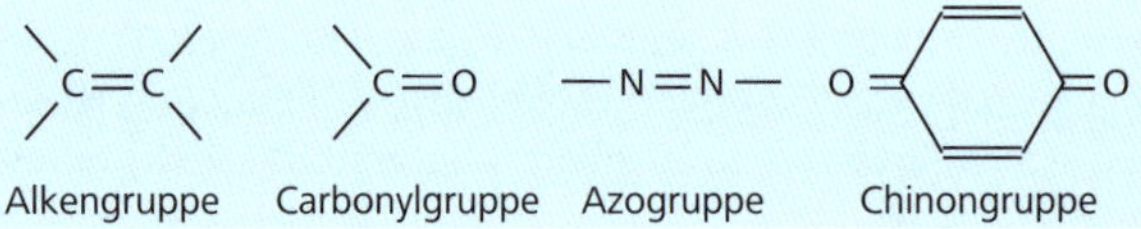

Viele Farbstoffe enthalten an das Chromophor gebunden zwei Substituenten: eine Elektronen liefernde Gruppe (Elektronendonator D) und eine Elektronen ziehende Gruppe (Elektronenakzeptor A).

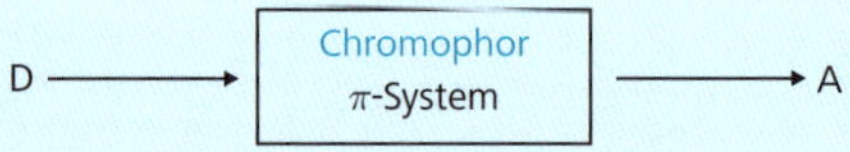

Die Elektronendonatoren bezeichnet man als ***Auxochrome*** (gr. *auxein,* vermehren). Es sind Gruppen, die einen +I- bzw. einen +M-Effekt (▶ S. 213/214) ausüben.

BEISPIEL

D	$-OR$	$-NR_2$	$-H$
	$-O^-$	$-NH_2$	$-C_6H_5$

Die Elektronenakzeptoren bezeichnet man als ***Antiauxochrome.*** Es sind Gruppen, die einen –I- bzw. einen –M-Effekt ausüben.

BEISPIEL

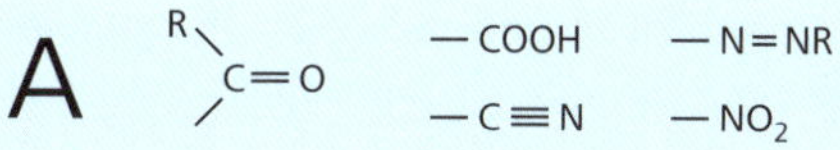

Ein bekanntes Beispiel für ein Molekül mit auxochromer und antiauxochromer Gruppe ist der für das Farbsehen des Auges verantwortliche Farbstoffmolekül Retinal:

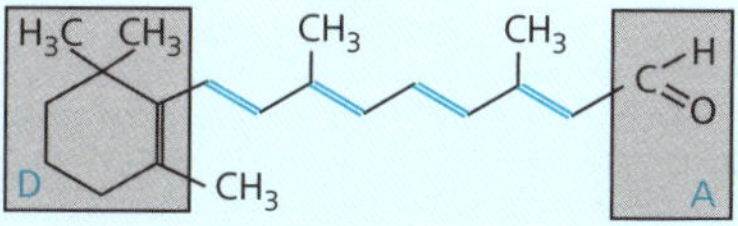

MERKE

Eine Verbindung erscheint nur dann farbig, wenn sich *mehrere* π-Bindungen zu einem ausgedehnten *mesomeren* π-System überlappen können.

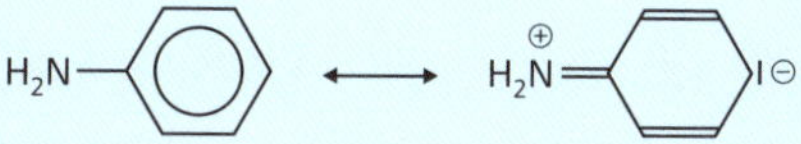

Diese Überlagerung von Elektronensystemen ist nur in weitgehend *ebenen* Systemen möglich. Die Kohlenstoffatome mit Doppelbindungen sind sp^2-hybridisiert, die Bindungswinkel betragen 120°: Die erforderlichen Bedingungen sind also erfüllt.

Einteilung der Farbstoffe

Die Farbstoffe lassen sich anhand ihres chromophoren Grundgerüstes in verschiedene Gruppen einteilen:

Azofarbstoffe

Azofarbstoffe enthalten die sogenannte *Azogruppe* (–N=N–) als Chromophor. Diese Farbstoffe, die sich durch große Lichtechtheit (Farbe bleicht durch Sonnenlicht nicht aus) auszeichnen, dienen zum Färben von Textilien, als Indikatoren und als Lebensmittelfarbstoffe.

BEISPIEL

Methylrot (Indikator)

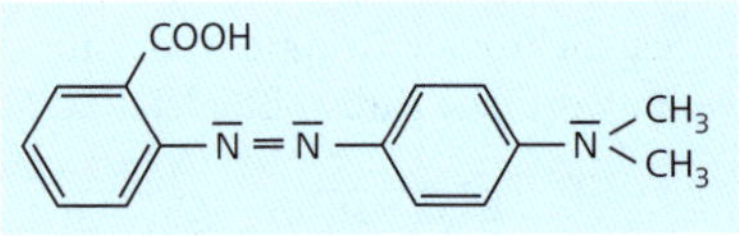

Die Ausbildung eines mesomeren Elektronensystems ist hier gut darstellbar:

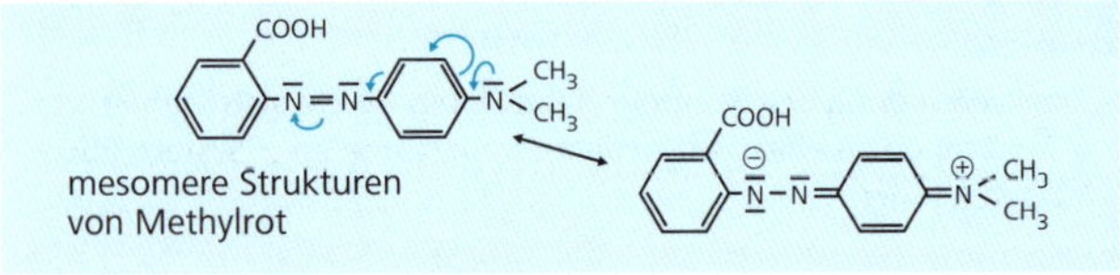

Die Indikatorwirkung des Methylrots basiert auf der Abspaltbarkeit der Protons der Carboxylgruppe und der Aufnahmemöglichkeit dieses Protons durch eines der Stickstoffatome.
Hierbei wird das delokalisierte π-Elektronensystem verändert und folglich ändert sich auch die Farbe der Verbindung in Abhängigkeit vom umgebenden sauren oder basischen Medium.

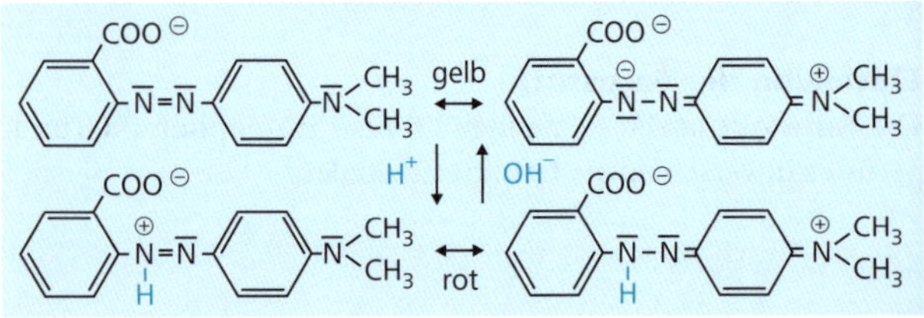

Triphenylmethanfarbstoffe

Triphenylmethanfarbstoffe enthalten als chromophores System das Grundgerüst des ***Triphenylmethans.*** Sie zeigen eine hohe Farbbrillianz, sind aber wenig lichtecht und finden Verwendung als Plakat-, Druck- und Stempelfarben. Ihre Farbigkeit beruht auf der Ausbildung mesomerer, chinoider Strukturen (▶ S. 163):

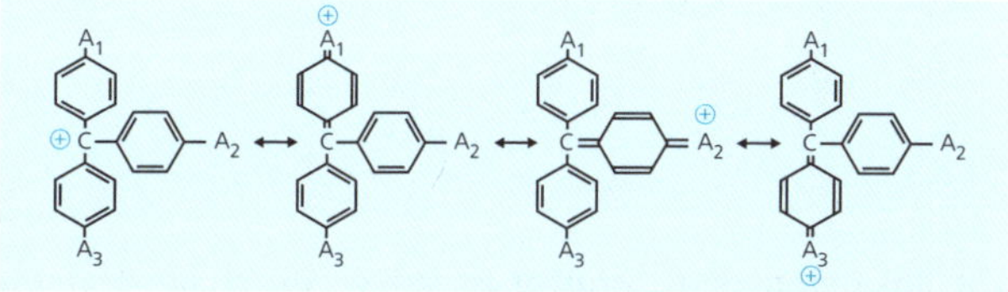

Die Substituenten A_1–A_3 sind hier Elektronendonatoren, also *Auxochrome.* In diesen Fällen sind es Gruppen, die aufgrund ihres +M-Effekts mit dem π-System in Wechselwirkung treten können.

BEACHTE Mindestens zwei dieser Auxochrome müssen vorliegen, um die notwendige Delokalisation der Elektronen zu gewährleisten.

BEISPIEL Fuchsin

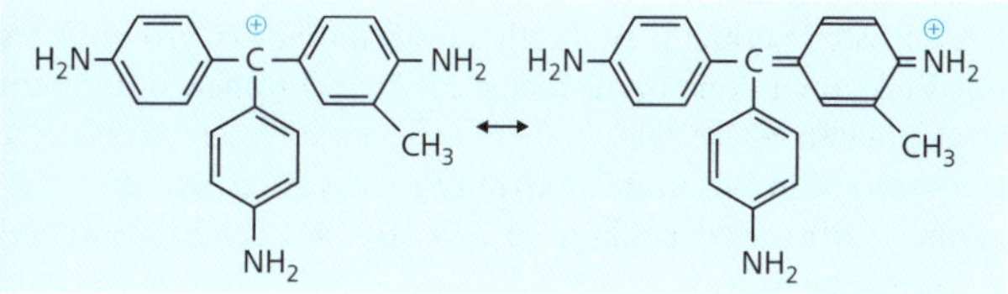

Phthaleinfarbstoffe

Die ***Phthaleine*** sind den Triphenylmethanfarbstoffen strukturell verwandt. Der bekannteste Vertreter ist ***Phenolphthalein,*** das im alkalischen Medium eine rosarote Farbe annimmt und deshalb als Indikator verwendet wird.

BEISPIEL

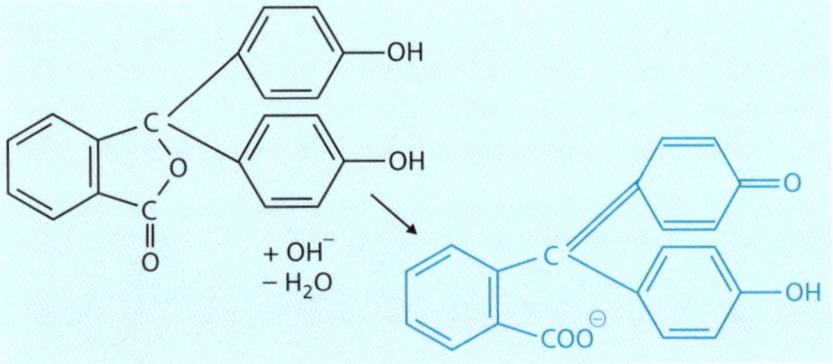

Die linke protonierte Struktur ist farblos, die rechte deprotonierte Struktur ist kräftig rot gefärbt. Im linken Molekül lässt sich aufgrund der Sauerstoffbrücke kein mesomeres, chinoides System aufbauen, folglich ist es nicht farbig.

Anthrachinonfarbstoffe

Anthrachinonfarbstoffe leiten sich vom Anthrachinon ab, dessen Molekülgerüst mit seiner chinoiden Struktur ein günstiges Chromophor darstellt.

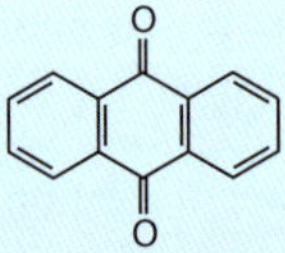

Die Farbstoffe erhält man durch Substitution des Chromophors mit Elektronendonatoren, hier also Auxochromen mit einem ausgeprägten + M-Effekt.

BEISPIEL Ein bekannter Vertreter ist das ***Alizarin,*** ein orangeroter Farbstoff, der schon im Altertum aus der Krappwurzel gewonnen wurde.

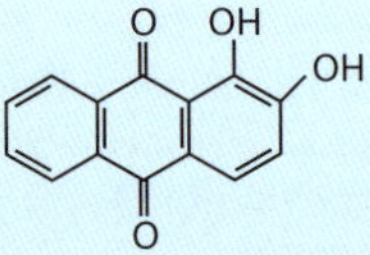

Organische Reaktionen 9

9.1 Trennung einer Atombindung

Damit organische Stoffe miteinander reagieren können, müssen in ihren Molekülen Elektronenpaarbindungen getrennt werden. Dabei existieren zwei Möglichkeiten, die Einfachbindung zwischen zwei Kohlenstoffatomen aufzubrechen.

Homolytische Bindungstrennung

Bricht die Atombindung so auf, dass das bindende Elektronenpaar gleichmäßig zwischen den Kohlenstoffatomen aufgeteilt wird, so nennt man dies eine ***homolytische Spaltung.***

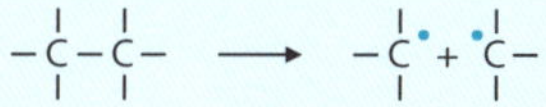

Die resultierenden Bruchstücke, sogenannte ***Radikale,*** enthalten ungepaarte Elektronen und sind extrem kurzlebig. Sie gehen daher sehr schnell eine Folgereaktion ein.

MERKE

Die homolytische Spaltung findet unter Einwirkung von energiereichem Licht überwiegend in der Gasphase oder in unpolaren Lösemitteln statt.

Heterolytische Bindungstrennung

Bricht die Atombindung so auf, dass die Bindungselektronen einem der beiden Kohlenstoffatome übertragen werden, so entstehen zwei entgegengesetzt geladene *Ionen.* Diese Trennung bezeichnet man als ***heterolytische Spaltung.***

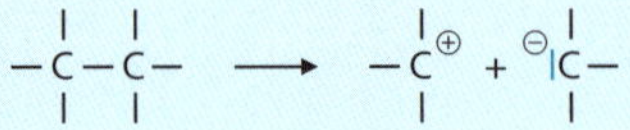

Das Molekül wird in ein positiv geladenes ***Carbenium-Ion*** und ein negativ geladenes ***Carbanion*** gespalten.

MERKE

Die heterolytische Spaltung läuft bevorzugt in polaren Lösemitteln ab.

9.2 Radikalreaktionen

Radikale sind sehr reaktionsfähig und reagieren mit Molekülen des Reaktionspartners zu neuen Radikalen, die ihrerseits weitere Radikale erzeugen usw. Das Ergebnis ist eine ***Kettenreaktion***, bei der das Licht bzw. die zugeführte Wärmeenergie lediglich den „Startschuss" geben.
Ist eine Radikalkettenreaktion einmal gestartet, kann sie über Tausende von Zyklen ablaufen.

Radikalische Substitution

Eine bekannte radikalische Substitution ist die Chlorierung von Methan, bei der Wasserstoffatome des Methanmoleküls durch Chloratome ersetzt werden. Sie tritt ein, wenn eine Mischung der Gase mit energiereichem Licht (z. B. UV-Licht) bestrahlt wird. Die Lichtenergie führt zu einer homolytischen Bindungstrennung der Chlormoleküle unter Bildung von Chloratomen.

$$Cl_2 \longrightarrow Cl^{\bullet} + Cl^{\bullet} \quad \Big\} \text{ Startreaktion}$$

$$\left.\begin{array}{l} Cl^{\bullet} + CH_4 \longrightarrow CH_3^{\bullet} + HCl \\ CH_3^{\bullet} + Cl_2 \longrightarrow CH_3Cl + Cl^{\bullet} \end{array}\right\} \text{ Folgereaktionen: Kettenfortpflanzung}$$

$$CH_3^\bullet + Cl^\bullet \longrightarrow CH_3Cl$$
$$Cl^\bullet + Cl^\bullet \longrightarrow Cl_2$$
$$CH_3^\bullet + CH_3^\bullet \longrightarrow CH_3CH_3$$

Kettenabbruchreaktionen

Dieser Reaktionsmechanismus erklärt auch eine geringe Konzentration von *Ethan* im Produktgemisch.

Radikalische Polymerisation

Eine ***Polymerisation*** ist eine Reaktion, bei der sich sehr viele kleine Moleküle – ***Monomere*** – miteinander zu langen Ketten – ***Polymere*** – verbinden.
Die Einleitung der Reaktion erfolgt durch einen Starter, ein reaktives Molekül, welches unter Lichteinwirkung in Radikale zerfällt.

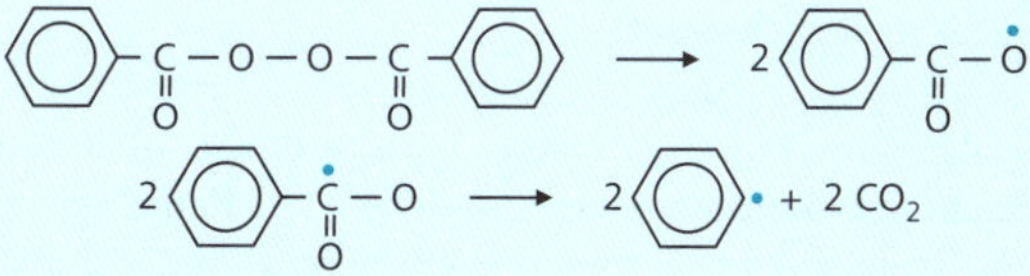

Diese Radikale können Doppelbindungen angreifen, wobei wiederum ein Radikal entsteht.

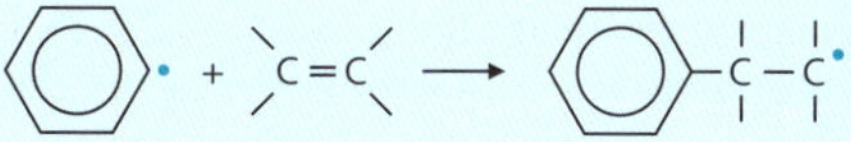

Die weitere Anlagerung von Molekülen führt zur Kettenbildung:

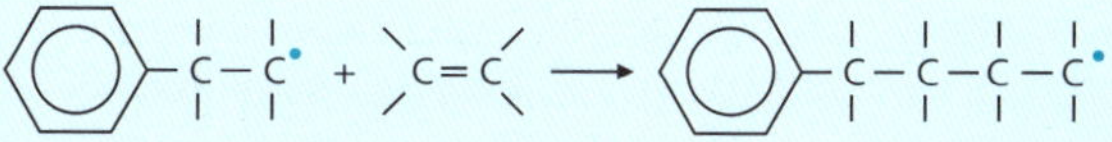

Der Kettenabbruch erfolgt durch Reaktion zweier Radikale (auch zweier Radikalketten) miteinander.

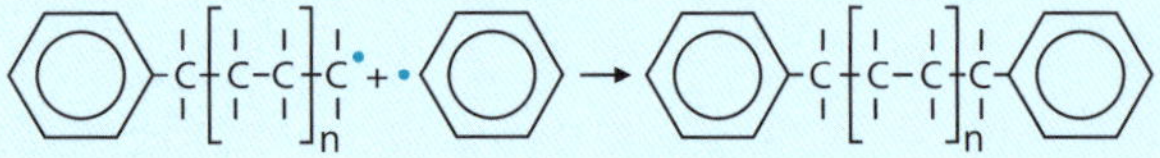

BEACHTE Die Polymerisation benötigt neben dem Starter einen Ausgangsstoff, dessen Moleküle in der Regel mindestens eine C–C-Doppelbindung enthalten müssen.

BEISPIEL Aus dem monomeren Ethen entsteht Polyethylen (PE), aus Monochlorethen (Vinylchlorid) entsteht Polyvinylchlorid (PVC).

9.3 Ionenreaktionen

Die bei der heterolytischen Spaltung entstandenen Ionen können sehr leicht mit entgegengesetzt geladenen Teilchen reagieren: Die positiv geladenen Carbenium-Ionen reagieren mit negativ geladenen ***Nucleophilen,*** die negativ geladenen Carbanionen mit positiv geladenen ***Elektrophilen.***

Elektrophile Addition

Moleküle von ▸ ungesättigten Kohlenwasserstoffen (S. 146) haben das Bestreben, an die Kohlenstoffatome der Mehrfachbindung in einer Additionsreaktion zusätzliche Teilchen anzulagern.

BEISPIEL Ethen reagiert mit Brom zu einem Halogenalkan.

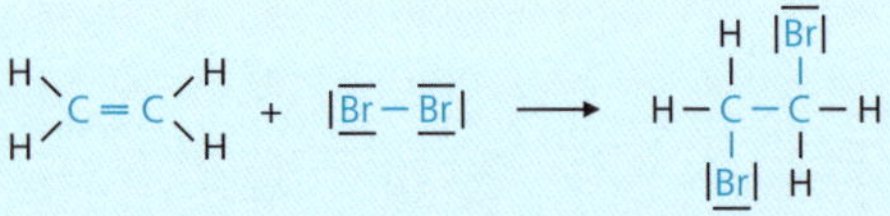

Bei der Reaktion zwischen Ethen und Brom wird das Brommolekül durch die Einwirkung der negativen Ladungswolke der π-Bindung polarisiert:

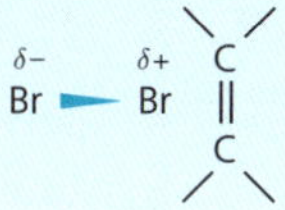

Anschließend kommt es zu einer heterolytischen Trennung des Brommoleküls und Anlagerung des positiv geladenen Brom-Ions an die π-Wolke (▶ S. 44) der Doppelbindung unter Bildung eines ***π*-Komplexes:**

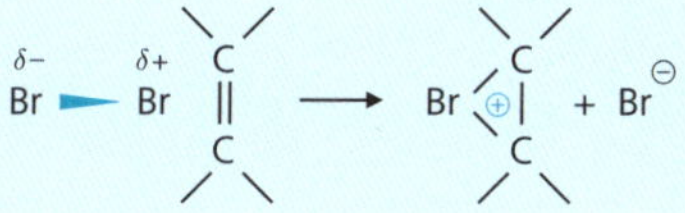

Durch Auflösung der π-Bindung und Umlagerung entsteht ein positiv geladenes Carbenium-Ion:

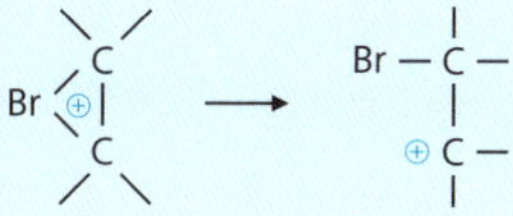

Eine nucleophile Reaktion mit dem zuvor gebildeten Bromid-Ion bildet den letzten Schritt und führt zum Halogenalkan:

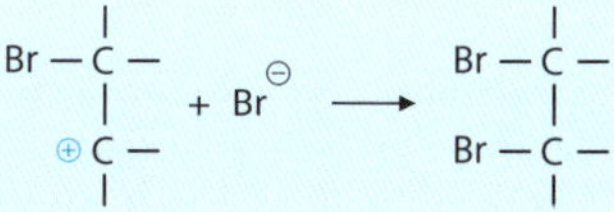

MERKE

Auch andere polarisierbare bzw. polare Moleküle (z. B. HBr und H_2O) reagieren mit ungesättigten Kohlenwasserstoffen auf vergleichbare Weise.

Eliminierung

Die Umkehrung einer Additionsreaktion bezeichnet man als ***Eliminierung.*** Bei Eliminierungsreaktionen werden zwei Atome oder Atomgruppen von benachbarten Kohlenstoffatomen eines Moleküls abgespalten, ohne dass andere Atome oder Atomgruppen an ihre Stelle treten. Dadurch entstehen zwischen den Kohlenstoffatomen Doppelbindungen.

BEISPIEL Durch die Einwirkung von Zinkpulver auf 1,2-Dibromethan entsteht Ethen.

$$BrH_2C - CH_2Br + Zn \rightarrow H_2C = CH_2 + Zn^{2+} + 2\,Br^-$$

Nucleophile Substitution

Ein mit einem Kohlenstoffatom verbundenes Halogenatom kann als Halogen-Anion leicht durch starke Basen verdrängt werden. Diese Basen (z. B. Hydroxid-Ionen OH^-) besitzen ein freies Elektronenpaar. Sie sind auf der Suche nach einem Kern, mit dem sie ihre Elektronen teilen können.

BEISPIEL Monobromethan reagiert mit starker Natronlauge zu Ethanol.

$$CH_3CH_2Br + OH^- \rightarrow CH_3CH_2OH + Br^-$$

Die Reaktion der Halogenalkane mit einem Hydroxid-Ion kann auf zwei verschiedenen Wegen ablaufen:

S_N1-Mechanismus

Die nucleophile Substitution verläuft in *zwei* Schritten:
Im 1. Schritt bildet sich durch Austritt eines negativ geladenen Teilchens ein Carbenium-Ion.

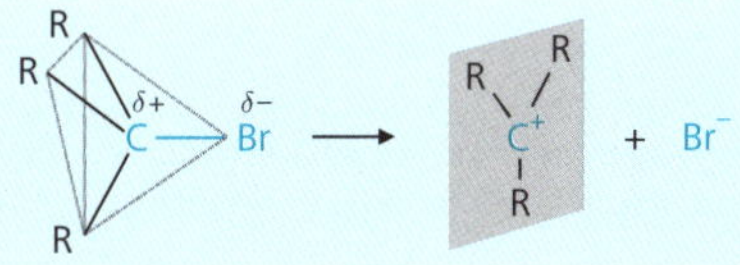

Der 2. Schritt ist eine Ionen-Reaktion des Carbenium-Ions mit einem elektronenreichen Nucleophil.

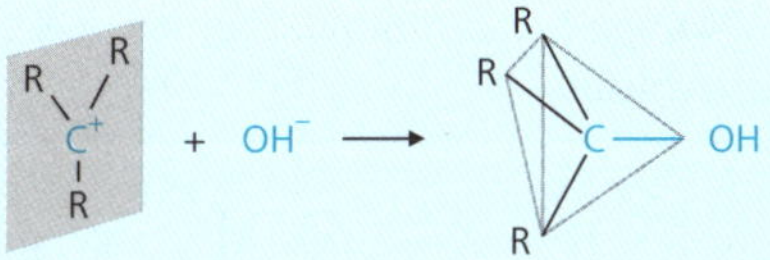

MERKE

Dieser zweistufige Prozess führt zuerst zur *langsamen* Bildung eines Carbenium-Ions. Dieses reagiert dann *schnell* mit dem Hydroxid-Ion zum Alkoholmolekül.

S_N2-Mechanismus

Bei dieser nucleophilen Substitution liegt ein einstufiger Prozess vor: Ein Halogenid-Ion verlässt das Molekül, gleichzeitig wird ein Hydroxid-Ion gebunden. Es existiert ein Übergangszustand, bei dem das Kohlenstoffatom partiell mit der OH-Gruppe und dem Halogenatom verbunden ist.

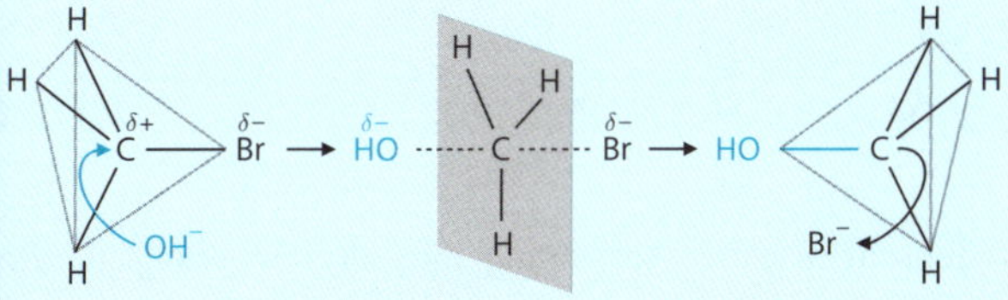

9

MERKE

Polare Lösemittel *erleichtern* die S_N1-Reaktion, weil sie die Trennung entgegengesetzter Ladungen unterstützen. Polare Lösemittel *erschweren* die S_N2-Reaktion, denn Nucleophil und austretende Gruppe werden dann stärker von Lösemittelmolekülen umhüllt, d. h. voneinander abgeschirmt.

Elektrophile Substitution

Die charakteristische Reaktion des Benzols und anderer Aromaten ist die ***elektrophile Substitution,*** bei der das aromatische System erhalten bleibt.

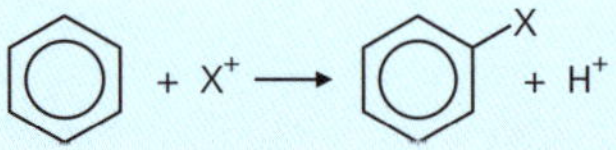

Die elektrophile aromatische Substitution verläuft in drei Schritten.

1. Teilschritt: Herstellung eines elektrophilen Teilchens (X^+), meist mithilfe eines Katalysators.

2. Teilschritt: Die negative Ladungswolke wird vom elektrophilen Teilchen angegriffen. Dieser Schritt führt über einen π-Komplex zur Bildung eines Übergangszustandes, einem positiv geladenen σ-Komplex.

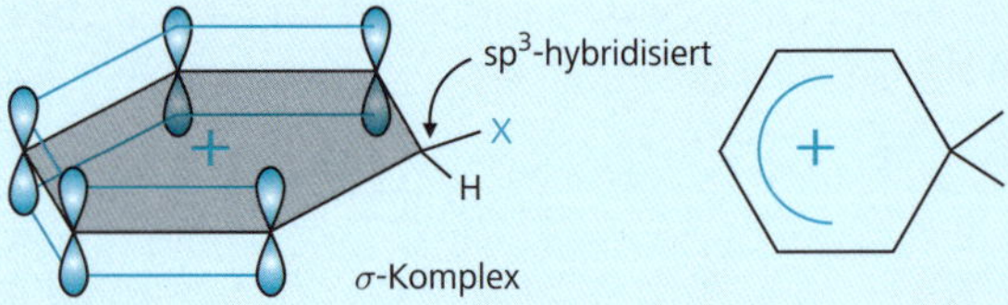

3. Teilschritt: Unter Abspaltung eines Protons erfolgt die *Rearomatisierung.*

BEISPIEL Halogenierung von Benzol
Halogenmoleküle sind nicht elektrophil. Demzufolge müssen daraus elektrophile Teilchen hergestellt werden. Dies geschieht in Verbindung mit ▶ LEWIS-Säuren (S. 93), wie z. B. Eisen(III)-bromid.

$$FeBr_3 + Br_2 \longrightarrow [FeBr_4]^- + Br^+$$

Die elektrophile Substitution wird eingeleitet, indem das elektrophile Brom-Ion an die π-Elektronenwolke des aromatischen Bindungssystems angelagert wird.

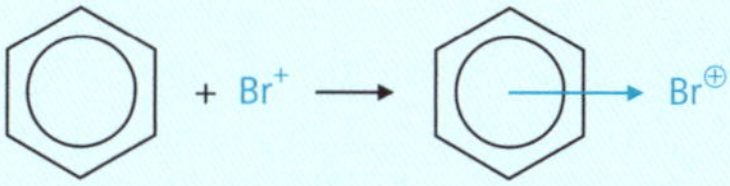

Durch die Bindung des Br^+-Ions an den Ring erfolgt die Aufhebung des aromatischen Zustandes und die Bildung eines ▶ mesomeren (S. 153) ***σ-Komplexes.***

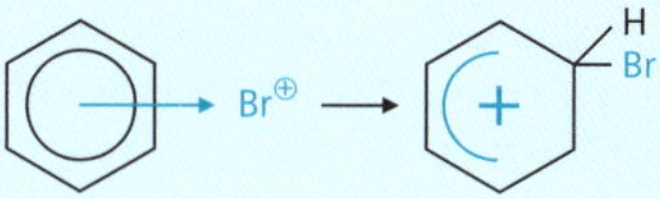

Durch Abspaltung eines Protons wird das aromatische System wiederhergestellt. Das Proton reagiert mit dem $[FeBr_4]^-$-Ion zu Eisen(III)-bromid und Bromwasserstoff.

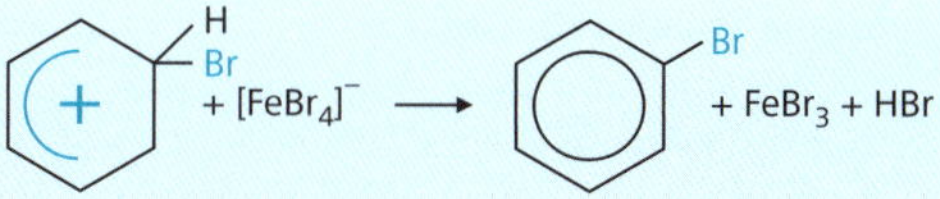

Die ***Nitrierung*** von Aromaten verläuft auf analoge Weise. Sie gelingt mit Nitriersäure, einem Gemisch aus konzentrierter Salpetersäure und konzentrierter Schwefelsäure.
Die zugefügte Schwefelsäure protoniert die Salpetersäure. Als Folge entsteht daraus ein stark elektrophiles ***Nitronium-Ion***, NO_2^+.

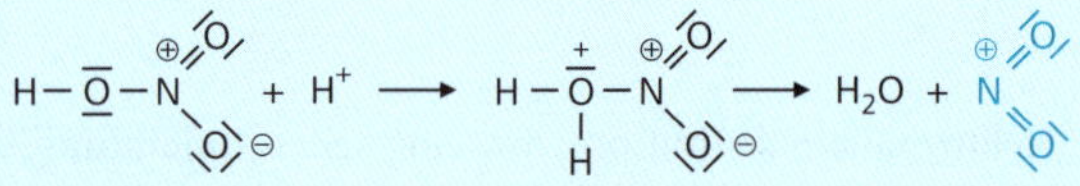

Alkylierung

Die ***Alkylierung***, nach ihren Entdeckern auch ***Friedel-Crafts-Reaktion*** genannt, führt zur Knüpfung neuer C–C-Bindungen. Sie ist wie die Halogenierung eine ▸elektrophile Substitution (S. 210), denn es wird ebenfalls eine Lewis-Säure (meist $AlCl_3$) zur Bildung des Elektrophils benötigt.

$$CH_3Cl + AlCl_3 \longrightarrow [AlCl_4]^- + CH_3^+$$

Das Alkyl-Ion reagiert mit dem Benzolring über mehrere Zwischenstufen, die der elektrophilen Substitution entsprechen, zu alkylierten Aromaten.

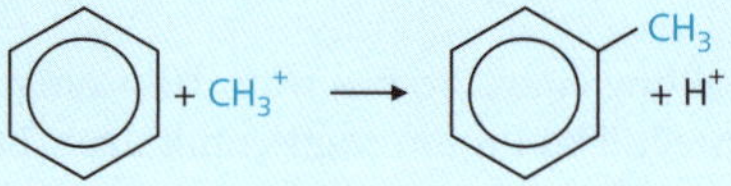

Elektrophile Zweitsubstitution

Ein bereits substituierter Benzolring kann mit einem weiteren Elektrophil reagieren, man spricht dann von einer ***Zweitsubstitution.*** Drei isomere Strukturen sind möglich:

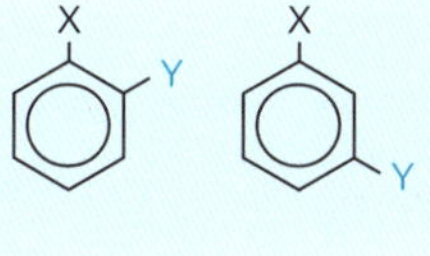

Neigung zur Zweitsubstitution

Die Positionierung des Zweitsubstituenten wird durch die Fähigkeit des *Erst*substituenten, Elektronen abzugeben oder anzuziehen, maßgeblich beeinflusst.
Ein elektronen*liefernder* Substituent erhöht die Bereitschaft des Benzolkerns zu einer Zweitsubstitution, ein elektronen*ziehender* Substituent verringert sie.

MERKE

Die Neigung eines Atoms bzw. einer Atomgruppe, Elektronen abzugeben oder aufzunehmen, bezeichnet man als *induktiven Effekt (I-Effekt)*.

Gruppen mit elektronenliefernder Neigung (**+I-Effekt**):
Alkylgruppen (R-), Alkoxygruppen (R-O-)

Gruppen mit elektronenziehender Neigung (**–I-Effekt**):
$-OH$, $-Cl$, $-NH_2$, $-NO_2$

+ I-Effekt
Elektronenanreicherung im Ring

– I-Effekt
Elektronenverarmung im Ring

Eine weitere Möglichkeit, die Reaktionsfähigkeit des Benzolrings zu beeinflussen, besteht in der Fähigkeit von Erstsubstituenten, mit dem aromatischen System *mesomere Strukturen* zu bilden.

MERKE

Die Eigenschaft eines Atoms bzw. einer Atomgruppe, mit anderen Systemen mesomere Strukturen zu bilden, bezeichnet man als ***mesomeren Effekt (M-Effekt)***.

Gruppen, die dem Benzolring Elektronen zuführen (+ **M-Effekt**): – OH, – Cl, – NH_2

Gruppen, die dem Benzolring Elektronen entziehen (– **M-Effekt**): – CH = O, – COOH, – NO_2

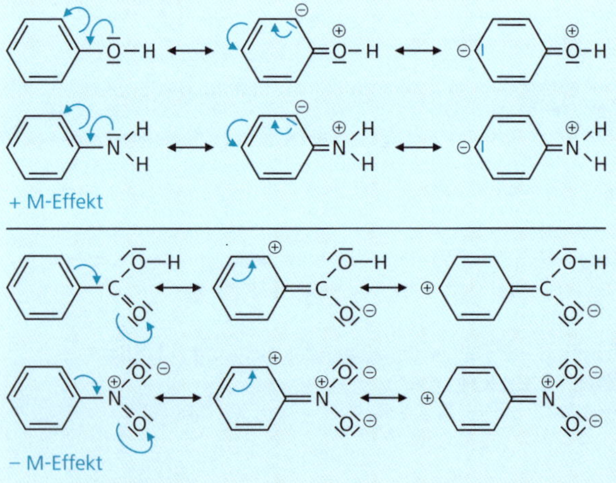

BEACHTE Die M-Effekte bei Amino- (– NH_2) und Hydroxylgruppen (– OH) sind stärker als ihre induktiven Effekte. Bei Halogenen überwiegen hingegen die induktiven Effekte.

Orientierung der Zweitsubstituenten

Die Summe aus I-Effekt und M-Effekt eines Erstsubstituenten bestimmt die Position des Zweitsubstituenten.

- Ein *aktivierender* Erstsubstituent erhöht die Elektronendichte aller Positionen im Benzolring, am *meisten* jedoch die *ortho-* und die *para*-Stellung.
- Ein *desaktivierender* Erstsubstituent verringert die Elektronendichte ebenfalls aller Positionen, die Reaktivität der *ortho-* und *para*-Stellungen wird aber *stärker* gesenkt als die der *meta*-Stellung.

MERKE

Die Auswirkungen eines beliebigen Substituenten sind in *ortho-* und *para*-Stellung am stärksten.

Orientierende Wirkung von Erstsubstituenten auf Zweitsubstituenten:

o- und *p*-dirigierend	*m*-dirigierend
$-CH_3$, $-O-CH_3$	$-NO_2$
$-OH$	$-CHO$
$-NH_2$	$-COOH$
$-Cl$[1]	$-SO_3H$

BEISPIEL Bei der Nitrierung von Phenol entsteht 2,4,6-Trinitrophenol (Pikrinsäure), bei der Nitrierung von Nitrobenzol entsteht 1,3-Dinitrobenzol.

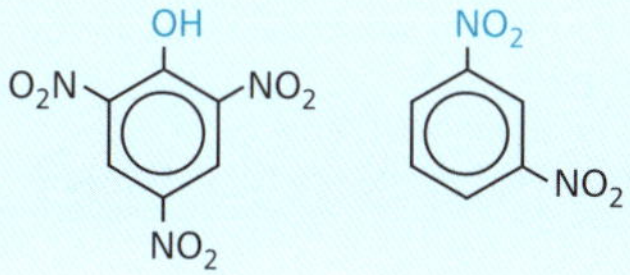

1 Halogenatome bewirken trotz ihrer elektronenziehenden Eigenschaften eine stärkere Desaktivierung der *meta*-Stellung.

9

Bedingungen der Zweitsubstitution

Viele Moleküle setzen sich aus einem *aromatischen* und einem *aliphatischen* Kohlenwasserstoffrest zusammen. Bei *beiden* Resten lassen sich Wasserstoffatome durch Halogenatome substituieren. Welches Produkt dabei entsteht, hängt von den jeweiligen Versuchsbedingungen ab.

- Bei Verwendung eines Katalysator erfährt das Halogenmolekül eine ▶ heterolytische Spaltung (S. 203/204). Das entstehende Halogen-Ion bewirkt eine *elektrophile* Substitution am *Kern*.
- Bei Einwirkung von energiereichem Licht oder bei Erwärmung erfährt das Halogenmolekül eine ▶ homolytische Spaltung (S. 203). Das entstehende Halogen-Radikal bewirkt eine *radikalische* Substitution an der *Seitenkette*.

BEISPIEL Toluol setzt sich aus einer Phenylgruppe (dem Kern) und einer Methylgruppe (der Seitenkette) zusammen.

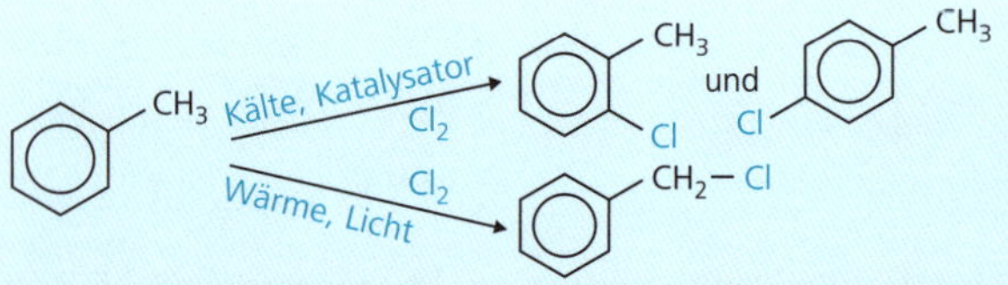

MERKE

Für die Bildung der verschiedenen Reaktionsprodukte gilt folgender Merksatz:
Kälte + Katalysator: Kern ***(KKK-Regel)***
Siedehitze + Sonnenlicht: Seitenkette ***(SSS-Regel)***

Polyaddition

Bei der ***Polyaddition*** findet eine elektrophile Addition von Alkoholmolekülen an *polare* Doppelbindungen statt.

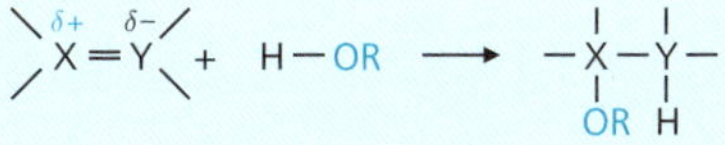

Besitzen die beiden Reaktionspartner jeweils zwei funktionelle Gruppen, bilden sich aus beiden Monomeren langkettige Polyadditionsprodukte.

BEISPIEL Isocyanate reagieren mit zweiwertigen Alkoholen zu Polyurethanen:

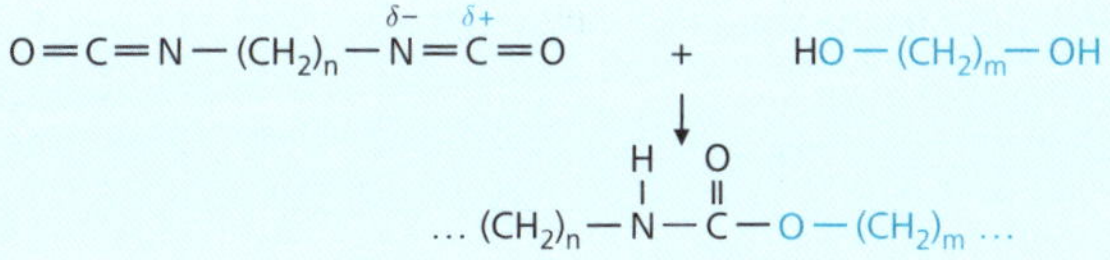

Moleküle mit zwei funktionellen Gruppen führen zu *kettenförmigen* ▶ Thermoplasten, Moleküle mit drei funktionellen Gruppen zu *vernetzten* ▶ Duroplasten (S. 195/196).

BEACHTE Die Polyaddition erfolgt im Unterschied zur ▶ Polykondensation (S. 219) *ohne* Bildung eines niedermolekularen Nebenproduktes.

9.4 Esterreaktionen

Die Umsetzung von Alkoholen mit Carbonsäuren nennt man ***Veresterung***, dabei bildet sich unter Abspaltung von Wasser ein ▶ Carbonsäureester (S. 172).

BEISPIEL Aus Methansäure (Ameisensäure) und Methanol bildet sich Methansäuremethylester.

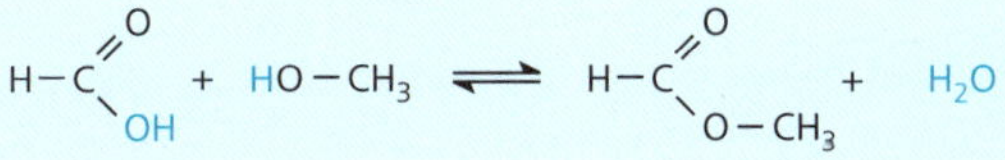

Die Veresterung ist umkehrbar (Verseifung) und führt zu einem Gleichgewicht (S. 77) zwischen Ausgangsstoffen und Produkten.

Mechanismus der Esterbildung

Da es sich um eine umkehrbare Reaktion handelt, müssen auch alle Teilschritte umkehrbar sein. Beide Reaktionen verlaufen über dieselben Zwischenstufen und nach demselben Mechanismus ab.

Die Reaktion startet mit einer Protonierung der Carboxylgruppe durch die Zugabe von konz. Schwefelsäure:

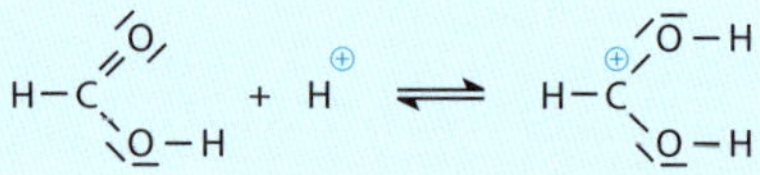

Es folgt eine nucleophile Anlagerung des Alkoholmoleküls an das positiv geladene Kohlenstoffatom.

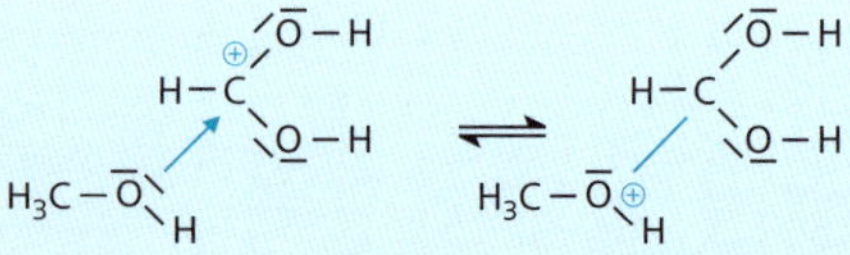

Eine intramolekulare Umlagerung des Protons vom Alkoholmolekül führt zum Austritt von Wasser und zur Bildung des protonierten Esters.

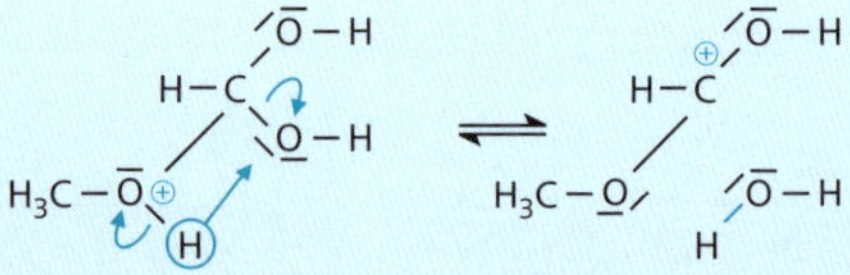

Durch den Austritt eines Protons wird der Katalysator rückgebildet und das Endprodukt, der Ester, gebildet.

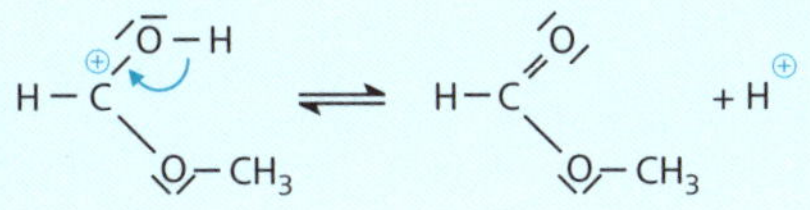

Polykondensation

Eine Kondensationsreaktion verläuft nach *demselben* Mechanismus wie eine Veresterung. Dabei vereinigen sich zwei Moleküle unter Abspaltung eines dritten, kleineren Moleküls (z. B. Wasser, Chlorwasserstoff).

Bei einer Polykondensation müssen die beiden Monomere über mindestens *zwei* funktionelle Gruppen verfügen, die unter Abspaltung des Nebenproduktes zu langen Ketten verknüpft werden.

- Bei der Verknüpfung von Carboxylgruppen mit Hydroxylgruppen entstehen ***Polyester.***
- Bei der Verknüpfung von Carboxylgruppen mit Aminogruppen entstehen ***Polyamide.***

BEISPIEL PET (**P**oly**e**thylen**t**erephthalat) ist ein Polyester, aus dem Getränkeflaschen, aber auch Textilien (Trevira) hergestellt werden.

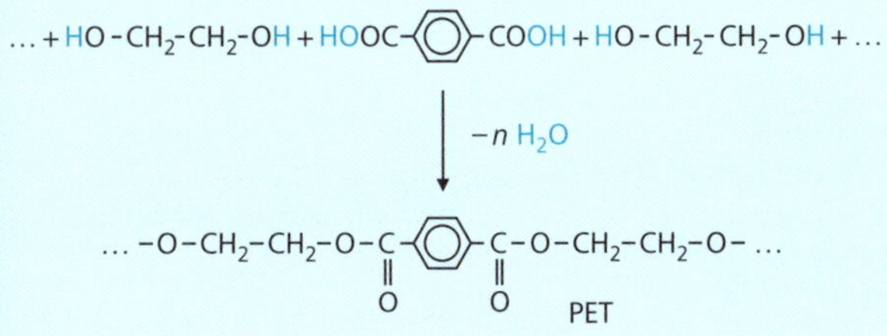

Nylon ist ein Polyamid, aus dem Textilien hergestellt werden.

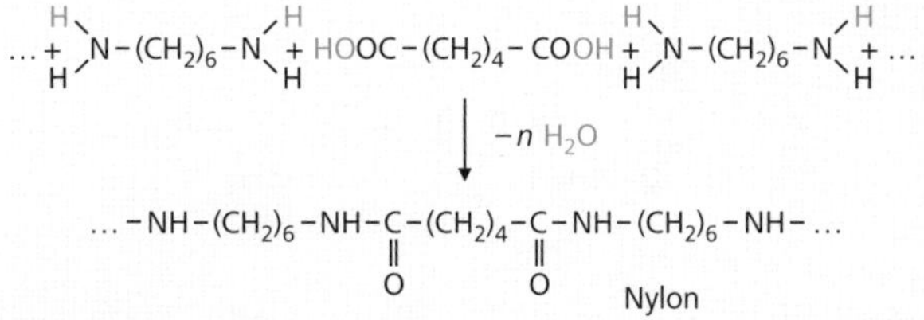

Beispiel für einen Biokunststoff ist die Polymilchsäure (PLA, „*polymer lactic acid*"), ein thermoplastischer Polyester, der durch Polykondensation von Milchsäuremolekülen entsteht. Ausgangsstoffe sind zucker- bzw. stärkehaltige Rohstoffe (Mais, Kartoffeln etc.), aus denen durch Fermentation das Monomer Milchsäure hergestellt wird. Verwendung findet PLA vor allem bei Verpackungen für Lebensmittel.

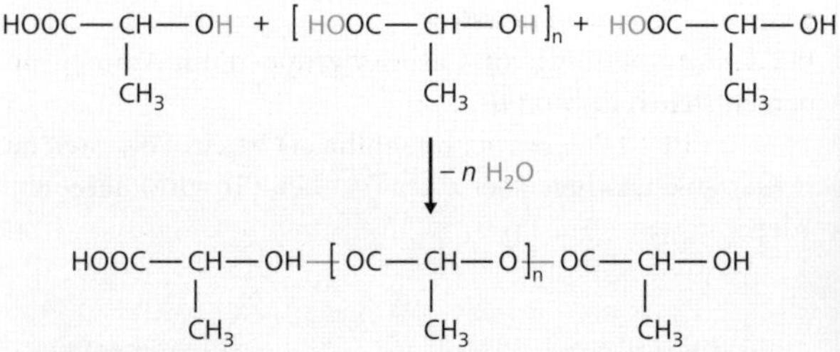

MERKE

Moleküle mit zwei funktionellen Gruppen führen wie bei der Polyaddition zu *kettenförmigen* ▶ Thermoplasten, Moleküle mit drei funktionellen Gruppen zu *vernetzten* ▶ Duroplasten (S. 195/196).

Isomerie organischer Stoffe 10

10.1 Was ist Isomerie?

Bei organischen Stoffen gibt es häufig solche, deren Summenformeln gleich sind, die sich jedoch in ihren Eigenschaften voneinander unterscheiden.

> Stoffe mit gleicher Summenformel, aber unterschiedlichen Strukturformeln, bezeichnet man als ***Isomere*** (gr. *isos:* gleich und *meros:* Teil), d. h. aus gleichen Teilen zusammengesetzt.

10.2 Isomeriearten

Isomere Stoffe unterscheiden sich in ihrer Molekülstruktur. Man unterscheidet dabei zwei Arten von Isomerie, die selbst noch weiter unterteilt sind:

Strukturisomerie	**Stereoisomerie**
Die Atome in isomeren Molekülen sind *unterschiedlich* miteinander verbunden. – Kettenisomerie – Stellungsisomerie – Bindungsisomerie – Funktionsisomerie	Die Atome in isomeren Molekülen sind *identisch* miteinander verbunden, haben jedoch eine unterschiedliche *räumliche* Anordnung. – geometrische Isomerie – optische Isomerie

Kettenisomerie

Bei der Kettenisomerie weisen die Moleküle der isomeren Stoffe eine unterschiedliche *Verzweigung* der ▸ Kohlenwasserstoffketten (S. 148) auf.

BEISPIEL Vom Kohlenwasserstoff *Butan* gibt es zwei isomere Moleküle, eines mit unverzweigter und eines mit verzweigter Kette.

$CH_3-CH_2-CH_2-CH_3$

n-Butan

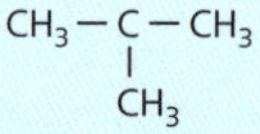

2-Methyl-propan

MERKE

Je mehr Kohlenstoffatome ein Molekül enthält, desto mehr Verzweigungsmöglichkeiten und somit Isomere gibt es.

Stellungsisomerie

Bei der Stellungsisomerie sind die funktionellen Gruppen in den isomeren Molekülen an verschiedenen *Stellen* gebunden.

BEISPIEL Vom Alkohol *Propanol* gibt es je nach Stellung der funktionellen Hydroxylgruppe zwei verschiedene Sorten.

$CH_3-CH_2-CH_2-OH$

Propan-1-ol

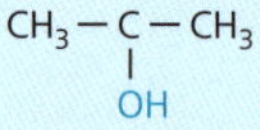

Propan-2-ol

Bei ▸ aromatischen Verbindungen (S. 151 f.) mit zwei und mehr an den Benzolkern gebundenen funktionellen Gruppen gibt es ebenfalls mehrere Stellungsisomere.

BEISPIEL Mit dem Stoffnamen *Dihydroxybenzol* gibt es drei verschiedene Verbindungen.

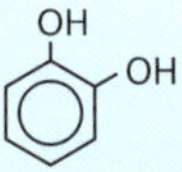

1,2-Dihydroxybenzol (Brenzkatechin)

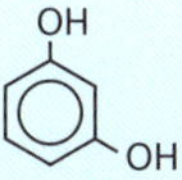

1,3-Dihydroxybenzol (Resorcin)

1,4-Dihydroxybenzol (Hydrochinon)

MERKE

Die 1,2-Stellung bezeichnet man auch als ***ortho-Stellung,*** die 1,3-Stellung als ***meta-Stellung*** und die 1,4-Stellung als ***para-Stellung.***

Bindungsisomerie

Die Bindungsisomerie tritt bei Stoffen auf, in deren Molekülen *Mehrfachbindungen* vorliegen. Diese können bei mehr als zwei Kohlenstoffatomen in der Kette an verschiedenen Stellen liegen (deshalb zählt man die Bindungsisomerie oft auch zur *Stellungsisomerie*).

BEISPIEL Vom Kohlenwasserstoff *Buten* gibt es zwei Isomere.

$CH_2{=}CH-CH_2-CH_3$
But-1-en

$CH_3-CH{=}CH-CH_3$
But-2-en

Funktionsisomerie

Bei der Funktionsisomerie haben die Moleküle der beteiligten Stoffe bei gleicher Summenformel unterschiedliche *funktionelle Gruppen* und somit vollkommen unterschiedliche Eigenschaften.

BEISPIEL Die Stoffe *Ethanol* und *Dimethylether* haben beide die Summenformel C_2H_6O. Ethanol ist mit Wasser in jedem Verhältnis mischbar und hat eine Siedetemperatur von 78 °C, Dimethylether ist in Wasser unlöslich und bei Zimmertemperatur gasförmig.

CH_3-CH_2-OH
Ethanol

CH_3-O-CH_3
Dimethylether

Geometrische Isomerie

Bei Kohlenwasserstoffketten, die zwischen den Kohlenstoffatomen nur Einfachbindungen enthalten, sind die C–C-Bindungen um ihre Achse frei drehbar. Es besteht also kein Unterschied zwischen

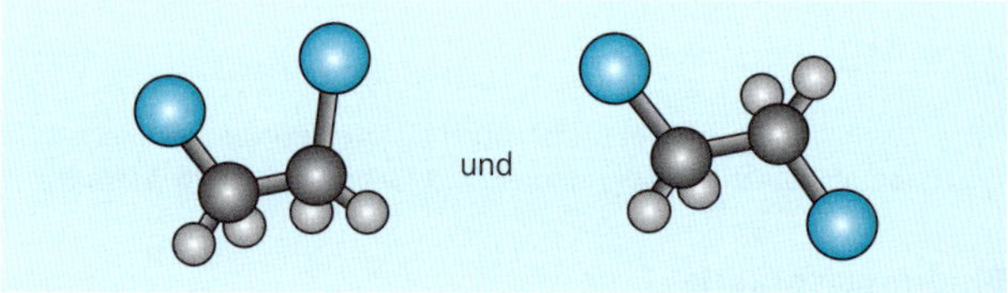

bzw. zwischen

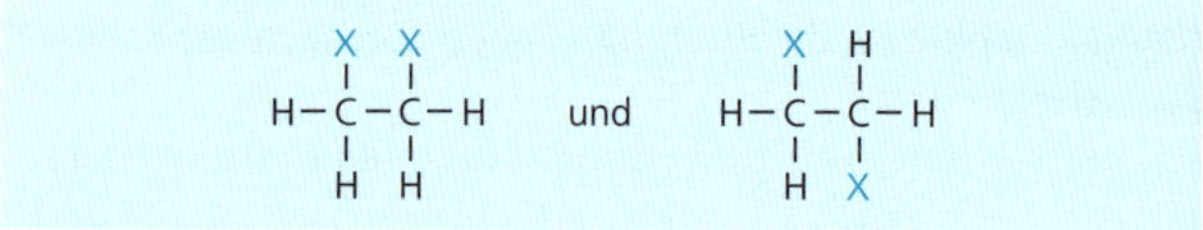

Enthält die Kohlenwasserstoffkette zwischen zwei oder mehr Kohlenstoffatomen Doppelbindungen, so sind die Bindungen an diesen Stellen *nicht* mehr frei drehbar.
Sind also an den doppelt gebundenen Kohlenstoffatomen unterschiedliche Atome bzw. Atomgruppen gebunden, gibt es jeweils zwei räumliche Isomere:

> Diese räumliche Isomerie bezeichnet man als geometrische Isomerie oder ***cis-trans-Isomerie***. Bei der *cis*-Form stehen die gleichen Atome bzw. Atomgruppen auf derselben Seite, bei der *trans*-Form stehen sie einander gegenüber.

BEISPIEL Vom Stoff 1,2-Dichlorethen gibt es zwei Isomere, die sich in ihren physikalischen *und* chemischen Eigenschaften unterscheiden:

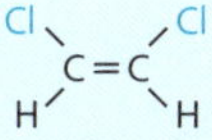

cis-1,2-Dichlorethen

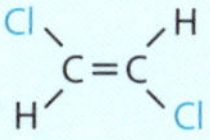

trans-1,2-Dichlorethen

Optische Isomerie

Es gibt Stoffe, deren wässrige Lösungen die Schwingungsebene von polarisiertem Licht beim Durchstrahlen um einen bestimmten Winkel drehen. Solche Stoffe bezeichnet man als *optisch aktiv*.

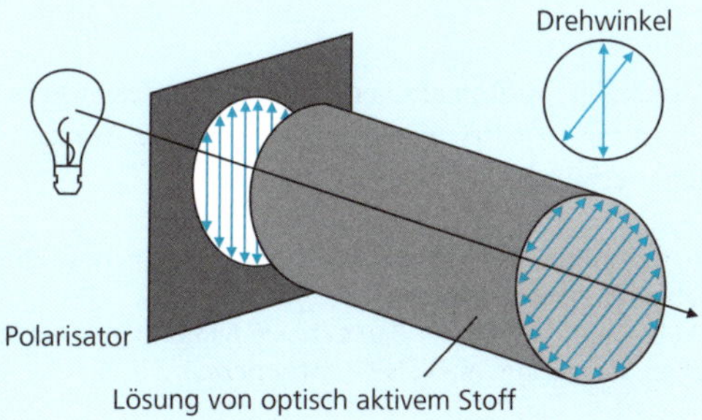

Nun gibt es solche, die nicht nur die gleiche Summenformel haben, sondern deren Moleküle auch in *allen* Bindungen identisch sind. Sie unterscheiden sich lediglich dadurch, dass ihre Lösungen die Ebene des polarisierten Lichts in einander *entgegengesetzte* Richtungen drehen.

Solche Stoffe nennt man optische Isomere. Ihre Moleküle unterscheiden sich nur in der *räumlichen Anordnung* der gebundenen Atome bzw. Atomgruppen.

BEISPIEL *Milchsäure* kommt in zwei verschiedenen Formen vor. Ihre entsprechenden Moleküle lassen sich nicht zur Deckung bringen, verhalten sich jedoch wie Bild und Spiegelbild.

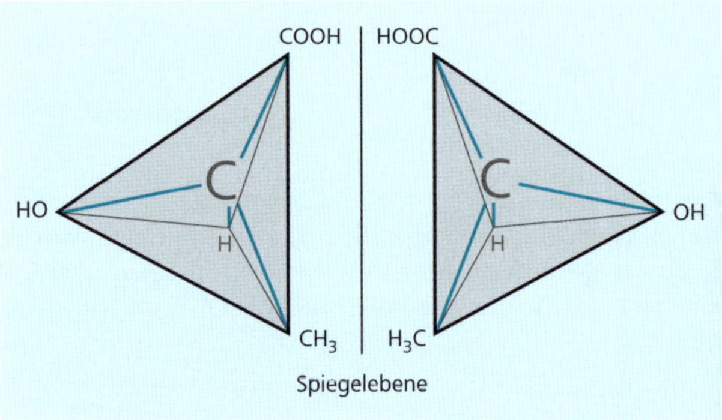

In den Molekülen optisch aktiver Stoffe ist mindestens ein Kohlenstoffatom mit *vier verschiedenen* Atomen oder Atomgruppen (Liganden) verbunden.

> **Kohlenstoffatome mit vier verschiedenen Liganden bezeichnet man als *asymmetrische Kohlenstoffatome.***
> **Moleküle, deren räumlicher Bau sich wie Bild und Spiegelbild verhalten, bezeichnet man als *Enantiomere.***

Typische Vertreter optisch aktiver Stoffe sind die verschiedenen Arten von ▸ Zuckern (S. 182 ff.), deren Moleküle mehrere asymmetrische Kohlenstoffatome enthalten.
Es ist nicht so einfach, den Unterschied zwischen zwei enantiomeren Molekülen bildlich darzustellen, vor allem auf einem Blatt Papier.
Eine mögliche Lösung ist die sogenannte ***Fischer-Projektion,*** die – vom Molekülmodell ausgehend – folgende Vereinbarungen enthält:

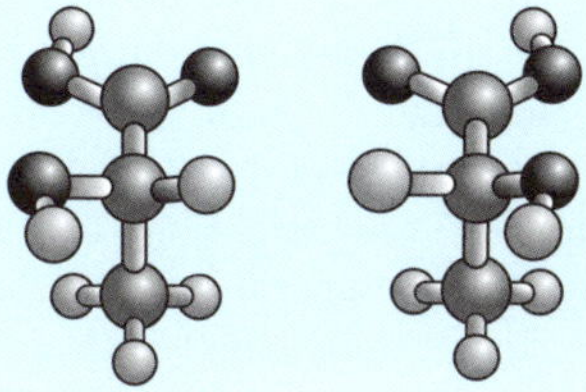

1. Das Modell des betreffenden Moleküls wird so gehalten, dass die Kohlenstoffkette senkrecht ausgerichtet ist.
2. Am oberen Ende der Kette soll sich das Kohlenstoffatom mit der höchsten ▸ Oxidationsszahl (S. 112 ff.) befinden.
3. Die beiden vom asymmetrischen Kohlenstoffatom ausgehenden C–C-Bindungen sollen nach hinten weisen.
4. Die beiden horizontalen Bindungen vom asymmetrischen Kohlenstoffatom weisen dann nach vorn.
5. Bei der Projektion des so ausgerichteten Molekülmodells auf die Papierebene ergeben sich somit *zwei* mögliche Darstellungen:

Die Darstellung, bei der die am asymmetrischen Kohlenstoffatom gebundene funktionelle Gruppe nach *links* zeigt, entspricht der sogenannten ***L-Form*** (lat. *laevus:* links). Zeigt die funktionelle Gruppe nach *rechts*, liegt die ***D-Form*** (lat. *dexter:* rechts) vor.

MERKE

Die L- und die D-Form werden an demjenigen asymmetrischen Kohlenstoffatom festgelegt, das am *weitesten* von der am höchsten oxidierten Gruppe entfernt ist.

L-Form und D-Form enantiomerer Moleküle drehen die Schwingungsebene des polarisierten Lichts um den gleichen Betrag, jedoch in entgegengesetzte Richtungen. Wird die Ebene – in Richtung auf die Lichtquelle – nach *links* gedreht, so ordnet man dieser Form ein *negatives* Vorzeichen zu (–), wird die Ebene nach *rechts* gedreht, ergibt sich ein *positives* Vorzeichen (+).

BEACHTE Die Darstellung optisch aktiver Stoffe als L- oder D-Form macht keine Aussage über die jeweilige Drehrichtung (+) oder (–).

BEISPIEL Die beiden Formen der Milchsäure, die auf der vorhergehenden Seite dargestellt sind, haben die Bezeichnung L(+)-Milchsäure (rechtsdrehende Milchsäure) und D(–)-Milchsäure (linksdrehende Milchsäure).

Optisch aktive Stoffe sind durch ihren ***spezifischen Drehwinkel*** $[\alpha]$ charakterisiert:

$$[\alpha]_{\vartheta}^{D} = \frac{\alpha}{\beta \cdot d}$$

ϑ: Temperatur der Messlösung
D: Wellenlänge des Natriumlichts ($\lambda = 589\,\text{nm}$)
α: gemessener Drehwinkel (in Grad)
β: Konzentration der Lösung (in g/ml)
d: Länge der durchstrahlten Lösung (in dm)

Bei Gemischen gleicher Anteile von L-Form und D-Form heben sich die jeweiligen Drehwinkel auf: Das Gemisch ist optisch *inaktiv*. Solche Mischungen bezeichnet man als ***Racemate*** (lat. *racemus:* Traube). Die *Trauben*säure ist ein solches Gemisch aus rechts- und linksdrehender Weinsäure.

Analyse organischer Verbindungen

Die Aufklärung der Struktur einer organischen Verbindung gliedert sich in die folgenden Teilschritte:

- qualitative Elementaranalyse: Nachweis der im Molekül gebundenen *Elemente*
- quantitative Elementaranalyse: Bestimmung des Zahlenverhältnisses der verschiedenen im Molekül gebundenen Atome, Aufstellung der *Verhältnisformel*
- experimentelle Bestimmung der molaren Masse: Ermittlung der *Summenformel*
- Bestimmung typischer physikalischer und chemischer Eigenschaften: Aufstellen der *Strukturformel*

11.1 Bestimmung der Formel

Am Aufbau organischer Verbindungen sind nur wenige Elemente beteiligt. Neben Kohlenstoff findet man vor allem Wasserstoff, Sauerstoff, Stickstoff, Schwefel und Halogene.

Qualitative Elementaranalyse

Nachweis von Kohlenstoff

Der *direkte* Nachweis von Kohlenstoff gelingt meist durch einfaches *Erhitzen*: Die zu untersuchende organische Substanz verbrennt mit *rußender* Flamme oder sie *verkohlt*.
Für den *indirekten* Nachweis von Kohlenstoff als *Kohlenstoffdioxid* gibt es zwei Möglichkeiten:

- Brennbare Verbindungen werden entzündet.
- Nicht brennbare Verbindungen werden mit Kupfer(II)-oxid stark erhitzt.

Das in beiden Fällen entstehende Kohlenstoffdioxid wird mit *Kalkwasser* nachgewiesen:

$CO_2 + Ca(OH)_2 \rightarrow CaCO_3 + H_2O$.

Das dabei entstehende Calciumcarbonat bildet eine *weiße Trübung* bzw. einen weißen Niederschlag.

Nachweis von Wasserstoff und Sauerstoff

Fast alle organischen Verbindungen enthalten Wasserstoff. Dieser wird beim *Verbrennen* oder beim *Erhitzen* mit Kupfer(II)-oxid zu Wasser oxidiert, das sich mithilfe von *Cobaltchloridpapier* einfach nachweisen lässt:

$Co^{2+} \rightarrow Co^{2+}(aq)$.

Es erfolgt ein *Farbumschlag* von Blau nach Rosa.

Bei der *Pyrolyse* (Hitzespaltung unter Luftabschluss) einer organischen Verbindung verweist die Bildung von *Wassertröpfchen* auf gleichzeitige Anwesenheit von gebundenem Wasserstoff und *Sauerstoff.*

Der *direkte* Nachweis von Sauerstoff ist auch durch Glühen der Verbindung mit Magnesium möglich. In diesem Fall bildet sich weißes Magnesiumoxid.

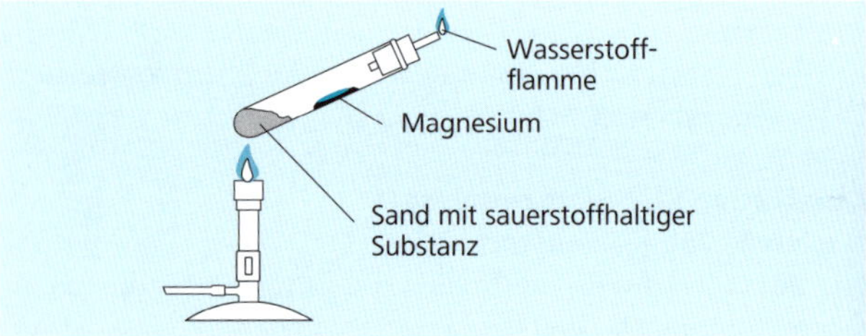

Nachweis von Stickstoff

Beim Erhitzen von Verbindungen, die Stickstoff enthalten, mit einem Gemisch aus Natriumhydroxid und Calciumoxid („Natronkalk") entsteht *Ammoniak*, welches durch Geruch, Indikatorpapier oder rauchende Salzsäure identifiziert werden kann.

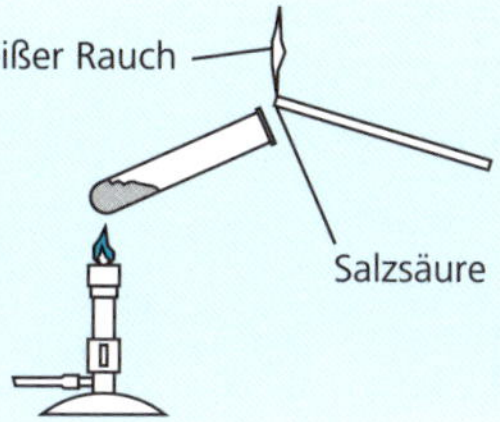

Nachweis von Schwefel

Beim Erhitzen von Verbindungen, die Schwefel enthalten, entsteht häufig *Schwefelwasserstoff*, der durch die Reaktion mit Blei-Ionen nachgewiesen wird:
$H_2S + Pb^{2+} \rightarrow PbS + 2\,H^+$.
Es entsteht schwarzes, schwerlösliches Bleisulfid.

Nachweis von Halogenen

Verbindungen, die Halogene enthalten, bilden beim Erhitzen auf Kupfer *Kupferhalogenide* und bewirken eine *Grünfärbung* der Flamme (Beilstein-Probe). Im Unterricht ist dieser Nachweis wegen der Bildung hochgiftiger Produkte nicht mehr zugelassen.

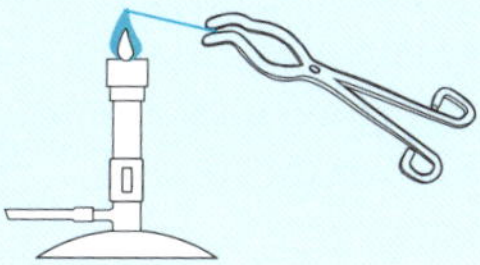

BEACHTE Der direkte Nachweis von Halogenen als Silberhalogenide ist bei den meisten organischen Verbindungen nicht möglich: Es liegen keine Ionenbindungen, sondern *Elektronenpaarbindungen* vor.

Quantitative Elementaranalyse

Man geht von einer genau abgewogenen Menge an Substanz aus und bestimmt indirekt die Massen der im Stoff gebundenen Elemente.

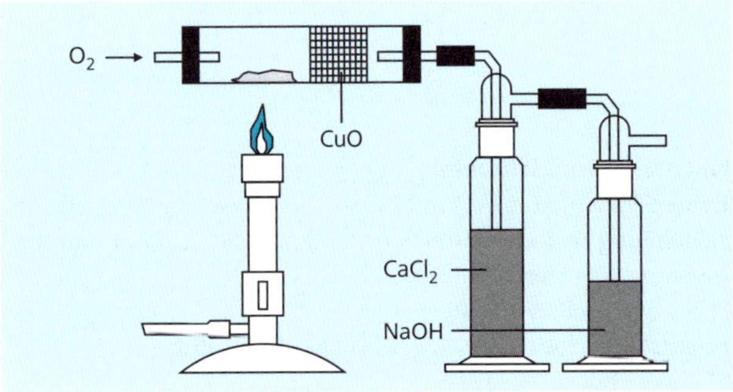

Besteht die Substanz nur aus *Kohlenstoff*, *Wasserstoff* und *Sauerstoff*, so wird diese mit Luft bzw. Sauerstoff und Kupferoxid vollständig zu CO_2 und H_2O oxidiert.
Das Wasser wird in einem mit trockenem Calciumchlorid gefüllten Gefäß, Kohlenstoffdioxid in einem mit Natriumhydroxid/Glaswolle gefüllten Gefäß absorbiert. Die Massenzunahme der Aufnahmegefäße entspricht den Massen der Verbrennungsprodukte. Damit lässt sich der Kohlenstoff- und Wasserstoffgehalt der Substanz berechnen.

BEISPIEL

Masse der Substanz (Einwaage):	m	$= 0{,}0973\,\text{g}$
Masse des gebildeten CO_2	$m(CO_2)$	$= 0{,}1861\,\text{g}$
Masse des gebildeten H_2O	$m(H_2O)$	$= 0{,}1142\,\text{g}$

Massenanteil von *Kohlenstoff* im gebildeten Kohlenstoffdioxid:

$$\frac{m(C)}{m(CO_2)} = \frac{M(C)}{M(CO_2)}$$

daraus folgt:

$$m(\mathrm{C}) = m(\mathrm{CO_2}) \cdot \frac{M(\mathrm{C})}{M(\mathrm{CO_2})} = 0{,}1861\,\mathrm{g} \cdot \frac{12\,\mathrm{g/mol}}{44\,\mathrm{g/mol}} = 0{,}0508\,\mathrm{g}$$

Massenanteil von *Wasserstoff* im gebildeten Wasser:

$$\frac{m(\mathrm{H})}{m(\mathrm{H_2O})} = \frac{2\,M(\mathrm{H})}{M(\mathrm{H_2O})}$$

daraus folgt:

$$m(\mathrm{H}) = m(\mathrm{H_2O}) \cdot \frac{2\,M(\mathrm{H})}{M(\mathrm{H_2O})} = 0{,}1142\,\mathrm{g} \cdot \frac{2\,\mathrm{g/mol}}{18\,\mathrm{g/mol}} = 0{,}0127\,\mathrm{g}.$$

Der Massenanteil des *Sauerstoffs* ergibt sich aus der Differenz zur Masse der Einwaage:

$$m(\mathrm{O}) = m - [m(\mathrm{C}) + m(\mathrm{H})] = 0{,}0973\,\mathrm{g} - 0{,}0635\,\mathrm{g} = 0{,}0338\,\mathrm{g}.$$

Das Zahlenverhältnis der Atome im Molekül ergibt sich aus dem Verhältnis der Stoffmengen n:

$n = \frac{m}{M}$ (▶ S. 242)

$$n(\mathrm{C}) = \frac{0{,}0508\,\mathrm{g}}{12\,\mathrm{g/mol}} = 0{,}0042\,\mathrm{mol}$$

$$n(\mathrm{H}) = \frac{0{,}0127\,\mathrm{g}}{1\,\mathrm{g/mol}} = 0{,}0127\,\mathrm{mol}$$

$$n(\mathrm{O}) = \frac{0{,}0338\,\mathrm{g}}{16\,\mathrm{g/mol}} = 0{,}0021\,\mathrm{mol}$$

$$n(\mathrm{c}) : n(\mathrm{H}) : n(\mathrm{O}) = 4{,}2 : 12{,}7 : 2{,}1 = 2 : 6 : 1$$

Die Verhältnisformel lautet daher $C_{2x}H_{6x}O_x$.

Die Ermittlung von x erfordert die experimentelle Bestimmung der molaren Masse.

11

Bestimmung der molaren Masse

Bei Gasen und leicht verdampfbaren Flüssigkeiten nutzt man die grundlegende Beziehung, dass 1 Mol eines Stoffes im gasförmigen Zustand unter ▶ Normalbedingungen (S. 51) ein Volumen $V_{m,n}$ = 22,4 Liter einnimmt.

Die zuvor eingewogene Stoffportion einer leicht verdampfbaren Flüssigkeit wird verdampft, das gebildete Gasvolumen wird bei den vorliegenden Bedingungen von *Temperatur* und *Druck* gemessen und auf Normalbedingungen umgerechnet (▶ Anhang S. 241).

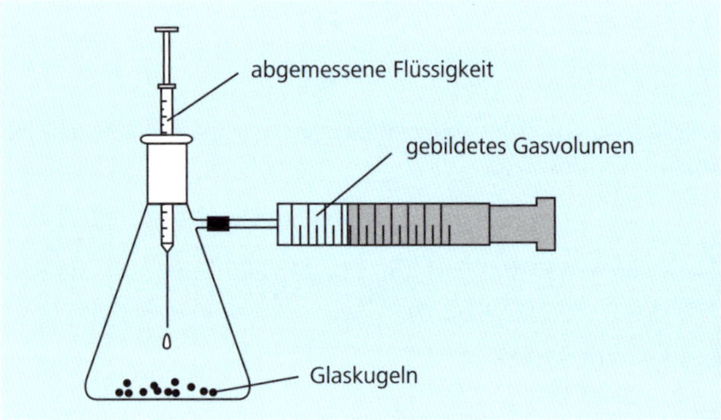

BEISPIEL

Einwaage:	$m = 0{,}096\,g$
gemessenes Volumen:	$V = 51\,ml$
Temperatur:	$T = 25\,°C = 298\,K$
Druck:	$p = 1020\,hPa$

Umrechnung auf Normalbedingungen:

$$\frac{p_n \cdot V_n}{T_n} = \frac{p \cdot V}{T} \text{ bzw. } V_n = \frac{p \cdot V \cdot T_n}{T \cdot p_n}$$

($p_n = 1013\,hPa$, $V_{m,n} = 22{,}4\,l/mol$, $T_n = 273{,}16\,K$) daraus folgt:

$$V_n = \frac{1020\,hPa \cdot 0{,}0511 \cdot 273\,K}{298\,K \cdot 1013\,hPa} = 0{,}047\,l.$$

Ermittlung der Stoffmenge n:

$$n = \frac{V_n}{V_{m,n}} = \frac{0{,}047\,l}{22{,}4\,l/mol} = 2{,}1 \cdot 10^{-3}\,mol.$$

Mit Kenntnis der Stoffmenge und der Einwaage lässt sich die molare Masse des untersuchten Stoffs ermitteln:

$n = \frac{m}{M}$

daraus folgt: $M = \frac{m}{n} = \frac{0{,}096}{2{,}1 \cdot 10^{-3}\,\mathrm{mol}} = 45{,}7\,\mathrm{g/mol} \approx 46\,\mathrm{g/mol}$.

Aus der Verhältnisformel $C_{2x}H_{6x}O_x$ folgt:

$M_C \cdot 2x + M_H \cdot 6x + M_O \cdot 1x = 46\,\mathrm{g/mol}$

$12\,\mathrm{g/mol} \cdot 2x + 1\,\mathrm{g/mol} \cdot 6x + 16\,\mathrm{g/mol} \cdot 1x = 46\,\mathrm{g/mol}$

$24\,\mathrm{g/mol} \cdot x + 6\,\mathrm{g/mol} \cdot x + 16\,\mathrm{g/mol} \cdot x = 46\,\mathrm{g/mol}$

$46\,\mathrm{g/mol} \cdot x = 46\,\mathrm{g/mol}$

$x = 1$

Die Summenformel des untersuchten Stoffes lautet C_2H_6O.

Bestimmung der Strukturformel

Zur gefundenen Summenformel müssen zunächst alle möglichen ▶ isomeren Strukturen (S. 221 ff.) notiert werden. Anschließend werden typische Eigenschaften dieser Stoffe überprüft, um herauszufinden, *welche* der Strukturformeln zu dem betreffenden Stoff passt.

BEISPIEL Zur Summenformel C_2H_6O gibt es *zwei* mögliche Strukturformeln.

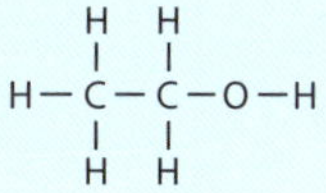

Ethanol

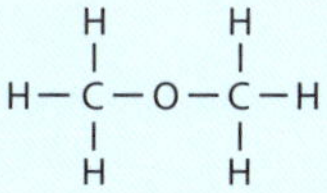

Dimethylether

Ethanol löst sich in Wasser (▶ Wasserstoffbrückenbindung, S. 46), der Ether nicht. Ethanol wirkt im Unterschied zum Ether reduzierend (s. u).

11.2 Bestimmung von Stoffeigenschaften

Organische Stoffklassen lassen sich an Hand ihrer funktionellen Gruppen und anderer typischer Eigenschaften identifizieren.

Nachweis von Alkoholen

Alkohole lassen sich durch ▸ *Redoxreaktionen* (S. 117) nachweisen. Die Oxidation der Hydroxyl- zur Carbonylgruppe führt zur Reduktion des jeweiligen Reaktionspartners. Eine dabei eintretende *Farbänderung* dient als Nachweis von Alkoholen.

BEISPIEL Bei der Blutalkoholbestimmung (Alcotest) wird *orangefarbenes* Kaliumdichromat in schwefelsaurem Medium zu grünen Chrom(III)-Ionen reduziert.

$$\text{Oxidation:}\quad 3\,CH_3-\overset{-1}{C}H_2-OH \longrightarrow 3\,CH_3-\overset{+I}{C}{\overset{\displaystyle O}{\underset{\displaystyle H}{\lessgtr}}} + 6\,H^+ + 6\,e^-$$

$$\text{Reduktion:}\quad \overset{+6}{Cr_2}O_7^{2-} + 14\,H^+ + 6\,e^- \longrightarrow 2\,\overset{+3}{Cr}{}^{3+} + 7\,H_2O$$

$$3\,CH_3-CH_2-OH + Cr_2O_7^{2-} + 8\,H^+ \longrightarrow 3\,CH_3-C{\overset{\displaystyle O}{\underset{\displaystyle H}{\lessgtr}}} + 2\,Cr^{3+} + 7\,H_2O$$

BEACHTE Tertiäre Alkohole sind auf diese Weise nicht nachweisbar (▸ S. 161).

Nachweis von Aldehyden

Aldehyde sind in *alkalischer* Lösung starke Reduktionsmittel. Dabei wird die Carbonylgruppe zur ▸ Carboxylgruppe (S. 167) oxidiert. Die Reduktion geeigneter Metall-Ionen dient als Nachweis von Aldehyden.

FEHLING-Probe

Als Reaktionspartner wird Kupfersulfatlösung verwendet. Die enthaltenen Cu(II)-Ionen reagieren in alkalischer Lösung mit einem Aldehyd zu Cu(I)-Ionen. Es bildet sich *ziegelrotes,* schwerlösliches Kupfer(I)-oxid.

BEISPIEL

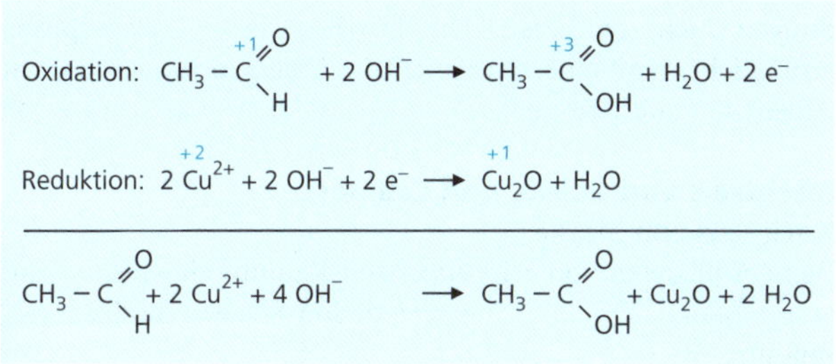

Zur Herstellung des alkalischen Mediums wird bei der Fehling-Probe Natronlauge verwendet.
Dieser Lösung wird Kalium-Natrium-Tartrat zugesetzt, um eine unerwünschte Ausfällung von Kupfer(II)-hydroxid zu vermeiden.

TOLLENS-Probe

Ammoniakalische Silbernitratlösung reagiert mit Aldehyden zu metallischem Silber, welches sich als *Silberspiegel* an der Gefäßwand abscheidet.

BEISPIEL

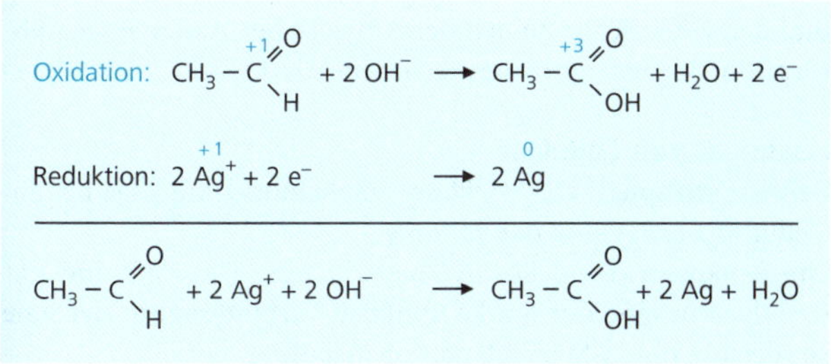

Das alkalische Medium wird durch die Ammoniaklösung erzeugt, die gleichzeitig die Bildung von Silberhydroxid verhindert.

BEACHTE Ketone lassen sich ohne Spaltung der C–C-Bindungen nicht oxidieren. Die FEHLING- bzw. TOLLENSprobe ermöglicht somit eine experimentelle *Unterscheidung* zwischen Aldehyden und Ketonen.

Nachweis von Stärke und Cellulose

Nachweis von Stärke

Beim Auftropfen von *rotbrauner* Iod-Kaliumiodid-Lösung auf Stärke bildet sich eine *schwarzblaue* Iod-Stärke-Einschlussverbindung.

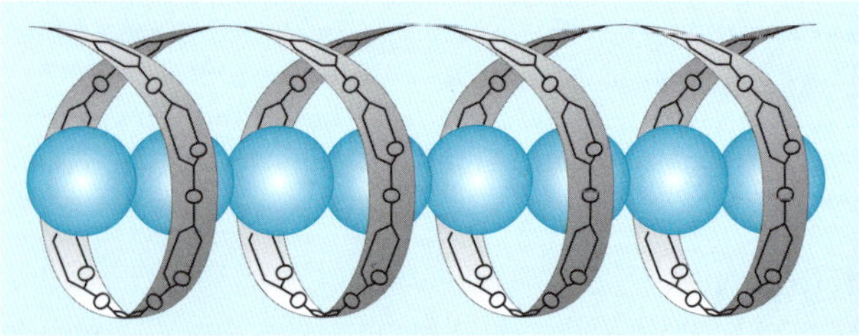

Die Spiralstruktur der Amylose führt zur Bildung eines kanalartigen Hohlraumes, in den die kleineren Iodmoleküle eingelagert werden können. Die Wechselwirkung zwischen Iodmolekülen und den Glucosebausteinen der Amylose bewirkt eine Lichtabsorption, bei der nur blaues Licht reflektiert wird.

Nachweis von Cellulose

Beim Auftropfen von *farbloser* Zinkchlorid-Iod-Lösung auf Cellulose erfolgt eine *Blaufärbung*.

Die Zinkchlorid-Iod-Lösung bewirkt eine Umwandlung der Cellulose in eine der Stärke ähnliche Verbindung, in der eine vergleichbare Iod-Stärke-Reaktion abläuft.

Nachweis von Eiweißstoffen

Ninhydrinreaktion

α-Aminogruppen in Aminosäuren, Peptiden und Proteinen reagieren beim Erwärmen mit Ninhydrin zu einem *blauvioletten* Farbstoff.

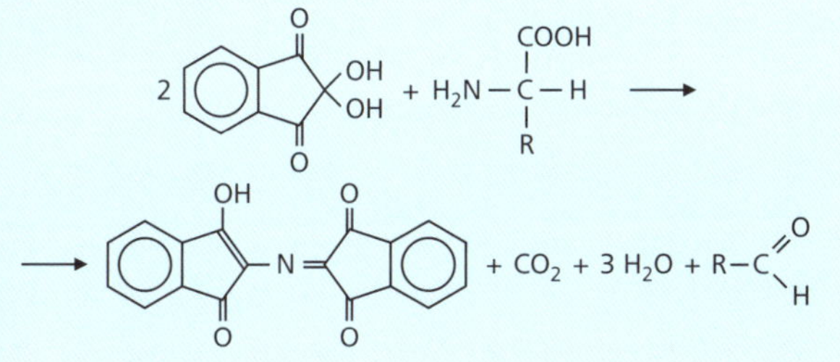

Biuret-Reaktion

Stoffe mit der für Peptide und Proteine charakteristischen ▸ Peptidbindung (S. 190) bilden mit Cu(II)-Ionen in alkalischer Lösung eine intensiv *rot* bis *violett* gefärbte Komplexverbindung.

BEISPIEL Auch Harnstoff zeigt eine positive Reaktion. Das dabei entstehende Zwischenprodukt *Biuret* hat der Reaktion den Namen gegeben.

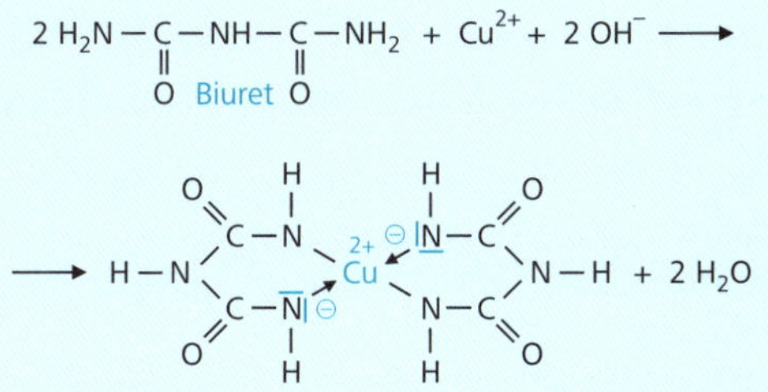

BEACHTE Freie Aminosäuren können diese Reaktion nicht eingehen, da ihre Moleküle keine Peptidbindung besitzen.

Xanthoprotein-Reaktion

Die aromatischen Seitenketten der Aminosäuren Tyrosin und Tryptophan werden durch konzentrierte Salpetersäure nitriert und es entstehen *gelb*gefärbte Verbindungen. Diese beiden Aminosäuren sind in praktisch allen Proteinen vorhanden.

BEISPIEL Nitrierung von Tyrosin

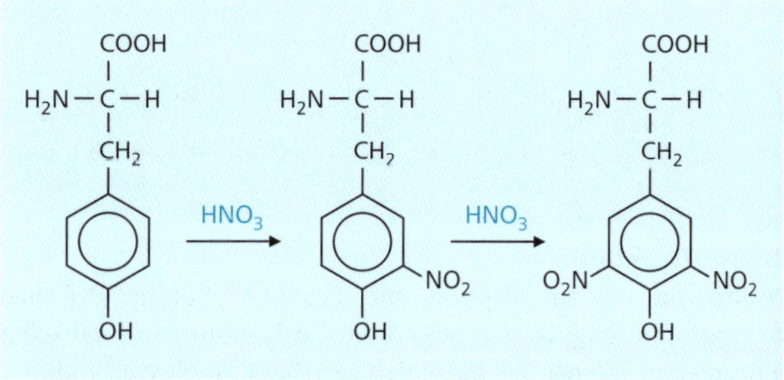

BEACHTE Die Gelbfärbung der Haut beim Kontakt mit konzentrierter Salpetersäure ist eine Folge der Xanthoprotein-Reaktion.

Anhang 12

12.1 Größen und Einheiten

Ausgewählte Größen und Einheiten

Größe	Definition	Einheit
Stoffmenge n		1 mol
molare Masse M	$M = m/n$	1 g/mol
molares Volumen V_m	$V_m = V/n$	1 l/mol
Stoffmengenkonzentration c	$c = n(S)/V$	1 mol/l
Massenkonzentration β	$\beta = m(S)/V$	1 g/l
Massenanteil w	$w = \frac{m(S)}{m(S) + m(L)}$	1 %

Naturkonstanten

Zahl, Konstante	Symbol	Betrag und Einheit
AVOGADRO-Konstante LOSCHMIDT-Zahl	$N_A (N_L)$	$6{,}0221367 \cdot 10^{23}\,mol^{-1}$
FARADAY-Konstante	F	$96487{,}0\ C \cdot mol^{-1}$
PLANCK-Konstante	h	$6{,}6256 \cdot 10^{-34}\,Js$
molares Volumen idealer Gase bei Normalbedingungen	$V_{m,\,n}$	$22{,}4141\ l \cdot mol^{-1}$
RYDBERG-Konstante	R_H	$1{,}097 \cdot 10^{7}\,m^{-1}$
universelle Gaskonstante	R	$8{,}314510\ J \cdot K^{-1} \cdot mol^{-1}$

12.2 Gasgesetze

Der Zustand von idealen Gasen[1] und deren Reaktionen lassen sich durch einfache Gesetze beschreiben.

Zustandsgleichungen

Zusammenhang zwischen Volumen V, Druck p und absoluter Temperatur T einer Gasportion:

$$\frac{p_1 \cdot V_1}{T_1} = \frac{p_2 \cdot V_2}{T_2} = \text{konstant}$$ *allgemeines Gasgesetz*

Für $T_1 = T_2$ = konstant gilt:

$$p_1 \cdot V_1 = p_2 \cdot V_2 = \text{konstant}$$ *Gesetz von Boyle-Mariotte*

Für $p_1 = p_2$ = konstant gilt:

$$\frac{V_1}{T_1} = \frac{V_2}{T_2} = \text{konstant}$$ *Gesetz von Gay-Lussac*

Für $V_1 = V_2$ = konstant gilt:

$$\frac{p_1}{T_1} = \frac{p_2}{T_2} = \text{konstant}$$ *Gesetz von Amontons*

Volumengesetz von Gay-Lussac

Gase reagieren miteinander stets in Volumenverhältnissen kleiner ganzer Zahlen.

BEISPIEL Wasserstoff und Sauerstoff reagieren im Volumenverhältnis 2 : 1.

2 l Wasserstoff + 1 l Sauerstoff → 2 l Wasserdampf

1 Ideale Gase sind Gase, deren Teilchen ein vernachlässigbares Volumen haben und die sich gegenseitig weder abstoßen noch anziehen.

Satz von Avogadro

In einem bestimmten Gasvolumen sind bei gleichen Temperatur- und Druckbedingungen stets gleich viele Teilchen enthalten, unabhängig davon, um welches Gas es sich handelt.

BEISPIEL

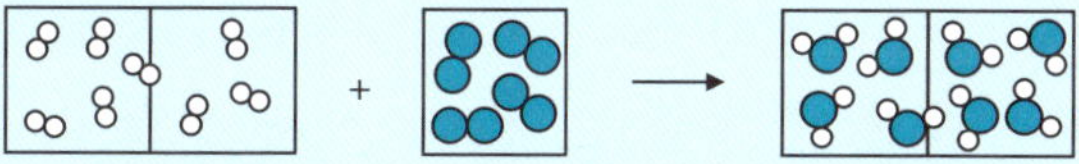

12.3 Thermische Zustandsgrößen

Bildungsenthalpien ΔH_B^0 und Standardentropien S^0

Elemente

Stoff	ΔH_B^0 in kJ/mol	S^0 in J/mol · K	Stoff	ΔH_B^0 in kJ/mol	S^0 in J/mol · K
Ag	0	42,69	Cl	121,3	165,09
Al	0	28,31	Cl_2	0	223,0
Br_2 (flüssig)	0	152,3	Cu	0	33,30
Br_2 (gasförm.)	30,92	245,35	Fe	0	27,15
C (Diamant)	1,897	2,38	H_2	0	130,6
C (Grafit)	0	5,74	Hg (flüssig)	0	76,1
Ca	0	41,62	I_2 (fest)	0	116,73

Stoff	ΔH^0_B in kJ/mol	S^0 in J/mol · K	Stoff	ΔH^0_B in kJ/mol	S^0 in J/mol · K
I_2 (gasförm.)	62,24	260,58	O_3	142,3	238,8
K	0	64,25	P (weiß)	0	44,35
Li	0	28,03	P (rot)	−18,41	(22,8)
Mg	0	32,55	S (monoklin)	0,30	32,55
N_2	0	191,5	S (rhombisch)	0	31,88
Na	0	51,42	Si	0	18,72
O_2	0	205,03	Zn	0	41,59

Verbindungen

Stoff	ΔH^0_B in kJ/mol	S^0 in J/mol · K	Stoff	ΔH^0_B in kJ/mol	S^0 in J/mol · K
AgBr	−99,16	107,1	CsCl	−432,9	100,0
AgCl	−126,8	96,07	CsI	−336,7	130
AgI	(−64,2)	114,2	CuO	(−165,3)	42,64
Al_2O_3	−1 675	50,94	CuS	−48,5	66,5
CO	−110,5	197,4	CO_2	−393,5	213,6
$CaCl_2$	(−785,8)	113,8	$CuSO_4$	−771,1	113,1
CaO	(−635,1)	39,7	Cu_2O	−167,26	93,93
$Ca(OH)_2$	(−986,2)	(83,4)	FeO	−263,68	58,79
$Ca_3(PO_4)_2$	−4 125	240,9	Fe_2O_3	−821,32	89,96

Stoff	ΔH_B^0 in kJ/mol	S^0 in J/mol · K	Stoff	ΔH_B^0 in kJ/mol	S^0 in J/mol · K
$CaSO_4$	−1424	106,7	$FeSO_4$	−922,57	107,53
FeS_2	−177,4	53,14	$KMnO_4$	−813,37	171,71
HBr	−35,98	198,40	$BaSO_4$	−1465	131,8
HCl	−92,30	186,70	CO	−110,5	197,4
HNO_3 (flüssig)	−173,0	156,16	CO_2	−393,51	213,6
HF	−268,61	173,51	$CaCO_3$	−1206	92,9
HI	25,94	206,30	KOH	−425,93	59,41
H_2O (gasförmig)	−241,84	188,74	$K_2Cr_2O_7$	−2033	291,21
H_2O (flüssig)	−285,84	69,96	$MgCl_2$	−641,83	89,54
H_2O (fest)	−291,85	(39,33)	MgO	−601,24	26,94
H_2S	−20,15	205,65	$Mg(OH)_2$	−924,66	63,14
H_2SO_4	−811,3	156,90	MnO_2	−519,65	53,14
H_3PO_4	(−1271,94)	200,83	NH_3 (gasförm.)	−46,19	192,50
HgO	−90,37	73,22	NH_3 (flüssig)	−69,87	–
HgS	−58,16	81,59	NH_4Cl	−315,39	94,56
KBr	−392,04	96,55	NO	90,37	210,62
KCl	−435,85	82,68	NO_2	33,89	240,45

Stoff	ΔH^0_B in kJ/mol	S^0 in J/mol · K	Stoff	ΔH^0_B in kJ/mol	S^0 in J/mol · K
KI	−327,61	104,35	N_2O_4	9,37	304,3
NaBr	−359,8	83,7	PbO	−217,86	67,5
NaCl	−410,9	72,36	PbO_2	−276,6	76,44
NaF	−570,3	51,3	$PbSO_4$	−918,1	147,28
NaOH	−426,6	64,18	SO_2	−296,9	248,1
Na_2CO_3	−1129	136,0	SO_3 (gasförm.)	−395,2	256,23
$Na_2CO_3 \cdot 10\,H_2O$	−4077	2172	SiO_2 (Quarzit)	−859,3	42,09
Na_2O	−430,6	71,1	SiO_2 (Tridymit)	−856,9	43,93
Na_2SO_4	−1384	149,4	SiO_2 (Christobalit)	−857,7	43,26
Na_3PO_4	−192,5	224,7	ZnO	−349,0	43,5
P_4O_{10}	−3096	280	ZnS	−201	57,7

Ionen

Ion (aq)	ΔH^0_B in kJ/mol	S^0 in J/mol · K	Ion (aq)	ΔH^0_B in kJ/mol	S^0 in J/mol · K
Ag^+	106	73	Cu^+	72	41
Ba^{2+}	−538	10	Cu^{2+}	65	−100
Br^-	−121	83	F^-	−333	−14
CH_3COO^-	−486	87	Fe^{2+}	−89	−138
CO_3^{2-}	−677	−57	Fe^{3+}	−49	−316
Ca^{2+}	−543	−53	$H^+(H_3O^+)$	0	0
Cl^-	−167	57	HCO_3^-	−692	91
ClO_4^-	−129	182	I^-	−57	107
K^+	−251	103	OH^-	−230	−11
Mg^{2+}	−467	−138	PO_4^{3-}	−1290	−222
NH_4^+	−132	113	S^{2-}	33	−15
NO_2^-	−105	140	SO_3^{2-}	−635	−29
NO_3^-	−207	146	SO_4^{2-}	−909	20
Na^+	−240	59	Zn^{2+}	−154	−112

Gitterenthalpien ΔH^0_G fester Stoffe bei 25 °C in kJ/mol

	F	Cl	Br	I
Li	−1028	−848	−803	−752
Na	−916	−788	−744	−698
K	−812	−711	−678	−644
NH_4	−816	−640	−615	−577
Ag	−941	−890	−874	−866

	F_2	Cl_2	Br_2	I_2	O	S
Mg	−2880	−2490	−2413	−2313	−3930	−3252
Ca	−2580	−2198	−2124	−2038	−3520	−3020
Ba	−2290	−1958	−1936	−1840	−3125	−2742
Cu	–	−2760	–	–	−4140	−3720
Zn	–	−2685	−2650	−2592	−4060	−3620
Pb	−2470	−2234	−2210	−2080	−3610	−3060

Hydratationsenthalpien $\Delta H^0_{hydr.}$ von Ionen bei 25 °C

Ion	$\Delta H^0_{Hydr.}$ in kJ/mol	Ion	$\Delta H^0_{Hydr.}$ in kJ/mol	Ion	$\Delta H^0_{Hydr.}$ in kJ/mol
Ag^+	−489,53	F^-	−485,34	MnO_4^-	−246,86
Ba^{2+}	−1338,88	H^+	−1108,76	NH_4^+	−326,35
Br^-	−317,98	H_3O^+	−460,24	NO_3^-	−309,62
CO_3^{2-}	−1389,09	I^-	−280,33	Na^+	−422,59
Ca^{2+}	−1615,02	K^+	−338,90	OH^-	−510,45
Cl^-	−351,46	Li^+	−531,36	SO_4^{2-}	−1108,76
Cu^{2+}	−2129,66	Mg^{2+}	−1953,94	Zn^{2+}	−2075,26

12.4 Lösungen

Löslichkeit verschiedener Stoffe bei 20 °C (g/100 g Wasser)

	Cl^-	Br^-	I^-	NO_3^-
Na^+	35,85	90,5	179,3	88,0
K^+	34,35	65,6	144,5	31,5
NH_4^+	37,4	73,9	172,0	187,7
Ba^{2+}	35,7	104,0	170,0	9,03
Mg^{2+}	54,25	102,0	148,1	70,5
Ca^{2+}	74,5	142,0	204,0	127,0
Zn^{2+}	367,0	447,0	432,0	117,5
Pb^{2+}	0,97	0,84	0,07	52,5
Cu^{2+}	77,0	122	–	121,9
Ag^+	$1{,}5 \cdot 10^{-4}$	$1{,}2 \cdot 10^{-5}$	$2{,}5 \cdot 10^{-7}$	215,5

	SO_4^{2-}	CO_3^{2-}	PO_4^{3-}
Na^+	19,08	21,58	12,1
K^+	11,15	111,5	106,0
NH_4^+	75,4	–	68,5
Ba^{2+}	$2{,}3 \cdot 10^{-4}$	$2{,}0 \cdot 10^{-3}$	–
Mg^{2+}	35,6	0,06	–
Ca^{2+}	0,2	$1{,}5 \cdot 10^{-3}$	$1{,}9 \cdot 10^{-3}$
Zn^{2+}	53,8	$2{,}0 \cdot 10^{-2}$	–
Pb^{2+}	$4{,}2 \cdot 10^{-3}$	$1{,}7 \cdot 10^{-4}$	$1{,}3 \cdot 10^{-5}$
Cu^{2+}	21,1	–	–
Ag^+	0,74	$3{,}0 \cdot 10^{-3}$	$6{,}5 \cdot 10^{-4}$

Löslichkeitsprodukte bei 25 °C

Festkörper	K	Festkörper	K	Festkörper	K
AgBr	$5 \cdot 10^{-13}$	CaF_2	$3 \cdot 10^{-11}$	FeS	$5 \cdot 10^{-18}$
AgCl	$2 \cdot 10^{-10}$	$Ca(OH)_2$	$4 \cdot 10^{-6}$	$MgCO_3$	$1 \cdot 10^{-5}$
AgI	$8 \cdot 10^{-17}$	$CaSO_4$	$2 \cdot 10^{-5}$	$PbCO_3$	$1 \cdot 10^{-14}$
Ag_2S	$6 \cdot 10^{-50}$	$Cu(OH)_2$	$1 \cdot 10^{-20}$	$PbCl_2$	$2 \cdot 10^{-5}$
$BaCO_3$	$5 \cdot 10^{-9}$	CuS	$6 \cdot 10^{-36}$	PbS	$1 \cdot 10^{-28}$
$BaSO_4$	$1 \cdot 10^{-10}$	$Fe(OH)_2$	$8 \cdot 10^{-16}$	$PbSO_4$	$2 \cdot 10^{-8}$
$CaCO_3$	$5 \cdot 10^{-9}$	$Fe(OH)_3$	$4 \cdot 10^{-40}$	$Zn(OH)_2$	$3 \cdot 10^{-17}$

12.5 Gleichgewichte

pK_S- und pK_B-Werte bei 25 °C

pK_S	konjugierte Säure		konjugierte Base		pK_B
vollständige Protolyse	Perchlorsäure	$HClO_4$	Perchlorat-Ion	ClO_4^-	keine Protolyse
	Chlorwasserstoff	HCl	Chlorid-Ion	Cl^-	
	Salpetersäure	HNO_3	Nitrat-Ion	NO_3^-	
	Schwefelsäure	H_2SO_4	Hydrogensulfat-Ion	HSO_4^-	
–1,74	Oxonium-Ion	H_3O^+	Wasser	H_2O	15,74
1,92	Schweflige Säure	$SO_2 + H_2O$	Hydrogensulfit-Ion	HSO_3^-	12,08
1,92	Hydrogensulfat-Ion	HSO_4^-	Sulfat-Ion	SO_4^{2-}	12,08
1,96	Phosphorsäure	H_3PO_4	Dihydrogenphosphat-Ion	$H_2PO_4^-$	12,04
3,74	Ameisensäure	$HCOOH$	Formiat-Ion	$HCOO^-$	10,26
4,76	Essigsäure	CH_3COOH	Acetat-Ion	CH_3COO^-	9,25
6,52	Kohlensäure	$CO_2 + H_2O$	Hydrogencarbonat-Ion	HCO_3^-	7,48
7,2	Hydrogensulfit-Ion	HSO_3^-	Sulfit-Ion	SO_3^{2-}	6,8
7,21	Dihydrogenphosphat-Ion	$H_2PO_4^-$	Hydrogenphosphat-Ion	HPO_4^{2-}	6,79
9,25	Ammonium-Ion	NH_4^+	Ammoniak	NH_3	4,75
10,4	Hydrogencarbonat-Ion	HCO_3^-	Carbonat-Ion	CO_3^{2-}	3,6
12,32	Hydrogenphosphat-Ion	HPO_4^{2-}	Phosphat-Ion	PO_4^{3-}	1,68
15,74	Wasser	H_2O	Hydroxid-Ion	OH^-	–1,74

Elektrochemische Spannungsreihe bei 25 °C

Reduktionsmittel	$\rightleftharpoons$ Oxidationsmittel + $n\,e^-$	Standardpotenzial $E°$/V
$2F^-$	$\rightleftharpoons F_2 + 2e^-$	+2,87
$4H_2O$	$\rightleftharpoons H_2O_2 + 2H_3O^+ + 2e^-$	+1,78
$Mn^{2+} + 12H_2O$	$\rightleftharpoons MnO_4^- + 8H_3O^+ + 5e^-$	+1,49
Au	$\rightleftharpoons Au^{3+} + 3e^-$	+1,42
$2Cl^-$	$\rightleftharpoons Cl_2 + 2e^-$	+1,36
Pt	$\rightleftharpoons Pt^{2+} + 2e^-$	+1,20
$2Br^-$	$\rightleftharpoons Br_2 + 2e^-$	+1,07
Hg	$\rightleftharpoons Hg^{2+} + 2e^-$	+0,85
Ag	$\rightleftharpoons Ag^+ + e^-$	+0,80
2 Hg	$\rightleftharpoons Hg_2^{2+} + 2e^-$	+0,80
Fe^{2+}	$\rightleftharpoons Fe^{3+} + e^-$	+0,77
$H_2O_2 + 2H_2O$	$\rightleftharpoons O_2 + 2H_3O^+ + 2e^-$	+0,68
$2I^-$	$\rightleftharpoons I_2 + 2e^-$	+0,54
Cu	$\rightleftharpoons Cu^+ + e^-$	+0,52
$4OH^-$	$\rightleftharpoons O_2 + 2H_2O + 4e^-$	+0,40
Cu	$\rightleftharpoons Cu^{2+} + 2e^-$	+0,35
Cu^+	$\rightleftharpoons Cu^{2+} + e^-$	+0,16
$H_2 + 2H_2O$	$\rightleftharpoons 2H_3O^+ + 2e^-$	0,000
Fe	$\rightleftharpoons Fe^{3+} + 3e^-$	–0,04
Pb	$\rightleftharpoons Pb^{2+} + 2e^-$	–0,13
Sn	$\rightleftharpoons Sn^{2+} + 2e^-$	–0,14
$H_2O_2 + 2OH^-$	$\rightleftharpoons O_2 + 2H_2O^+ + 2e^-$	–0,15
$Ag + I^-$	$\rightleftharpoons AgI + e^-$	–0,15
Ni	$\rightleftharpoons Ni^{2+} + 2e^-$	–0,23
Cd	$\rightleftharpoons Cd^{2+} + 2e^-$	–0,40
Fe	$\rightleftharpoons Fe^{2+} + 2e^-$	–0,41
Zn	$\rightleftharpoons Zn^{2+} + 2e^-$	–0,76
$H_2 + 2OH^-$	$\rightleftharpoons 2H_2O + 2e^-$	–0,83
$SO_3^{2-} + 2OH^-$	$\rightleftharpoons SO_4^{2-} + H_2O + 2e^-$	–0,92
Al	$\rightleftharpoons Al^{3+} + 3e^-$	–1,66
Mg	$\rightleftharpoons Mg^{2+} + 2e^-$	–2,38
Na	$\rightleftharpoons Na^+ + e^-$	–2,71
Ca	$\rightleftharpoons Ca^{2+} + 2e^-$	–2,76
Ba	$\rightleftharpoons Ba^{2+} + 2e^-$	–2,90
K	$\rightleftharpoons K^+ + e^-$	–2,29
Li	$\rightleftharpoons Li^+ + e^-$	–3,02

Stichwortverzeichnis

Energetik chemischer Reaktionen

Der französische Chemiker Marcelin Berthelot (1827–1907) stellte die These auf, dass die Neigung von Stoffen, spontan miteinander zu reagieren, umso größer ist, je mehr Energie bei der Reaktion frei wird. Dem widerspricht jedoch die Tatsache, dass es Stoffe gibt, die freiwillig miteinander reagieren, obwohl sie dabei Energie aufnehmen.

Die Affinität von Stoffen, miteinander zu reagieren (die freie Reaktionsenthalpie ΔG_R), hängt nicht nur von der Reaktionsenthalpie ΔH_R, sondern auch von der Reaktionsentropie ΔS_R ab (▶ S. 60).

Daraus ergeben sich drei Fälle:

$\Delta G_R < 0$: Die Reaktion verläuft spontan.

$\Delta G_R = 0$: Es findet keine Reaktion statt.

$\Delta G_R > 0$: Die Reaktion verläuft nicht spontan. Hingegen würde die umgekehrte Reaktion spontan verlaufen.

Reaktionsumkehr

Stickstofftetraoxid (N_2O_4) ist bei Normaltemperatur ein farbloses Gas, das beim Erwärmen zu rotbraunem Stickstoffdioxid zerfällt: $N_2O_4 \rightarrow 2\ NO_2$.

1. Berechnen Sie für Standardbedingungen die Beträge von ΔH^0_R, ΔS^0_R und ΔG^0_R (▶ Tabellen auf S. 243 ff.) und erläutern Sie die Ergebnisse.
2. Bestimmen Sie die Inversionstemperatur T_0, oberhalb der die Reaktion spontan verläuft.

Lösungsenthalpien

Das Auflösen eines Ionengitters durch Wassermoleküle ist ein endothermer Vorgang, die anschließende Hydratisierung der freien Ionen durch weitere Wassermoleküle jedoch ein exothermer Vorgang. Je nachdem, welcher der beiden Vorgänge zahlenmäßig überwiegt, ist das Lösen von ionischen Stoffen in Wasser von einer mehr oder weniger deutlichen Erwärmung oder Abkühlung begleitet.

Verwendung von Calciumchlorid

Wasserfreies Calciumchlorid ist hygroskopisch (wasseranziehend) und wird im Labor in Form von Granulat als Trockenmittel verwendet. In Wasser löst es sich unter starker Wärmefreisetzung.

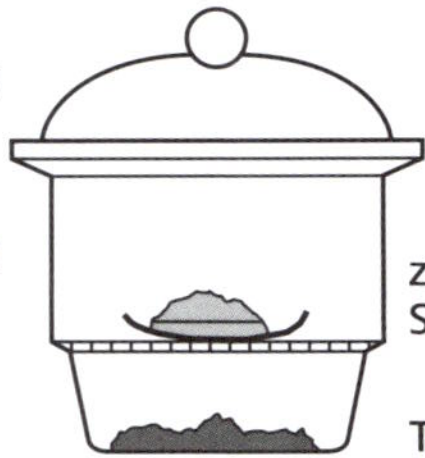

1. Erklären Sie anhand der Gibbs-Helmholtz-Gleichung (▶ S. 62) in einer detaillierten Darstellung, warum das Auflösen eines Ionengitters durch Wassermoleküle spontan erfolgt.
2. Es gibt auch eine Form von Calciumchlorid, die im festen Zustand Kristallwasser gebunden hat. Erklären Sie, warum dieses Salz beim Lösen in Wasser einen zum wasserfreien Calciumchlorid entgegengesetzten Wärmeeffekt zeigt.

Geschwindigkeit chemischer Reaktionen

Die Reaktionsgeschwindigkeit einer Reaktion beschreibt die zeitliche Änderung der Stoffmenge der Edukte und Produkte. Für eine Reaktion vom Typ $A + B \rightarrow C + D$ gilt:

$$v = -\frac{\Delta c_A}{\Delta t} = -\frac{\Delta c_B}{\Delta t} = +\frac{\Delta c_C}{\Delta t} = +\frac{\Delta c_D}{\Delta t}$$

Nach der Kollisionstheorie (▶ S. 69 f.) ist die Geschwindigkeit v einer Reaktion umso größer, je häufiger und intensiver die an der Reaktion beteiligten Teilchen zusammenstoßen. Je größer also die Ausgangskonzentration c der Teilchen, desto größer die Wahrscheinlichkeit des Zusammenstoßes, je höher die Temperatur, desto heftiger und somit erfolgreicher die Zusammenstöße: $v = k \cdot c_A \cdot c_B$.
k: Geschwindigkeitskonstante
Eine besondere Reaktionsart ist die Zersetzung eines Stoffs ohne Beteiligung eines Reaktionspartners. Diese Reaktionsart bezeichnet man als Reaktion 1. Ordnung: $v = k \cdot c_A$.

Zersetzung von Wasserstoffperoxid

Aus einer wässrigen Lösung von Wasserstoffperoxid (H_2O_2) entwickelt sich ein molekulares Gas.

1. Formulieren Sie eine Symbol- und eine Wortgleichung der Reaktion.

2. Notieren Sie jeweils einen Ansatz für die zeitliche Änderung der Stoffmenge von Ausgangsstoff und Reaktionsprodukt. Interpretieren Sie die Verknüpfung beider Ansätze.

3. Die Zersetzung von Wasserstoffperoxid folgt einer Reaktion 1. Ordnung. Begründen Sie dies.

Chemisches Gleichgewicht

Chemische Reaktionen verlaufen niemals quantitativ, sondern es stellt sich zwischen Edukten und Produkten mehr oder weniger schnell ein Gleichgewicht ein, in dem alle an der Reaktion beteiligten Stoffe vorliegen. Bei manchen Reaktionen, z. B. bei $2\,H_2 + O_2 \rightleftharpoons 2\,H_2O$, liegt das Gleichgewicht so stark auf der Produktseite, dass die Reaktion praktisch quantitativ erfolgt.

Abgase eines Dieselmotors

Bei einem Dieselmotor reagiert das Treibstoff-Luft-Gemisch bei hoher Temperatur zu Kohlenstoffdioxid und Kohlenstoffmonooxid. Zwischen beiden Stoffen bildet sich ein Gleichgewicht:
$CO_2\,(g) + C\,(s) \rightleftharpoons 2\,CO\,(g)$. Die Reaktion ist endotherm.

1. Erläutern Sie die Temperatur- und Druckabhängigkeit dieses Gleichgewichts mithilfe des Prinzips vom kleinsten Zwang.

2. Dieselmotoren sind für den Ausstoß von gesundheitsschädlichem Feinstaub verantwortlich. Trifft dieser Satz zu? Begründen Sie Ihre Entscheidung.

3. Bei $T = 600\,°C$ und $p = 10^5$ Pa liegt der Gleichgewichtsanteil von CO_2 bei 77 %. Berechnen Sie für diese Bedingungen die Gleichgewichtskonstanten K_p und K_c.
(Hinweis: Der Anteil des festen Kohlenstoffs spielt für das Gasgleichgewicht keine Rolle und wird deshalb nicht berücksichtigt.)

Chemische Gleichgewichte in der Technik

In der chemischen Industrie gibt es bei der Produktion von Stoffen das Bestreben, Gleichgewichtsreaktionen so zu beeinflussen, dass dabei möglichst viel des gewünschten Produkts entsteht.

Synthese von Ammoniak

Ammoniak (NH_3) ist Ausgangsstoff zur großtechnischen Herstellung von Düngemitteln und Sprengstoffen. Er wird bei 450 °C und 300 bar mithilfe eines Katalysators aus den Elementen synthetisiert. Die Reaktion ist exotherm.

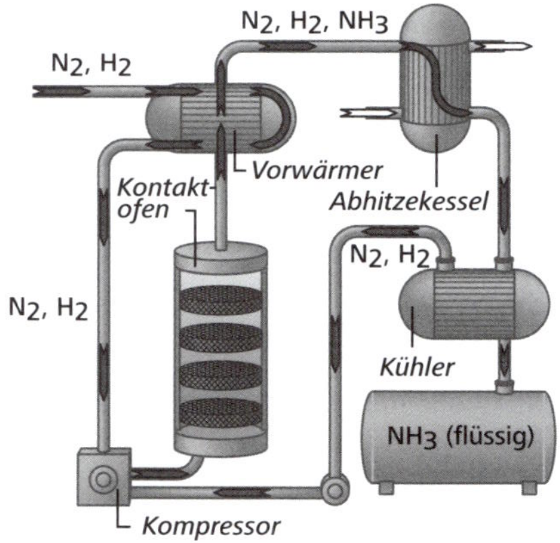

1. Notieren Sie die Reaktionsgleichung.

2. Beschreiben Sie Temperatur- und Druckabhängigkeit des Reaktionsgleichgewichts und den Einfluss beider Größen auf die Ausbeute von Ammoniak. Begründen Sie Ihre Aussagen.

3. Erläutern Sie anhand der technischen Herstellung von Ammoniak die Funktion des Abhitzekessels und die Verflüssigung von Ammoniak in Bezug auf das Reaktionsgleichgewicht.

4. Begründen Sie bei der vorliegenden Reaktion die Notwendigkeit eines Katalysators.

Säure-Base-Gleichgewichte

Nach der Theorie von Brönsted und Lowry sind Säuren und Basen im Unterschied zu älteren Definitionen keine Stoffe, sondern Teilchen (z. B. auch Ionen) mit einer bestimmten Funktion: Säuren (HA) sind Protonendonatoren, Basen (B) hingegen Protonenakzeptoren. Je stärker das Bestreben einer Säure, Protonen abzugeben, desto stärker ist sie, desto kleiner ist ihr pK_S-Wert. Entsprechendes gilt für Basen:
Je stärker das Bestreben einer Base, Protonen aufzunehmen, desto stärker ist sie, desto kleiner ist ihr pK_B-Wert (▶ S. 98).
Bei der Übertragung eines Protons von einer Säure auf eine Base (Protolyse) bildet sich ein Säure-Base-Gleichgewicht: $HA + B \rightleftharpoons A^- + BH^+$.
Bei der Reaktion einer Säure HA mit einer Base B entsteht eine schwächere Säure BH^+ und eine schwächere Base A^-. Das Gleichgewicht liegt auf der Seite von schwächerer Säure und Base.

Wie sauer ist Mineralwasser?

Ein Getränk schmeckt umso saurer, je mehr H_3O^+-Ionen es enthält. Mineralwasser enthält Kohlensäure, schmeckt jedoch nicht sehr sauer.

1. Notieren Sie die Gleichung der Protolyse von Kohlensäure mit Wasser. Kennzeichnen Sie die an der Reaktion beteiligten Partner mit „S“ (Säure) bzw. „B“ (Base).

2. Machen Sie mithilfe der Tabelle auf Seite 250 eine Aussage über die Lage des Gleichgewichts und erklären Sie damit das Geschmacksempfinden beim Trinken von Mineralwasser.

pH-Werte wässriger Lösungen

Wassermoleküle können bei der Reaktion mit anderen Teilchen entweder die Funktion einer Säure oder die einer Base einnehmen:

$NH_3 + H_2O \rightleftharpoons NH_4^+ + OH^-$ Wasser gibt Protonen ab, ist also eine Säure.

$HCl + H_2O \rightleftharpoons H_3O^+ + Cl^-$ Wasser nimmt Protonen auf, ist also eine Base.

Aus diesem Grund gibt es Stoffe, deren wässrige Lösungen sauer ($pH < 7$) oder basisch sind ($pH > 7$). Das betrifft molekulare Stoffe, deren Moleküle bei der Reaktion mit Wassermolekülen zu Ionen werden (s. oben), und ionische Stoffe (Salze), deren Ionen mit Wassermolekülen jeweils zwei neue Ionen bilden, von denen eines ein Oxonium-Ion $\left(H_3O^+\right)$ bzw. ein Hydroxid-Ion (OH^-) ist (▶ S. 100). Diesen speziellen Fall der Protolyse bezeichnet man als *Hydrolyse*.

Sauer oder basisch?

Natriumhydrogencarbonat (Natron) ist ein Bestandteil von Backpulver. Wie beim Wasser könnten die Hydrogencarbonat-Ionen beim Lösen von Natron in Wasser sowohl Protonen abgeben als auch aufnehmen.

1. Notieren Sie für beide Möglichkeiten kommentierte Reaktionsgleichungen.

2. Entscheiden Sie mithilfe der pK_S- und pK_B-Werte der Hydrogencarbonat-Ionen (▶ S. 250), welche der beiden Reaktionen überwiegt, und begründen Sie Ihre Entscheidung.

Säure-Base-Gleichgewichte in Gewässern

Die Verschmutzung von Flüssen und kleinen Seen durch Eiweißstoffe aus abgestorbenen Organismen führt über einen Abbau dieser Stoffe u. a. zur Bildung von Ammoniak und Schwefelwasserstoff. Die nebenstehende Grafik zeigt die Lage des NH_3/NH_4^+-Gleichgewichts in Abhängigkeit vom pH-Wert des Gewässers bei 0 °C.

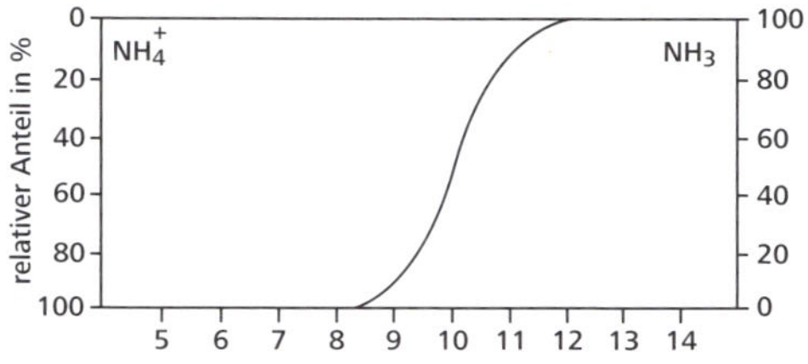

Ursache des Fischsterbens

Ammoniak stellt ein Fischgift dar und wirkt bereits bei einem Gehalt von 1 mg/l Wasser tödlich.

1. Notieren Sie die Gleichgewichtsreaktion von Ammoniak in wässriger Lösung.

2. Interpretieren Sie die obenstehende Grafik zur Lage des genannten Gleichgewichts in Abhängigkeit vom pH-Wert des Gewässers.

3. Berechnen Sie mithilfe des pK_B-Werts von Ammoniak (▶ S. 250) den pH-Wert einer wässrigen Lösung von Ammoniak, die dem oben genannten Grenzwert entspricht.

4. Machen Sie für den Grenzwert anhand der Grafik eine prozentuale Abschätzung der Anteile von NH_4^+ und NH_3.

Puffersysteme

Puffer sind wässrige Stoffgemische aus einer Säure und der zu ihr konjugierten Base (▶ S. 93). Sie sind in der Lage, den pH-Wert der Lösung gegenüber nicht zu großen sauren bzw. alkalischen Einträgen nahezu konstant zu halten, was im jeweiligen Fall auch wichtig ist.

Puffersysteme in der Natur

Atlantisches Meerwasser hat einen pH-Wert von ca. 8,2 und ist – im Unterschied zu reinem Wasser mit einem pH-Wert von 7 – ein Puffersystem aus Kohlensäure (Kohlenstoffdioxid und Wasser) und Hydrogencarbonat-Ionen.

1. Formulieren Sie die Reaktionsgleichung für das genannte Puffergleichgewicht.
2. Notieren Sie einen entsprechenden Ansatz für die Puffergleichung (▶ S. 102).
3. Die Massenkonzentration der Hydrogencarbonat-Ionen im Meerwasser beträgt 0,14 g/l. Berechnen Sie damit die Konzentration von CO_2 im Meerwasser.
4. Die Zunahme von Kohlenstoffdioxid in der Atmosphäre wird für den Treibhauseffekt verantwortlich gemacht. Daher gibt es Überlegungen, dieses Kohlenstoffdioxid unter Druck am Meeresgrund im Wasser zu lösen. Mehrere Fachleute warnen vor den Folgen dieser Maßnahme. Machen Sie dazu eine begründete Stellungnahme.

Neutralisation

Die Neutralisation ist ein Verfahren, mithilfe einer Säure bzw. Base bekannter Konzentration die unbekannte Konzentration einer anderen Base bzw. Säure zu bestimmen (▶ S. 106).

Die nebenstehende Grafik zeigt die Änderung des pH-Werts einer Base (Natronlauge und Ammoniaklösung) in Abhängigkeit von der zugegebenen Menge Salzsäure.

Beim Äquivalenzpunkt Ä liegt weder ein Überschuss von Säure noch ein Überschuss von Base vor.

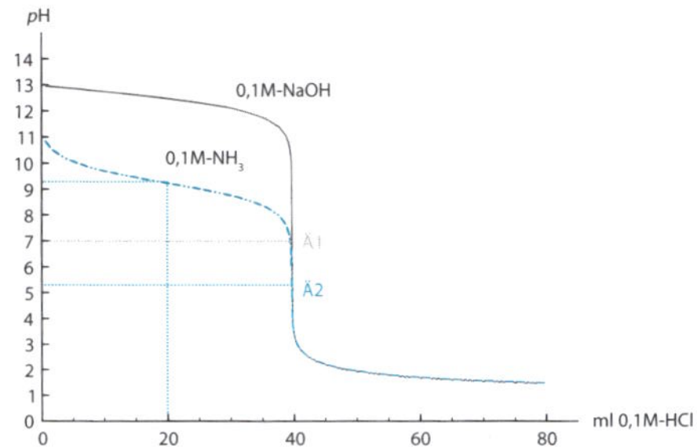

Titration einer Base mit einer Säure

1. Bestimmen Sie die pH-Werte für beide Äquivalenzpunkte in einer kommentierten Herleitung. Beachten Sie dabei die Verdünnung der ursprünglichen Lösung durch die zugeführte Salzsäure.

2. Erklären Sie im Vergleich zur Natronlauge den abweichenden Verlauf der Titrationskurve von Ammoniaklösung und den Wendepunkt.

3. Belegen Sie, dass der pH-Wert beim Wendepunkt dem pK_S-Wert von Ammonium-Ionen entspricht.

Oxidationszahlen

Eine Redoxreaktion ist die Übertragung von Elektronen von einem Teilchen auf ein anderes Teilchen. Teilchen, die über die Elektronenabgabe bzw. Elektronenaufnahme miteinander verknüpft sind, bilden jeweils ein konjugiertes Redoxpaar (▶ S. 111 ff.).
Das charakteristische Merkmal von Redoxreaktionen ist die Änderung der Oxidationszahlen der miteinander reagierenden Teilchen. Die Oxidationszahl von einatomigen Ionen entspricht ihrer jeweiligen Ladung. Die Oxidationszahl von Atomen innerhalb von Molekülen oder Molekül-Ionen erhalten eine formale Ladung. Dabei wird die negative Ladung dem jeweils elektronegativeren Partner (▶ S. 32) zugeordnet. Atome und Moleküle von Elementen, die nicht mit anderen Teilchen verbunden sind, haben die Oxidationszahl ± 0. Die Oxidationszahl des gesuchten Elements ergibt sich aus der negativen Summe der restlichen Oxidationszahlen.

Döbereiner-Feuerzeug

In dem von Döbereiner 1832 entwickelten Platin-Feuerzeug erfolgt im ersten Schritt eine Reaktion zwischen verdünnter Schwefelsäure und Zink. Dabei entwickelt sich Wasserstoff. Strömt das Gas durch die Düse auf einen Platinschwamm, der als Katalysator dient, bringt es diesen zum Glühen und entzündet sich.
Formulieren Sie die Teilgleichungen für die Redoxpaare und die Gesamtgleichung der Reaktion unter Nutzung von Oxidationszahlen.

Korrosionsschutz

Wenn zwei verschiedene Metalle in direktem Kontakt sind, bilden sie in wässriger Umgebung ein Lokalelement (▶ S. 123 ff.), bei dem das unedlere Metall in Lösung geht.

Magnesium als Opferanode

Dieses Prinzip macht man sich z. B. bei Warmwasserspeichern aus Stahl (veredeltes Eisen) zunutze. Im Speicher taucht ein Stab, die sog. Opferanode, aus einem elektrochemisch unedleren Metall (meistens Magnesium) in das Wasser und ist mit dem Stahlbehälter elektrisch leitend verbunden. Auf diese Weise wird das edlere Metall vor Korrosion geschützt, während sich die Opferanode auflöst: Sie wird „geopfert".

1. Erläutern Sie den Redoxvorgang auf der Grundlage des Donator-Akzeptor-Konzepts.

2. Ergänzen Sie die nebenstehende Skizze: Tragen Sie die Abläufe mit Pfeilen ein.

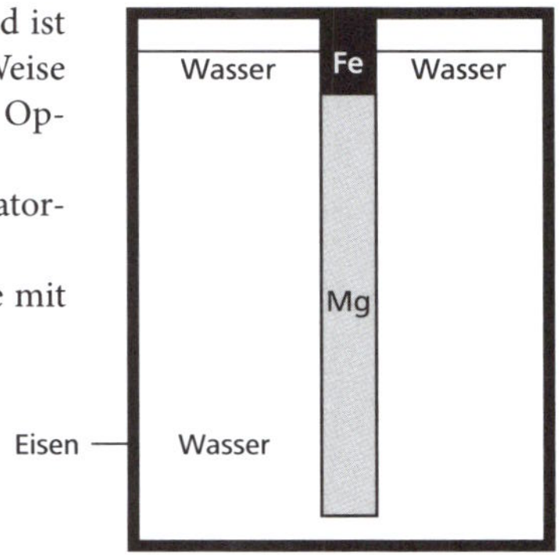

Elektrochemische Elemente

Wie bei jeder chemischen Reaktion ist auch die Übertragung von Elektronen von einem Elektronendonator auf einen Elektronenakzeptor mit einer Energieänderung verbunden. Im Falle der Korrosion erfolgt diese Übertragung unter Energieabgabe und verläuft spontan (▶ S. 62). Ein Teil der abgegebenen Energie lässt sich technisch nutzen: Wenn man die beiden Redoxpartner räumlich voneinander trennt, entsteht zwischen ihnen eine elektrische Spannung. Mit der damit verbundenen elektrischen Energie kann man elektrische Geräte betreiben.

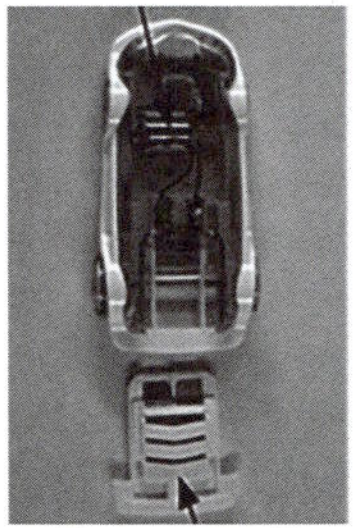

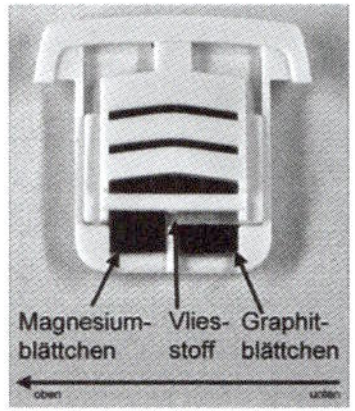

Das Salzwasserauto

Im Spielzeughandel werden Bausätze für selbstfahrende Salzwasserautos angeboten. In das Stromerzeugungsmodul werden der Reihenfolge nach zuerst ein Graphitblättchen, danach ein Vliesstoff und zuletzt ein Magnesiumblättchen eingelegt. Wird Salzlösung auf das Vlies getropft, fährt das Auto los.

1. Notieren Sie die Teilgleichungen und die Gesamtgleichung der Redoxreaktion und ermitteln Sie die Reaktionsenthalpie (▶ S. 52).
2. Berechnen Sie die theoretisch zu erwartende Spannung der elektrochemischen Zelle.

Elektrolyse

Bei einer Elektrolyse werden spontan ablaufende Redoxreaktionen durch Zufuhr von elektrischer Energie zur Umkehr gezwungen. An der Kathode, dem Minuspol, herrscht Elektronenüberschuss. Die sich im Elektrolyten befindenden positiv geladenen Ionen (= Kationen) werden vom Minuspol angezogen und wandern dorthin. Dort werden sie durch Aufnahme von Elektronen (= Reduktion) entladen. An der Anode, dem Pluspol, herrscht Elektronenmangel. Zum Pluspol wandern die negativ geladenen Ionen (= Anionen). Dort werden sie durch Abgabe von Elektronen (= Oxidation) entladen (▶ S. 140).

Schmelzflusselektrolyse von Lithium

Das Element Lithium kommt in der Natur nur in Verbindungen vor. Es wird in reiner Form in wachsenden Mengen für Lithium-Batterien und Lithium-Ionen-Akkus benötigt. Die Herstellung erfolgt über eine Schmelzflusselektrolyse der in der Natur zu findenden Verbindung Lithiumchlorid durch den Einsatz elektrischer Energie bei einer Temperatur von 352 °C und einer Stromstärke von 40 000 A.

1. Notieren Sie die Reaktionen an Kathode und Anode und formulieren Sie eine Gesamtreaktion.

2. Berechnen Sie in einer ausführlichen Darstellung die abgeschiedene Masse an Lithium in kg für eine Elektrolysedauer von 1 Tag.

3. Recherchieren Sie im Internet die technische Durchführung der Schmelzflusselektrolyse.

Die Benennung organischer Verbindungen

Bei der Benennung von organischen Kohlenstoffverbindungen sind die Regeln der International Union of Pure and Applied Chemistry (IUPAC) zu beachten. Sie dienen der international gleichartigen Benennung organischer Verbindungen.

Schrittfolge der Nomenklaturregeln

Diese Regeln folgen einer festen Schrittfolge (▶ S. 149). Bei Alkenen und Alkinen hat die Nummerierung von Mehrfachbindungen Vorrang vor der Nummerierung der Substituenten. Bei Alkoholen beginnt die Nummerierung beim Kohlenstoffatom, das der Hydroxylgruppe am nächsten steht. Der Name des Alkohols endet mit der Position der Hydroxylgruppe und der Silbe „ol".

1. Benennen Sie die nachfolgenden Verbindungen.

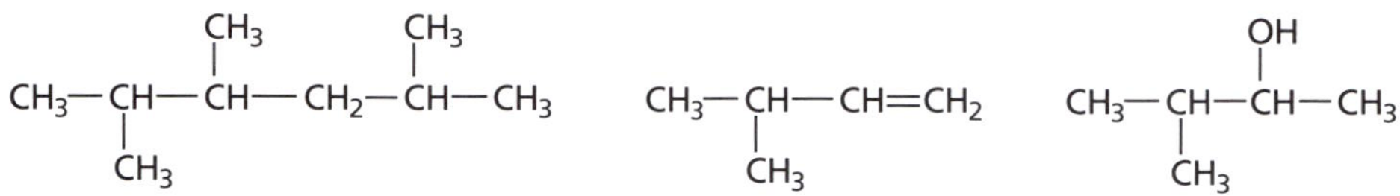

2. Zeichnen Sie die Struktur des Kohlenwasserstoffs 3-Ethyl-2-2-4-tri-methyl-heptan.

Acyclische und cyclische Kohlenwasserstoffe

Pflanzliche Duftöle (Struktur links) enthalten häufig langkettige Kohlenwasserstoffe. Aus Baumharz von Nadelhölzern gewinnt man unter anderem Kolophonium (Struktur rechts), mit dem man z. B. die Bögen von Streichinstrumenten präpariert. Solche Naturstoffe enthalten offenkettige bzw. verzweigte Alkane und Alkene sowie ringförmige („cyclische") Alkane und Alkene (▶ S. 146 ff.).

Da die normalen Strukturformeln dieser Stoffe häufig sehr unübersichtlich sind, gibt es für Kohlenwasserstoffketten bzw. -ringe vereinfachte Darstellungen:

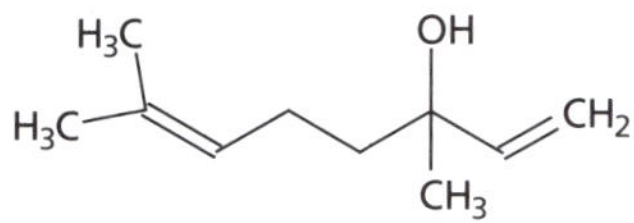

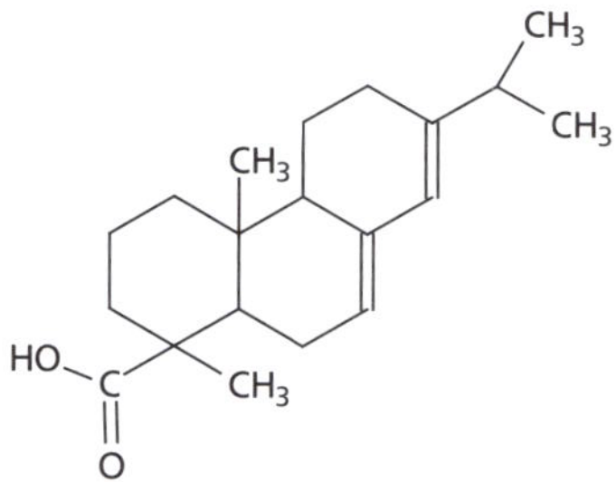

Entwickeln Sie eine tabellarische Übersicht für Kohlenwasserstoffe mit sechs Kohlenstoffatomen, in der alle genannten strukturellen Möglichkeiten mit jeweils einem Beispiel aufgeführt werden.

Oxidationszahlen in der organischen Chemie

Kohlenstoffatome können in Verbindungen der organischen Chemie Oxidationszahlen von −4 bis +4 annehmen (▶ S. 112 ff.). Bei Methan hat das Kohlenstoffatom die Oxidationszahl −4. Über verschiedene Zwischenstufen wird als Maximalwert die Oxidationsstufe +4 erreicht. Dabei geht es immer um die Oxidationszahl des die funktionelle Gruppe tragenden Kohlenstoffatoms.

Ermitteln Sie für die vorgegebenen Stufen jeweils eine mögliche Strukturformel und den Namen der Verbindung.
Tragen Sie diese Daten in die vorgegebene Übersicht ein.

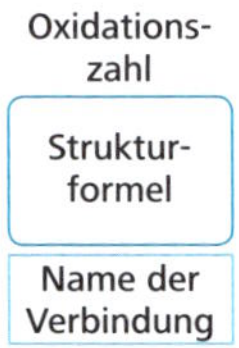

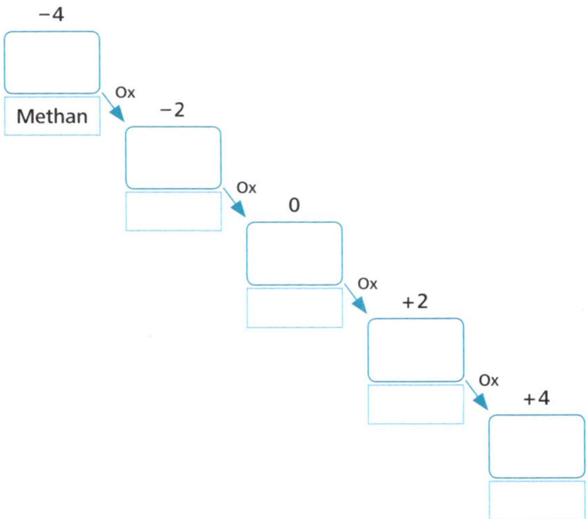

Monosaccharide

Monosaccharide sind Bestandteil unserer Nahrung und stellen für unseren Körper die wichtigsten Energielieferanten dar. Die in ihnen chemisch gebundene Energie wird von uns für Stoffwechselvorgänge genutzt. Muskelzellen, Gehirnzellen sowie rote Blutkörperchen benötigen Zucker, um zu funktionieren. D-Glucose (Traubenzucker, Dextrose) ist das bekannteste Monosaccharid. Es findet sich z. B. in Früchten und im Honig.

Darstellungsformen der D-Glucose

Für die allgemeine Formel $C_6H_{12}O_6$ existieren je nach Aufgabenstellung und Betrachtungsweise verschiedene Darstellungsmöglichkeiten der Molekülstruktur (▶ S. 183 ff.): die offenkettige, die ringförmige und die räumliche Struktur. Die Wahl der Darstellung richtet sich danach, was man damit am besten zeigen kann.

1. Zeichnen Sie drei Darstellungsformen für die D-Glucose.

2. Benennen Sie für jede Darstellungsform den am besten geeigneten Verwendungszweck.

Reduzierende und nicht reduzierende Kohlenhydrate

Monosaccharide haben reduzierende Eigenschaften (▶ S. 166 f.), denn in wässriger Lösung liegt ein Gleichgewicht zwischen offenen Formen und Ringformen vor. Bei Disacchariden entscheidet die Art der Verknüpfung zwischen den Monosacchariden über die reduzierenden Eigenschaften des jeweiligen Disaccharids (▶ S. 185). Mindestens ein anomeres Kohlenstoffatom (▶ S. 183) darf nicht an der glycosidischen Bindung beteiligt sein. Bei nicht reduzierenden Disacchariden sind beide anomere Kohlenstoffatome miteinander verbunden und eine Öffnung der Ringform ist blockiert.

1. Ermitteln Sie die an der Verknüpfung beteiligten Monosaccharide, die Art der Verknüpfung sowie die dargestellten Disaccharide 1 bis 3.
2. Entscheiden Sie, ob diese Disaccharide reduzierende oder nicht reduzierende Eigenschaften besitzen.

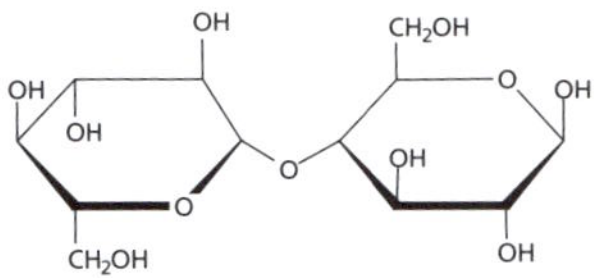

1

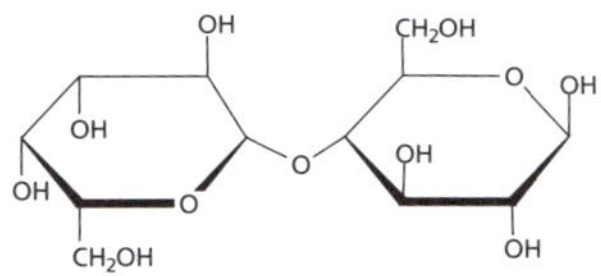

2

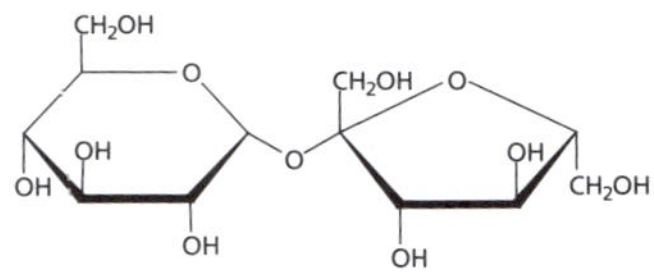

3

Di- und Polysaccharide

α-D-Glucose und β-D-Glucose sind Bestandteile vieler Di- und Polysaccharide. β-D-Glucose ist Bestandteil des Disaccharids Cellobiose. Diese ist der Grundbaustein der Cellulose (▶ S. 188 ff.).

α-D-Glucose bildet bereits allein mehrere Di- und Polysaccharide. Tragen Sie die Namen der aus α-D-Glucose zusammengesetzten Verbindungen sowie die Art der Verknüpfung in die nachfolgende Übersicht ein.

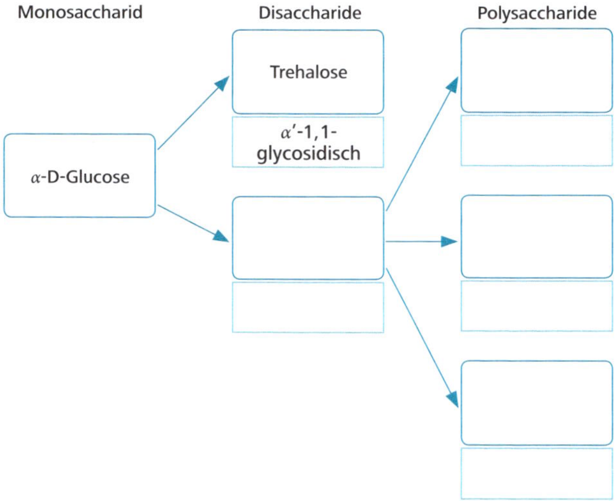